摂関期古記録の研究

倉本一宏

思文閣出版

はじめに

本書は、私がこの二十年余りの間に発表してきた論考の内、摂関期の古記録に関するもの十本に補訂を加え、また新稿四本を加えることによって、編んだものである。私にとっては、四冊目の論文集ということになる。

私がはじめて古記録に接したのは、一九七八年の「ゼミナール形式の小人数講義」(通称「教養ゼミ」)であったから、もうかれこれ半世紀近くも前である。これだけの年月、古記録を読んできて、これくらいの成果しか挙げられなかったのかと思うと、まことに恥ずかしい限りである。

近年は、「古記録を使った研究」よりも、「古記録そのものの研究」に関心が向いてきた。特に十年以上にもわたり、朝から晩まで『小右記』と向き合う毎日を過ごした結果、『小右記』の記録や書写に強い興味を持っている。本書にはその成果の一部を収めている。

ただ、それだけでは読んでくれる方も少なかろうということで、「古記録を使った研究」もいくつか収めることにした。特に説話と関連した論考は、内外の文学研究の研究者を集めて行なっていた国際日本文化研究センターの共同研究「説話文学と歴史史料の間に」の成果から発展したものである。

第一部「古記録の研究」では、古記録の概論を述べたうえで、古記録が書かれた具注暦について概観し、『小右記』の「記録」状況について仮説を提示した。

第二部「古記録の分析」では、まず『小右記』と『御堂関白記』に見える仮名について、写本による違いを分析した。次いでこれまではっきりしていなかった『御堂関白記』古写本を書写した「某」を推定し、三条天皇の時代の公卿議定を見通したうえで、『権記』と『小右記』に見える配偶者表記について、『御堂関白記』と比較した。

第三部「古記録と貴族社会」では、まず藤原兼通の政権獲得過程について、あまり使われていない古記録を分析して解明した。次いで説話に関する論考を収め、説話集に見える「『小右記』逸文」は本当に『小右記』の逸文なのか、疑問を呈した。そして『御堂関白記』『権記』『小右記』に見える「老い」について考察し、『小右記』の特異性を指摘した。最後に摂関期の古記録において天皇がどのように呼称されているかを集計し、摂関期には「天皇」号が使われていないという世間の「常識」を検証した。

二〇〇〇年に刊行した『摂関政治と王朝貴族』(吉川弘文館刊)の「はじめに」では、自分の摂関政治研究がもはや時代遅れであると書いたのであるが、それから二十年以上も経って、私はますます時代の流れから取り残されてきている感が強い。しかしながら、古記録に関しては、古記録学などといった体系的な研究をしている人はほとんどいないし、史料としての古記録の研究も、ほとんど進んでいないのが現状である。

ここであえてこのような書を世に送り出すのも、まったく意味のないものとばかりは言えないであろう。私にはもう時間も能力も残っていないが、いつか本書を踏み台として、古記録そのものの研究が発展することを強く祈念するものである。

目次

第三部　古記録と貴族社会

第一部

古記録の研究

第一章　日記が語る日本古代史

はじめに——日記とは何か——

日記とは何か。主に女房によって仮名で記されて「日記」と題された文学作品としてのいわゆる「日記文学」は、ここでは措いておき、以下は男性官人や皇族によって漢文で記録されたいわゆる古記録について述べる。

なお、「日記」という語は、早くは後漢の王充著『論衡』に見えるが、それは『春秋』や五経などの孔子の編著を指したものであった。中国では日付を伴わない考証・随筆・語録・家集などを「日記」と呼ぶことが多い。日本では日付のある日次記《ひなみき》を「日記」と称することが多い。また、日付の有無が日記の要件と考えられたために、逆に六国史など編年体の史書や、『西宮記』や『北山抄』など日記（古記録）を基にした儀式書も「日記」と呼ばれることがあった。

その他、外記日記・殿上日記・近衛府日記などの官司の業務用の日記、事件の勘問調書としての勘問日記、報告書や注進状としての事発日記、行事記文や旅行記なども、「日記」と称することができよう。

しかし、日本において日記の主流を占めるのは、やはり日付を付して記録された日次記である。その最古のものは、『日本書紀』に引用されている「伊吉連博徳書」と『釈日本紀』所引の「安斗宿禰智徳日記」「調連淡海日記」「和邇部臣君手記」とされる。前者は遣唐使として渡唐した際の紀行文であり、後者は壬申の乱に舎人として従軍した際のものである。

次に「正倉院文書」として、三種の具注暦断簡が伝えられている。天平十八年〈七四六〉二月七日～三月二十九日、天平二十一年〈天平感宝元年、七四九〉二月六日～四月十六日、天平勝宝八歳〈七五六〉歳首～正月二十六日・三月三日～四月十八日のものである。このうち、天平十八年の具注暦断簡に記された「官多心経写始」「大官参向塩賜已訖」「官召十人　又天下大赦」など九条の短い遺文は、暦記の源流であり、日記原本の最古の遺例である。

なお、現在のところ、具注暦自体の日本最古の遺例は、奈良県明日香村の石神遺跡から出土した持統三年〈六八九〉三月・四月の暦を記した木簡である。ただし、これは今後、全国各地の発掘事例の増加に伴って、書き替えられる可能性が高い。明日香村の飛鳥池遺跡北地区や石神遺跡からも、年紀は不明ながら「血忌」という暦注が記された木簡が出土している。

平安時代に入ると、宮廷や官司の公日記と諸家の私日記が、共に残されるようになる。特に私日記は、天皇以下の皇族、公卿以下の官人が日記を記したもので、後の時代になると、武家、僧侶、神官、学者、文人から庶民に至るまで、各層の人々によって記録されている。これは世界的に見ても日本独特の特異な現象である。特に君主が自ら日記を記すということは、日本王権の特性と言えよう。

ヨーロッパはもちろん、中国や朝鮮諸国にも、古い時代の日記は、ほとんど残っていない。中国では紀元前の漢簡などに記された出張記録などは存在するものの、それ以外では、唐代の編年体歴史書『大唐創業起居注』〈隋の大業十三年〈六一七〉～唐建国の武徳元年〈六一八〉〉が標題通りに唐の起居注、すなわち皇帝や国家の重大事の記録であったとしても、その程度のわずかな起居注や日録を除いては清朝になるまで、朝鮮でも李朝になるまで、まとまった日記は残っていないのである。

中国で日記が残されなかった最大の理由は、『史記』以下の王朝による正式な歴史書である正史が連綿と作られ続けてきたことである。中国では、先例を調べるには、本紀・列伝・志・表などからなる紀伝体で書かれた膨大な正史を参照すれば、おおよそのことはわかるようになっている。

先ほど述べた起居注も、後世にまで残すような性格のものではなく、皇帝が崩御すると、起居注をまとめた実録が編纂され、王朝が滅んだ際に、次に正統を継いだ王朝が国家事業として、前王朝の皇帝毎の実録を基に正史を編纂した。起居注も実録の原史料としての役割を終えれば、後は廃棄されることが多かったものと思われる。また、文人の日々の記録も、漢詩や小説などの原史料として使われ、作品が完成すれば廃棄されたのであろう。

一　日本の日記

これに対し、日本で平安時代以来、宮廷貴族の公家日記が数多く記録されているのは、『日本書紀』から始まる正史としての六国史の編纂が延喜元年（九〇一）に撰上された『日本三代実録』で廃絶してしまったことに起因している。正史が絶えてしまったために、貴族たちが当時の政治の根幹である政務や儀式などの公事の式次第の遂行を確かめたくても、正史を調べることができなくなってしまった。

それに加えて、単行法令集としての格、施行細則としての式、『内裏式』『貞観儀式』など勅撰の儀式書も編纂されなくなっていた。正史や格式、儀式書を参照することができない以上、それに代わる先例の准拠として、日記の蓄積が求められたのである。六国史や三代格式、三代儀式が作られていた九世紀以前の日記が、円仁の旅行記である『入唐求法巡礼行記』（承和五年〈八三八〉～承和十四年〈八四七〉）を除いてはほとんど残されていないことからも、それが裏付けられよう。

摂関期古記録一覧

古記録名	記主	記録年代（現存）	主な活字版・写真版
八条式部卿私記	本康親王	八八二～八八四	九暦・西宮記
宇多天皇御記	宇多天皇	八八七～八九七	三代御記逸文集成・史料大成
醍醐天皇御記	醍醐天皇	八九七～九二九	三代御記逸文集成・史料大成
貞信公記	藤原忠平	九〇七～九四八	大日本古記録・天理図書館善本叢書
清慎公記	藤原実頼	九一六～九七〇	西宮記・北山抄・小右記・小野宮年中行事
吏部王記	重明親王	九二〇～九五三	史料纂集
御産部類記		九二三	図書寮叢刊
御産部類記		九二六	図書寮叢刊
太后御記	藤原穏子	九二六～九三四	河海抄・西宮記・図書寮叢刊
九暦	藤原師輔	九三〇～九六〇	大日本古記録・天理図書館善本叢書
小一条左大臣記	藤原師尹	九四二～九六九	西宮記
村上天皇御記	村上天皇	九四六～九六七	三代御記逸文集成・史料大成
沙門仲増記	仲増	九四八	歴代残闕日記
元方卿記	藤原元方	年月日不明	西宮記
御産部類記		九五〇	図書寮叢刊
御産部類記		九五九	図書寮叢刊
延光記	源　延光	九六〇～九七四	西宮記・東宮御元服部類・東宮冠礼部類
忠義公記	藤原兼通	九六三	東宮御元服部類・東宮冠礼部類
御産部類記		九六八～九六九	図書寮叢刊
済時記	藤原済時	九七二	書陵部紀要
親信卿記	平　親信	九七二～九七四	大日本古記録・陽明叢書・歴代残闕日記
小右記	藤原実資	九七七～一〇四〇	大日本古記録・尊経閣善本影印集成
小記目録		九七八～一〇三二	大日本古記録

藤原宣孝記	藤原宣孝	九八二～一〇〇〇	西宮記・祈雨日記
法住寺相国記	藤原為光	九九一	大饗部類
権記	藤原行成	九九一～一〇二六	史料纂集・史料大成・改元部類記
信経記	藤原信経	九九五～一〇〇〇	枕草子傍注・中右記・局中宝
宗河記	惟宗允亮	九九六～一〇〇八	西宮記
御堂御記抄		九九五～一〇二〇	大日本古記録・陽明叢書
御堂関白記	藤原道長	九九五～一〇二一	大日本古記録・陽明叢書・日本古典全集
御産部類記		一〇〇八	図書寮叢刊
御産部類記		一〇〇九～一〇一〇	図書寮叢刊
左経記	源　経頼	一〇〇九～一〇三九	史料大成・官奏抄・魚魯愚別録・台記
一条天皇御記	一条天皇	一〇一〇	史料大成
御産部類記		一〇二五	図書寮叢刊
春記	藤原資房	一〇二六～一〇五四	史料大成・コロタイプ複製版
宇治殿御記	藤原頼通	一〇二六～一〇六九	院号定部類記・改元部類・園太暦
土右記	源　師房	一〇三〇～一〇七三	史料大成
二東記	藤原教通	一〇三一～一〇七四	改元部類・玉葉・台記・後二条師通記
宗金記		一〇三一～一〇四七	西宮記
御産部類記		一〇三四	図書寮叢刊
後朱雀天皇御記	後朱雀天皇	一〇三六～一〇四四	史料大成
範国記	平　範国	一〇三六～一〇四八	大日本古記録・京都大学史料叢書
行親記	平　行親	一〇三七	大日本古記録・陽明叢書・歴代残闕日記
資平卿記	藤原資平	一〇四二	台記
資仲記	藤原資仲	一〇四四～一〇七六	群書類従・続群書類従・神今食行幸次第
宇治関白高野山御参詣記	平　範国	一〇四八	大日本古記録
大宮右相府記	藤原俊家	一〇四八～一〇八〇	西宮記
経任記	藤原経任	年月日不明	西宮記

定家朝臣記	平　定家	一〇五三〜一〇六二	大日本古記録・陽明叢書・歴代残闕日記
御産部類記		一〇五三	図書寮叢刊
但記	藤原隆方	一〇五七〜一〇七四	歴代残闕日記
師平記	中原師平	一〇五九〜一〇八八	群書類従・続群書類従・神今食行幸次第
水左記	源　俊房	一〇六二〜一一〇八	史料大成・尊経閣善本影印集成・コロタイプ複製版
帥記	源　経信	一〇六五〜一〇八八	史料大成
師実公記	藤原師実	一〇六八	歴代残闕日記
後三条天皇御記	後三条天皇	一〇六八〜一〇七二	史料大成
江記	大江匡房	一〇六八〜一一〇八	江記逸文集成・歴代残闕日記・続々群書類従
為房卿記	藤原為房	一〇七〇〜一一〇四	史聚・コロタイプ複製版・陽明叢書
時範記	平　時範	一〇七五〜一一〇八	書陵部紀要・時範記逸文集成・歴代残闕日記
御産部類記		一〇七九	図書寮叢刊
後二条師通記	藤原師通	一〇八三〜一〇九九	大日本古記録
長秋記	源　師時	一〇八七〜一一三六	史料大成
中右記	藤原宗忠	一〇八七〜一一三八	大日本古記録・史料大成・陽明叢書
高野御幸記		一〇八八	扶桑略記
寛治二年記		一〇八八	群書類従・歴代残闕日記
季仲卿記	藤原季仲	一〇九〇	歴代残闕日記
殿暦	藤原忠実	一〇九八〜一一一八	大日本古記録
永昌記	藤原為隆	一〇九九〜一一二九	史料大成・陽明叢書
清原重憲記	清原重憲	一一〇三	歴代残闕日記
顕隆卿記	藤原顕隆	一一〇三	歴代残闕日記
高階仲章記	高階仲章	一一〇三	歴代残闕日記
御産部類記		一一〇三	図書寮叢刊
源雅実公記	源　雅実	一一〇五〜一一〇七	歴代残闕日記

太字は国際日本文化研究センター「摂関期古記録データベース」で公開済

二　日記の目的、動機、様相

個々の貴族が日記を書く目的や動機、それに日記そのものの有り様も様々である。たとえば、鎌倉時代期に成立した『雑筆要集』という文例集には、「日記には必ずしも式法は無い。ただ日の所に要事を注記するものである」とある。日記を書き付けた料紙も様々なら、文字や書きぶりや文法も人によって異なる。

たとえば藤原師輔の『九条右丞相遺誡』に見える「日中行事」には、朝起きた時の行動を、次のような順序で記している。

1. 属星（生まれた年の干支によって決まる北斗七星の中の各星、および金輪星、妙見星のいずれかの星）の名を称する。
2. 鏡で顔を見る。
3. 暦（具注暦）を見て日の吉凶を知る。
4. 楊枝（歯の垢を除く道具。楊柳の材の先を房状にしたもの）を取って手を洗う。
5. 仏名を誦し神社を念ず。
6. 昨日の事を記す〈事が多い時はその日のうちに記す。〉
7. 粥（米を蒸したものに対し、煮たものをいう）を服す。
8. 頭を梳《くしけず》る。
9. 手足の爪を切る。

このうち、6「昨日のことを記す」というのが、彼らの記した日記、つまり古記録ということになるのである。食事をしたり身繕いをしたりする前に、彼ら平安貴族は昨日の儀式や政務を記録していたのである。彼らの多くは巻子本の具注暦と称される暦の余白に日記を記したと思われることから、これが3「暦を見て日の吉凶を知る」と関連することは、言うまでもない。つまり、彼らが朝起きて最初に手にする物体というのは、鏡の次には、日記を記す具注暦なのである。

『九条右丞相遺誡』に戻ると、後文には、先に挙げた2「鏡で顔を見る」、3「暦を見て日の吉凶を知る」、6「昨日のことを記す」について、詳しい説明がある。

2′. 朝起きたら鏡に自分の姿を映し、形体の変化を窺え。

3′. 次に暦書を見て、日の吉凶を知れ。

6′. 年中の行事は、大体はその暦に書き付け、毎日それを見る毎に、まずそのことを知り、あらかじめ用意せよ。

また、昨日の公事《くじ》（政務や儀式）、もしくは私的な内容でやむを得ない事などは、忽忘《こつぼう》（すぐ忘れること）に備えるために、いささかその暦に書き付けよ。

ただし、その中の要枢《ようすう》（枢要）の公事と君父《くんぷ》（天皇と父）所在の事などは、別に記して後に備えよ。

この暦の余白（間明き）に記したものを暦記、別に記したものを別記という。

記事が暦面に書ききれない場合や、特に紙背に記したい事項の場合には、紙背に裏書として記したり、白紙を暦に貼り継いで書いたり、関連する文書類を貼り込んだりすることも行なわれた。また、儀式毎に日記を分類した部類記や目録が作られることもあった。

『小右記』の場合などは、「暦裏」という記述があることから、元々は具注暦に記していたことは確実であるが、藤原道長のように間明き二行の具注暦は作れなかったであろうから、あれだけの膨大な量の記事を記録するためには、毎日、具注暦を切っては、間に紙を貼り継ぎ、その紙に記事を記すしかなかったのではなかろうか。そして、特に独立した文書や書状、また儀式の次第を記したメモ（懐紙、笏紙など）が手許にあり、それを日記の一部として残したい場合は、それを日付の行と日付の行の間に貼り継いだり、時には裏返しにして貼り継ぎ（裏書としたわけである）、その紙背（つまり暦の面）に記事を記録したりしたのであろう。

記主本人の記した自筆原本も、道長の『御堂関白記』をはじめ、源俊房の『水左記』（康平五年〈一〇六二〉～天仁元年〈一一〇八〉）、吉田経俊の『経俊卿記』（嘉禎三年〈一二三七〉～建治二年〈一二七六〉）、花園天皇の『花園天皇宸記』（延慶三年〈一三一〇〉～元弘二年〈一三三二〉）などが残されているが、多くは様々な人によって書写された写本の形によって、後世に伝えられた。

その際、ただ単に自筆本を転写するのではなく、一定の意図をもって記文を選別して書写することが行なわれた。平信範の『兵範記』（長承元年〈一一三二〉～承安元年〈一一七一〉）や藤原定家の『明月記』（治承四年〈一一八〇〉～嘉禎元年〈一二三五〉）のように、記主が自ら記文を選別して清書した自筆本が残されている例もある。写本の作成というのは、単なる転写を意味するのではなく、それ自体が特別な目的と意味を持った営為であったのである。

藤原頼長の『台記』（保延二年〈一一三六〉～久寿二年〈一一五五〉）は男色や殺人の記事が記されていることで有名であるが、これなども引退後に自ら記文を選別した写本を作成しようとしていたものの、突然の不慮の死によって叶わず、不名誉な日記が後世に伝わった例と言えようか。

また、何故に日記を書いたかという問題とは別に、何故に日記が残ったかという問題も存在する。何故日記が残ったのかは、先祖の日記を保存し続けた「家」の存在と、記録＝文化＝権力であるという、日本文化や日本国家の根幹に通じる問題に関わっているのであろう。もちろん、王朝が交替することなく、王権と朝廷、それを構成する天皇家と貴族の家が一つの都城に存在し続けたことも、日記が残った大きな要因となった。

なお、道長四世の直系の孫にあたる藤原忠実の言談を筆録した『中外抄』には、摂関の心得と、公事を学ぶための日記を記録する練習法が、大江匡房の言葉として、次のように説かれている（下―一二）。

関白・摂政は詩を作っても無益である。朝廷の公事が大切である。公事の学び方は、紙三十枚を貼り継いで（巻子にして）、大江通国のような学者を傍らに据えて、「只今、馳せ参る」などと書きなされよ。また、「今日は天気が晴れた。召しによって参内した」などと書きなされよ。知らない字があったならば、傍らの学者に問われよ。このような文を二巻も書けば、立派な学者である。四、五巻に及んだならば、文句の付けようのないことである。

当時の摂関に対する認識、日記に対する認識がよくわかる話である。別の箇所では、摂関は漢才（漢籍に通じ、漢詩文を作るのが巧みな才能）がなくても「やまとだましひ（大和魂）」（「漢才」に対比される語。現実に即応して人心を掌握し、実務を処理できる能力）さえあれば天下を治められる、こちらでは日記を十から二十巻書けばいい、とも言っている。

また、忠実が、摂関家の日記の書き様を諭した藤原師実の仰せを引いた箇所もある（上―八三）。

日記はあまり詳しく書くのは無益である。故殿（師実）の仰せでは、「日記が多いと、個人的な感情が交じって礼を失する。『西宮記』と『北山抄』ほど作法に優れたものはない。その他には家の先祖の日記を入れるべきである。この三つの日記さえあれば、おおよそ事に欠けることはない。他の家の日記はまったく無益である。そのわけは、「摂政関白が主上の御前で腹鼓を打つ」と書いてあっても、先例として用いるわけにはいかないからである。また、日記は詳しく書くべきではない。他人の失敗もまた、書くべきではない。ただ宮廷行事の次第をきちんと記録すべきである。さて、日記を秘すべきではない。小野宮関白（藤原実頼）は日記を隠したので子孫がいない。九条殿（師輔）は隠さなかったので世に恵まれたのである。……」

日記はまさに、個人の秘記ではなく、後世の子孫や貴族社会、さらには生前にも広く共有された貴族社会の文化現象であったのである。

おわりに

最古の日記である「伊吉連博徳書」および壬申の乱従軍舎人日記と、平安時代の古記録との間には、おおよそ二百年にも及ぶ時間の間隔、木簡に記録するということと具注暦に記録するということの素材の差異、そして何より、毎日記録するという記録態度について、大きな断絶が存在する。

その間、律令国家の成立に伴う具注暦の班賜（頒暦）の開始、紙の普及があり、律令官司や官人たちの中には、具注暦にその日の業務を日常的に記録する者も数多く現われたのであろう。しかし、それらはほとんど、今日まで残されていない。それらが後世にまで伝えなければならない史料であると認識されていなかったことによるものであろう。

十世紀前半に頒暦が行なわれなくなってから、逆に平安貴族による古記録が増加するというのも、古代国家の変遷と考え併せると、これもまた興味深い現象である。

第二章　『延喜式』と頒暦・具注暦

はじめに

古記録というと、なんとなく朝廷から下賜された具注暦の空白行（「間明き」）に記録したものというイメージが強いが、実は朝廷が廷臣に暦を賜う頒暦は、十世紀前半からは行なわれなくなったとされている。[1]

なお、頒暦というのは、たとえば、

令制では、中務省管下の陰陽寮に暦博士と暦生とが置かれ、造暦と技術者養成が行われ、毎年来年の暦を造って十一月一日中務省に送り、中務省が天皇に奏聞し、内外諸司にも給わった。後のもので見ると、この暦は具注暦といい、そのうち天皇に奏する暦を御暦、諸司に給うのを頒暦または人給暦という。

と言われているものである。[2]

この頒暦が絶えたため、古記録が盛行した摂関期では、記主が暦博士や陰陽師に料紙を渡して、間明きのある特注の具注暦を造らせたと言われている（頒暦は一日一行で、間明きはなかったとされる）。頒暦が行なわれなくなってから、逆に平安貴族による古記録が増加するというのも、興味深い現象である。[3]

本章では、摂関期古記録の前段階である頒暦について、その変遷を考えてみたい。

一　『延喜式』以前の史料に見える頒暦

はじめに、『延喜式』の頒暦規定の前提となる諸史料を見てみよう。

養老雑令・造暦条には、

> 凡陰陽寮、毎年預造来年暦。十一月一日、申送中務。中務奏聞、内外諸司、各給一本。並令年前至所在。

と、造暦とその頒布に関する規定がある。なお、雑令は『令集解』が残っておらず、造暦条は逸文も残されていないので、大宝令の規定は不明である。これによると、陰陽寮が毎年、来年の暦を造り、十一月一日に中務省に申送し、中務省が奏聞したうえで、内外の諸司に各一本を下給するとある。

本条に関して『令義解』は、

> 謂。被管寮司及郡司者、省国別写給。

としている。雑令・造暦条の「内外諸司」は省と国止まりであり、その被管にある寮・司や郡には、省や国が写して下給すると規定している。

この規定はその後も受け継がれ、弘仁十一年（八二〇）に選進された『弘仁式』の逸文を見てみると、太政官に、

> ……其頒暦者、付少納言令給大臣。大臣転付弁官、令頒下内外諸司。

とあり（『小野宮年中行事』による）、また陰陽寮に、

> 凡進暦者、具注御暦二巻六月以前為上巻、七月以後為下巻。、納漆函安漆案。頒暦一百六十六巻、納漆櫃著台、十一月一日至延政門外候。

や（『年中行事抄』による）、

> 具注御暦二巻六月以前為上巻、七月以後為下巻。。頒暦一百六十六巻、十一月一日至延政門外候。七曜暦、正月一日候承明門外。

と（『年中行事秘抄』による）、それぞれ見える。(4) 御暦は二巻であり、一年を六月以前の上巻と七月以後の下巻に分けるとある。頒暦は一六六巻である。

次いで弘仁十二年（八二一）に上奏された『内裏式』には、「十一月進御暦式」として、頒暦の具体的な次第が、次のように見える。

朔日中務率陰陽寮候延政門外御暦盛函御机、頒暦御櫃。。大舎人叩門闈司就版、奏云御暦進牟止。中務省官姓名謂輔以上。叩門故爾申勅曰令申。闈司伝宣云令申姓名。中務率陰陽寮舁机参入安庭中退出。中務独留奏進其詞云、中務省申久、陰陽寮乃供奉礼留其年乃御暦又人給暦進楽久乎申給久止申無勅答。。訖即退出。闈司二人入自左掖門、持御暦机安簀子敷上。即内侍持函奉覧。闈司便候南階西下他皆効此。。御覧訖闈司却机安本処、退出。侍臣喚内豎旧例喚大舎人。。内豎称唯立東庭侍臣宣喚少納言。称唯出喚之少納言入自日華門内豎同用此門。、立東庭侍臣宣進礼留暦太政官爾給閉。称唯令内豎荷暦櫃給大臣自承和十年依右大臣宣闈司退出。即少納言率内豎六人入自日華門、令舁机而出省侍臣以下之机。。

ここにはじめて、「人給暦」という語が見える。陰陽寮の造った御暦・頒暦を中務省が奉る由を奏上し、次いで御暦は天皇の許に奉られ、頒暦は太政官に下給されることが記されている。

貞観十四年（八七二）に官撰された『貞観儀式』（『儀式』）にも、「十一月一日進御暦儀」の具体的な次第が、次のように見える。

当日平旦中務率陰陽寮候延政門外。大舎人叩門如常。闈司就版奏云進御暦止。中務省輔姓名叩門故爾申勅曰令奏与。闈司伝宣云姓名令申姓名。輔丞各一人寮頭助各一人舁御暦案。寮允属各一人舁頒暦櫃若允属不足者、大舎人代之。、共進入自日華門置於庭中簀上御暦在北。頒暦在、南。相去一丈許。、退出。輔便留就版奏云、中務省申久、陰陽寮供奉礼留其年乃御暦又人給暦進良久乎申給波久止申無勅。答。。訖即退出。闈司二人入自左掖門、舁御暦机安簀子敷上。即内侍持函奉覧。闈司便候南階西下奉覧。訖闈司却机安本処、退出。即少納言率内豎六人入自日華門、舁机退出。大臣即以頒暦賜太政官、転付弁官令頒下内外諸司。

『内裏式』の次第に加えて、頒暦が太政官から弁官に付されて、内外の諸司に頒下されたことが記されている。

二　『延喜式』に見える頒暦

それでは、これらを承けて規定された、『延喜式』に頒暦が見える諸条を考える。それは以下の諸条である。これ以前の諸規定にも見えた文言には、傍線を付すこととする。

太政官・新暦条133

凡陰陽寮造新暦畢、中務省十一月一日奏進。其頒暦者、付少納言令給大臣。大臣転付弁官、令頒下内外諸司。

中務省が、陰陽寮の造った新暦を奏進する規定。少納言→大臣→弁官→内外諸司という頒下の経路が示されている。雑令以来の十一月一日という奏進期日も明記されている。

中務省・元会点検条4

凡賀正畢、乗輿御豊楽殿賜宴侍臣。省預点検次侍従以上十六日准此。掃部寮預設輔已下座於便処。省掌執版位、進当丞座前置之去三丈許。。五位以上就版受点。丞判命之。其参議以上八省卿、弾正尹、左右大弁、及三位已上、左右衛門、左右兵衛督、左右近衛少将已上並遥点。其左右衛門、左右兵衛佐令府生已上申陪陣之由余儀准此。。所司開豊楽、儀鸞両門。其後官人率陰陽寮、入自逢春門進七曜御暦。輔以上一人留奏進。其詞曰、中務省奏、陰陽寮供奉礼留其年七曜御暦進良久乎申賜止奏無勅答。若親王任卿者、以進礼良久乎。恐美恐美毛詞替進良久乎。他皆放此。宴訖大少輔執札相分唱名、賜御被一条事見儀式。。

元日朝賀における点検（参列者の確認）と七曜御暦の奏進についての規定。十一月一日の奏進が具注御暦・頒暦（人給暦）であるのに対し、正月元日の七曜御暦は天皇に奉るものとされている。

中務省・進暦条32

凡十一月一日平旦、輔丞二人将陰陽寮進暦事見儀式。。

進暦（暦の奏進）の日時（十一月一日寅剋）と、中務省の輔と丞の二人が陰陽寮を率いて暦を奏進することの規定。

中宮職・進暦条25

凡十一月一日、陰陽寮進暦納漆函安漆高案。。其日平旦、中務輔率寮官、候玄暉門外。進一人率省輔幷寮官、入掖庭左門立御殿前。即出候南廊外。舎人四人便留舁案進相副扶。。内侍率女孺等伝取。啓畢即以函案返給舎人。

陰陽寮による進暦の次第を規定したもの。時剋と内裏参入経路、奏進の順序が定められている。女孺による伝送はここにしか見えない。

大舎人寮・暦氷条3

凡元日賜次侍従已上宴、豊楽儀鸞両門開訖。闈司二人出自青綺門、分坐逢春門南北。舎人四人詣門外。第一者叩門曰、御暦進《牟止》中務省官姓名等門候《止》申。闈司就版奏。勅曰、令申。闈司還伝宣云、姓名等《乎》令申《与》。舎人称唯。所司奏進御暦。訖撤案。又舎人進叩門曰、氷様進《牟止》宮内省官姓名等門候《止》申。闈司奏之。舎人称唯如前。所司奏進亦同。訖膳部水部等取氷様腹赤御贄退出。又舎人四人与少納言候同門外。大臣喚舎人二声。舎人共称唯余節准此。、少納言替入事見儀式。。

元日節会における御暦奏と氷様（宮内省から氷室の収量や氷の厚薄などを奏上する儀式）についての規定。闈司の関与が規定されているのは、『延喜式』ではここのみ。

陰陽寮・進暦条3

凡進暦者、具注御暦二巻六月以前為上巻、七月以後為下巻。、納漆函安漆案。頒暦一百六十六巻、納漆櫃著台。十一月一日至延政門外候中宮。東宮御暦供進准此。。其七曜御暦、正月一日候承明門外並見儀式。。

具注暦の進暦に関する規定。『弘仁式』逸文とほぼ同じ内容。具注暦の御暦は春夏・秋冬の二巻、七曜暦は一巻であるが、頒暦は一年分一巻のものが一六六セットあった。道長の『御堂関白記』が一年分が二巻であったのは、天皇の御暦に准じたということになろうか。これについては後述する。

陰陽寮・造暦用度条4

凡造暦用度者、御暦三巻二巻具注、一巻七曜。料、上紙一百二十張請図書寮。四十七張具注暦料、二十三張七曜暦料、五十張破損料。雖有閏月不加其料。、麻紙四張褾紙料。請、内蔵寮。上墨大半廷請図書寮。、上朱沙三両請蔵人所。、兎毛筆十二管請図書寮。、膠一両請大蔵省。、花軸三枚請木工寮。、白綺三条別長一尺六寸。請内侍所。。中宮、東宮各二巻。其料亦准此破損料在御暦料五十張内。。頒暦一百六十六巻料、紙二千六百五十六張巻別十六張。有閏、月年巻別加二張。褾紙料五十六張以一枚充三巻。、草案料一百二十九張暦草二十四張、日度草十五張、月度草十五張、蝕草五張、五星度草五十張、五星行草二十張。、交、暦本三巻料九十張四十七張具注本料、二十四張七曜本料、十九張頒暦本料。、墨十二廷半頒暦并草案料。以一廷充二百四十張。、鹿毛筆九十八管已上紙筆墨並請図書寮。、糊料大豆三升三合請大炊寮。、檜軸一百六十六枚請木工寮。、竹十六株山城国所進。、切続紙料机二前長四尺、広二尺八寸、厚三寸、高七寸。随損受木工寮。、座料長畳四枚請掃部寮。、砥一顆請大蔵省。。装潢手単四十五人、写御暦手単五十五人並図書寮人。。食米人別日一升六合、塩一勺六撮、醤滓二合、雑魚二合。写頒暦手三十一人諸司史生二十三人、内豎四人、大舎人四人。並不在給食之限。。

右並具勘録。五月一日申省請受。

黒漆函三合長各一尺二寸、広三寸八分、深二寸四分。。

黒漆机二脚

別足一脚長三尺、広一尺三寸七分、高三尺。。

榻足一脚長三尺、広一尺、高三尺。。

已上納御暦。

納頒暦赤漆韓櫃一合長二尺三寸、広一尺二寸、深一尺三寸。居黒漆筥形加杌。。筥形謂韓櫃台也。

布綱三条一条長一丈二尺、広二寸四分、二条長各四尺六寸、広一寸二分。

右漆函等収寮庫。至奏日出用之。若有破損、申省修造。

造暦のための用度（必要な物品）の規定である。

暦そのものでいうと、上紙が一二〇張で、内訳は、具注暦二巻分に四七張、七曜暦一巻分に二三張、破損に備えて五〇張というものである。一巻に上紙が二三張、必要であったことがわかる。閏月があっても、その分は加えないとあるから、プレッシャーがかかったことであろう。

その他、標紙の分に麻紙四張（一張は予備か）、上墨を大半廷、上朱沙（朱書を記す分）を三両、兎毛筆を一二管、膠を一両、花軸を三枚、白綺（綾紋織の絹）を三条とある。中宮と東宮、各二巻の分も、これに准じるとある。

頒暦一六六巻のためには、紙二六五六張（一巻分として一六張。閏月がある年は、こちらは巻毎に二張を加える）、標紙の分に五六張、草案の分に一二九張（暦の草案に二四張、太陽の位置の草案に一五張、月の位置の草案に一五張、日蝕・月蝕の草案に五張、五星〈木・日・土・金・水〉の位置の草案に一〇張、五星の動行〈順行・逆行・伏行など〉の草案に二〇張）、暦本（具注暦や七曜暦の原本）三巻の分に九〇張（具注本の分に四七張、七曜本の分に二四張、頒暦本の分に一九張）、墨一二廷半、鹿毛筆九八管、糊の分に大豆三升三合、檜軸に一六六枚、竹一六株が必要とある。

机・畳・砥についてては省略する。

技術者として、表装・装幀を行なう装潢手四五人、写御暦手五五人が必要で、図書寮の人を用いる。食米は人毎に一日一升六合、塩一勺六撮、醤滓二合、雑魚（様々な魚）二合、下給された。ところが、写頒暦手三一人には、諸司の史生二三人と、内豎四人、大舎人四人を充てたが、給食は行なわれなかった。

陰陽寮・暦本条5

凡暦本進寮。具注御暦八月一日、七曜御暦十二月十一日、頒暦六月二十一日。並為期限。

御暦奏に先立って、暦博士が具注暦や七曜暦の原本を作成して、陰陽寮に進上する期限を定めた規定。頒暦の原本は六月二十一日に進上しなければならないというのは、かなり大変だったことであろう。

陰陽寮・中星暦条7

凡中星暦者、八十二年一度造進。其用途者、博士臨事勘録進寮。寮即申省請充。

恒星の位置に関する天体暦を、八二年に一度、造って進上するという規定。数世代に一回しか造られないのであるから、技術の伝習も大変だったことであろう。

式部省上・写暦手条159

凡陰陽寮写暦書手者、簡取諸司史生充。其頒諸国暦者、省令朝集雑掌写之。

先ほど登場した、写頒暦手を選び定める規定。諸国に頒下する暦は朝集使の随員である雑掌に写させるということが見える。

春宮坊・進暦条24

凡十一月一日、陰陽寮進暦。其日允以上二人率暦博士史生等、持安暦函案候西門外。坊官令舎人引迎。入就西細殿南。陰陽允以上共舁案、進立殿庭退出。主蔵佑以上二人率舎人出自東細殿前、進舁案退出。即暦収蔵人所。案還本寮。

東宮に御暦を供進する際の規定。天皇に進上する儀式に准じて行なうこととされている。

以上、『延喜式』に見える頒暦に関わる規定を並べてみた。『延喜式』が延喜五年（九〇五）から編纂され、延長五年（九二七）に完成した時点では、これらの規定は実際に行なわれていたのかもしれないが、康保四年（九六七）に施行された時点では、いかがであろうか。

なお、頒暦が一六六巻ということは、どの範囲に頒下されたのであろうか。雑令・造暦条の「内外諸司」は省と国止まりであるが、原秀三郎氏は、さらに内外諸司以外にも配布されていた可能性を想定されている。(5)ただし、「内外諸司以外」というのが寮司以下の諸司を指すのか、官人個人を指すのか、明言されていない。藤本孝一氏は、諸司に頒った後の半分の暦は廷臣にまで及んだと考えられなくもないと推測されたうえで、「今後の課題」とされている。(6)山下克明氏は、後に述べる『西宮記』の条文を勘案して、寮司へも頒暦が下給されていたうえ、官衙以外にも政務上、暦を備えることを必要とした殿舎・曹司などへも頒暦が給付されたと推測された。(7)

省以上の官司と諸国を合わせても、七十数巻あれば足りたはずであり、残りの百巻近くは、何処に下給されたのであろうか。ここで官司のみならず、親王・后妃・公卿と寮司以下の官司に頒下されたと仮定すると、親王・内親王で一〇名程度、后妃が数名、公卿が二〇名程度、『延喜式』に載せる官司が、官が二、省が八、職が四、台が一、寮が二一、司が一〇、衛府が六、春宮坊が一、後宮一二司、国が六六国二島、その他の官職が五ほどである。これらを合わせると百七十数巻になる。公卿以上の官人には、すべて行きわたったものと想定しても、ほぼ差しつかえないものと考えられよう。

次に『延喜式』以降の時代における頒暦の実態を伝える史料を考えてみたい。

三　『延喜式』以後の史料に見える頒暦

『西宮記』

まず、源高明（延喜十四年〈九一四〉～天元五年〈九八二〉）によって原形が成立した『西宮記』には、巻一・年中行事・正月上・節会に、御暦奏に関する次第が見え、巻六・年中行事・十一月一日・陰陽寮進御暦に、

御暦奏十一月儀。近衛開左腋。闈司参入奏。勅、令申[写]。闈司帰。中務、陰陽師、暦博士、舁暦案入自左腋、立版南一丈。頒暦在後、輔留奏云々。無勅答。退出。了闈司二人出自左腋、舁案立南階上西辺、自同階退下。内侍取函自御帳西奏覧、留暦置机。内侍返置函、闈司登同階、舁机立本所退入。少納言内豎二人、入自日華門、立頒暦南、令舁机退出。百二十巻。六十巻弁官、十二巻内侍、四十八巻留局。天暦十四一、雨降。闈司執机、校書殿進、或付内侍所也。

と見える。問題なのは、頒暦という語は見えるものの、巻数が一二〇巻と減じていることである。その内訳は、六〇巻が弁官、一二巻が内侍、四八巻は局（外記局）に留めるというものである。

この条文を考察された山下克明氏は、弁官を通して寮・司を含む諸司に、内侍司を通して後宮十二司に、外記局を通して殿舎・曹司に、それぞれ給付されていたものの、諸国への給付は停止されていたものと推測された(8)。いずれにせよ、これだと、公卿以下の官人のどれほどに頒下されたであろうか。少し不安になる内訳である。

『本朝世紀』

次に『本朝世紀』天慶四年（九四一）十一月一日条には、

又中務省率陰陽寮暦博士等依例候御暦頒暦。而今日天皇不御南殿。仍上卿仰外記、御暦即付内侍令奏。又頒暦進於局了。件頒暦、背先例其数只十一巻也。彼寮申云、所司称無紙、未行料紙。仍且随有所書進也。相次又々可催進云々。

という記事がある。御暦奏の際、天皇の出御がなかったので、御暦は内侍に託して奏上し、頒暦は外記局に進上することとなったが、料紙がないと称して図書寮が陰陽寮に送らなかったため、わずかに一一巻だけを造って進上したというものである。追って残りを進上するとは言っているものの、その後の経緯は定かではない。

さらに『本朝世紀』正暦四年（九九三）十一月一日条では、

……但人給暦辛櫃。此度不舁立。寮官申立。今年図書寮不度料紙、又不書進頒暦。仍不舁立也者。甚為違例。

とある。図書寮が料紙を送ってこなかったので頒暦はまったく造られなかったというのである。この年の十一月一日は朔旦冬至であって、暦法・儀礼上重視された年の御暦奏で頒暦がまったく進められなかったということは、通常の御暦奏では頒暦の進上がすでに実質を失い、諸司頒下も停廃していたものと推測されている(9)。

『師遠年中行事』

その後、中原師遠（承暦元年〈一〇七七〉～大治五年〈一一三〇〉）の著わした『師遠年中行事』十一月朔日・中務省奏御暦事には、

付内侍所、暦給諸司。頒暦絶久無之。

と記されている。古記録が盛んに記されるようになった十世紀から十一世紀にかけて、諸司への頒暦は廃絶したことがわかる[10]。官人への下給は、なおさらであろう。『延喜式』に規定されていたと思われる公卿への頒暦は、古記録を記す具注暦とは、まったく別種の暦であったことがわかるのである。

四　古記録の具注暦

では、平安貴族が古記録を記した具注暦は、どのような経緯で入手したものであろうか。そのヒントとなるのが、九条家本『延喜式』二十八の裏文書（東京国立博物館所蔵）に残されている寛和二年（九八六）末の具注暦である。そこには間明き一行が存在し、また朱書きの暦注が加えられている。これらは頒暦とは源流を異にする特徴であり、暦博士ないしは陰陽博士以外の者によって書き加えられた可能性が考えられている[11]。朝廷から下賜された暦ではなく、すでに様々な経路から独自に暦を入手していることが想定されるのである。

そもそも、藤原師輔の日記が『九暦』と称されているのも、『九条殿暦記』の略であり、師輔が具注暦に日記を記していたことの証左である。師輔の『九条右丞相遺誡』に見える「日中行事」にも、朝起きた時の行動の中で、具注暦に日記を記録することについて、次のように記している（本書第一部第一章第二節参照）。

……見暦知日吉凶。……次記昨日事事多日々中可記之。。

後文には、日記の記録について、詳しい説明がある。

年中行事、略注付件暦。毎日視之次先知其事、兼以用意。又昨日公事。若私不得止事等、為備忽忘、又聊可注付件暦。但其中要枢公事、及君父所在事等、別以記之可備後鑑。

この暦の余白に記したものが暦記、別に記したものが別記ということになる。

その他、古記録自体に、暦についてあれこれ推測できそうな記事がある。以下、それらを見ていくことにしよう。まずは『延喜式』に時代が近い『貞信公記』と『九暦』からである。

『貞信公記』『九暦』

『貞信公記抄』延喜九年（九〇九）二月二十一日条

東宮始参入内裏暦日注十死一生。私所記。

東宮保明親王の内裏入覲の記事であるが、その日は一切の大小事を忌む大悪日である十死一生日であったことが暦に注記してあったと、「私」（藤原実頼）が後に追記している。暦注のある暦が、記主である藤原忠平の持っていたものか、実頼の持っていたもの（『清慎公記』を記したものか）かは、定かではない。

なお、『貞信公記抄』によれば、延喜二十年（九二〇）と承平元年（九三一）に御暦奏を行なっている。「如例」とあり、『延喜式』の規定に近い形で行なわれたものと推測される。

『九暦』にも、承平五年（九三五）、天暦三年（九四九）、天徳四年（九六〇）に御暦奏の記事が見える。これも「如例」とあり、少なくとも天皇に御暦を献上する儀式は行なわれていたようである。『権記』正暦四年（九九三）十一月一日条（伏見宮本）にも、天暦九年（九五五）は雨儀であって、御暦・番奏を内侍所に付したという記事が見える。

摂関期の古記録

さて、時代は降り、いわゆる摂関期の古記録ではどうであろうか。儀式としての御暦奏は、『小右記』では天元五年（九八二）正月一日条、寛和元年（九八五）正月一日条、正暦四年（九九三）十一月一日条、寛弘二年（一〇〇五）正月一日条、長和二年（一〇一三）正月一日条、長和三年（一〇一四）十一月一日条、治安元年（一〇二一）正月一日条、治安二年（一〇二二）正月一日条、万寿元年（一〇二四）正月一日条、長元四年（一〇三一）十一月一日条、『権記』では長保二年（一〇〇〇）正月一日条、寛弘元年（一〇〇四）十一月一日条、寛弘四年（一〇〇七）十一月一日条、寛弘七年（一〇一〇）十一月一日条、『御堂関白記』では寛弘三年（一〇〇六）正月一日条、長和五年（一〇一六）十一月一日条、『左経記』では寛仁元年（一〇一七）十一月二日条、長元元年（一〇二八）正月一日条、長元四年十一月一日条、長元七年（一〇三四）十一月一日条、『春記』では長暦三年（一〇三九）十一月一日条に、それぞれ見えるのだが、その実態は如何であろうか。

たとえば『小右記』正暦四年十一月一日条（略本・B系、伏見宮本）には、

有御暦奏。中務輔留奏。闈司二人挙案、立殿簀子。内侍執御暦、就御帳西頭奏之。闈司舁案立元所。少納言・内豎等相率撤案。出自日華門。無人給暦辛櫃。失歟。

と記していて、人給暦（頒暦）の辛櫃《からびつ》がなかったことがわかる。記主の藤原実資はこれを失儀と非難しているが、この年だけなかったとは思えない。

あるいは『小右記』長和三年十一月一日条（広本・A系、前田本乙）では、

右衛門督被過。退帰後、入夜被示送云、只今有内召。依御暦奏事。其作法鬱々者。報示畢。

とある。兄懐平から、御暦奏の作法が鬱々としたものであったという書状を得た実資が、それに返報しているという記事であるが、やはり儀式が先例どおりに行なわれなかったことを嘆いているのであろう。

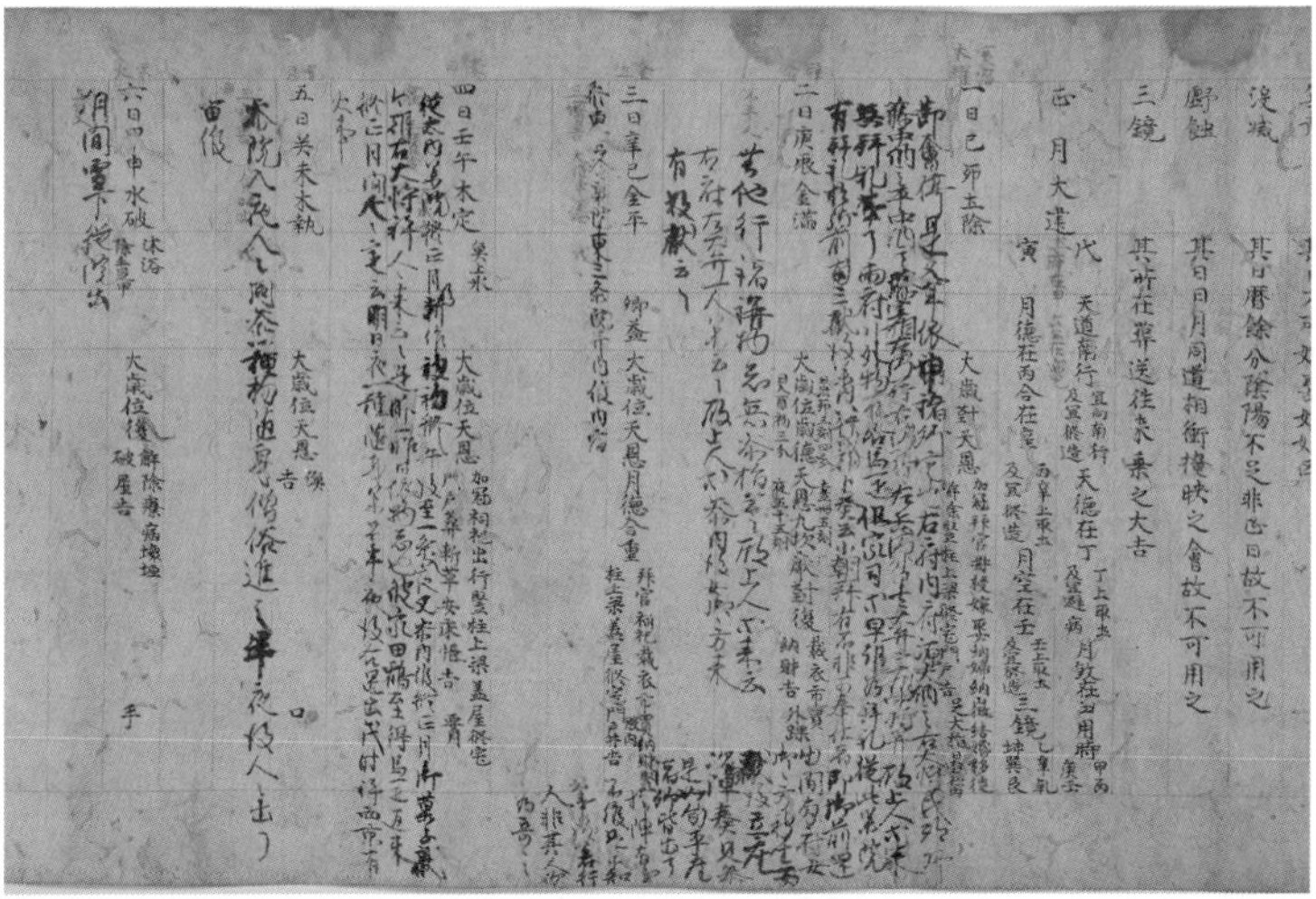

図1　具注暦（『御堂関白記』自筆本・長保二年正月一日〜六日条〈陽明文庫所蔵〉）

『左経記』寛仁元年十一月二日条（秘閣本）には、

中納言被命云、夜部御暦奏事参内。而依無殿上弁幷蔵人等、良久不奏御暦。仍差外記国儀申事由摂政殿。仰云、蔵人頼宣令参、以其可令奏者。頃之参入。付其令奏。事甚非常者。

とある。すでに暦の奏上がほとんど行なわれなくなっていることがわかる。『小右記』万寿四年（一〇二七）正月一日条（広本・A系、前田本甲）でも、

召大外記頼隆、問標・御暦・氷様・腹赤・卯杖等奏具不事。申云、中務・宮内輔等申障不参、至標早立了、御卯杖事可問宣者。

とあり、御暦を進上すべき中務省が不参であることによって、奏上が行なわれなかったことがわかる。

造暦についてはいかがであろうか。『権記』長保二年九月二十六日条（伏見宮本）には、

又申、陰陽頭正邦宿禰今朝所来示、御暦造送之期已過。是彼道申博士未任之由、不進之間、奏進之期漸以近々。若依彼道之懈怠、更蒙其責歟。仍予所申也。命云、早帰参令奏此旨。暦博士除目之次可任。然而依日次不宜、于今未被行京官召。今日以後無吉日。仰参入上卿可被任。即参入。令

則隆奏。

という記事がある。暦博士が任じられておらず、御暦を送る時期（八月一日）を過ぎても進上できないので、暦博士を任じられたいと、陰陽頭が申してきたのである。記主の藤原行成は早速に、小除目を行なって暦博士を任じるよう一条天皇に奏上している。なお、参議不参によって、行成が除目の執筆を奉仕し、暦博士が任じられている。

とりあえず天皇用の御暦は、この時期には必要とされていたのであろう。ただし、翌長保三年（一〇〇一）正月には御暦奏が行なわれたという史料はなく、実際に御暦が造られたかどうかは、定かではない。

個人としての貴族が造らせた具注暦について、ヒントとなる記事がある。すでに藤本氏・山下氏によって紹介されているものであるが、『小右記』長和三年十月二日条（広本・A系、前田本乙）に、

陰陽師笠善任持来新暦先日給料紙云々。賜疋絹裹紙。

という記事がある。実資が陰陽師の笠善任に料紙幾くかを下給し、新暦を造らせていることがわかるものである。新暦を持って来た善任に、実資は禄として紙に包んだ疋絹を下賜している。ここに見える笠善任というのは、この記事の他にはほとんど史料に登場しない陰陽師であり（他に『小右記』寛仁二年〈一〇一八〉三月二十二日条〈略本・B系、東山御文庫本〉に、実資が衰日によって葬事に関わらないことを占った記事が見えるのみ）、陰陽寮などで枢要の地位にあった者とは思えない。官人による個人的な暦の供給の様相が窺える例である。

また、これも藤本氏・山下氏が紹介されたものであるが、『小右記』治安三年（一〇二三）十一月十九日条（広本・B系、伏見宮本）に、

暦博士守道朝臣進暦上・下。

という記事がある。暦博士賀茂守道が実資に上下二巻からなる暦を進上したというものである。この時、実資は

右大臣に上っており、関白藤原頼通の儀式顧問的立場に立っていた。『御堂関白記』の具注暦も造っていた著名な暦博士である守道によって、御暦と同じ上下二巻の具注暦を造らせているのである。『小右記』の記事の量から考えると、これでも間明きに記していたのではまったく足りないと思われるが。

『御堂関白記』でいうと、長和五年四月五日条（古写本〈藤原師実筆〉）には、

吉平来申云、従守道許明年暦及草。付之見之、作宮・立柱・遷宮日等正四月間有宜日。又々吉見可申者。

という記事がある。陰陽博士安倍吉平が暦博士賀茂守道から明年の暦と草案を取り寄せて、内裏造営に関わる日時を勘申しているというものである。この暦が後一条天皇に奏進する御暦なのか、道長に進上する具注暦なのかは不明であるが、道長が摂政であることを考えると、道長に進上する具注暦を、すでに前年の四月には作成し始めていたことが窺える。

時代が降ると、『後二条師通記』寛治六年（一〇九二）三月十六日条（予楽院本）には、

陰陽師道言朝臣奉暦下巻了。

と見える。陰陽師賀茂道言が暦の下巻を奉上してきたというものである。この時、記主の藤原師通は内大臣・左大将、二年後に関白に上る。摂関家嫡流は、上下二巻の具注暦を造らせていたのであろう。道言は当時は主計頭であったが、前官は陰陽頭兼暦博士で、造暦宣旨を蒙った人物であり、暦・陰陽両道の長老的存在であったという。(12)

さらに『殿暦』の年末の記事には、きわめて興味深い記事がある。まず康和五年（一一〇三）十二月二十九日条（古写本）には、

巳刻許陰陽師光平来。新暦持来也。開了。但新暦持来、おくまてみはつる也。是故殿仰也。新暦持来時、軸本まて見了事、今年了見はつる儀歟。宿耀又同了。

とある。また長治元年（一一〇四）十二月二十五日条（古写本）には、

　巳時許陰陽師道言持来暦。取之乍二巻見奥。故殿仰也。

と、永久四年（一一一六）十二月二十九日条（古写本）には、

　午剋許陰陽師大炊頭光平持来暦。至十二月晦日見之。是先例也コトサラニ見。見了光平退出。

とある。陰陽師賀茂光平や道言が新暦を持って来たので、記主の藤原忠実は二巻とも、奥の軸本まで開いて目を通したというのである。宿耀暦も同様にしたという。これは祖父の師実の仰せであり、摂関家の年末恒例の行事であったと推測される(13)。見終わるまで陰陽師が退出せずに伺候していたというのは、誤りを指摘されたら訂正するためだったのであろう。

　このようにして、上級貴族は陰陽道・暦道官人から個人的に具注暦の供給を受けており、それが古記録を記す料紙となっていったのである。

おわりに

　以上、『延喜式』の暦の規定、特に頒暦についてと、摂関期の具注暦の供給について、史料を並べてきた。『延喜式』に規定された頒暦が絶えた後にも、王朝貴族たちは、その必要に応じて、暦博士や陰陽師たちに具注暦を注文し、何人かはそこに日記を記録してきたのである。

　ほとんどの具注暦は、『延喜式』の頒暦と同じく、間明きのないものであったと思われ、そこに日記を記すには、様々な工夫を行なう必要があった。間明きのある具注暦でも、あれほど大量の記事を記録するには、何らかの工夫を要したことであろう。

　彼らが具注暦に日記を記したことは、「暦記に見ゆ」「暦面に記し難し」「暦裏に注す」「暦を引見するに」と

いった文言が頻出することからも明らかであるが、どのようにしてあれだけの記事を記録したのか、『小右記』については次章で詳述することとする。

一つだけ付け加えておく。『御堂関白記』は、具注暦の間明きと紙背にのみ記事を記した特異な古記録である。現存する自筆本には、紙を貼り継いだりした形跡はない。二行の間明きを持った、当時としては特異な具注暦に記したこと、記事が比較的少なかったことにもよるのであろう。『御堂関白記』自筆本の具注暦の料紙は、多い巻では三二紙、少ない巻では二三紙を貼り継いだものである。一紙あたりの行数は、二二行から二六行と、まちまちである。現存する自筆本の具注暦巻末には、すべて前年の「十一月一日」という日付が記されている。

『延喜式』の規定では、天皇に奏進する御暦三巻（内、二巻は具注暦、一巻は七曜暦）の料紙は一二〇張、四七張は具注暦（つまり巻別に二三張半）、二三張は七曜暦の分である。中宮・東宮への各二巻の料紙もこれに准じるとある。これに対し、頒暦一六六巻の料紙は二六五六張で、巻別に一六張とある。

となると、『御堂関白記』を記すための具注暦の料紙は、諸司・諸国・公卿に下賜する頒暦ではなく、天皇・中宮・東宮に奏進する御暦に准じたものであったことがわかる。現存する最古の自筆本は長徳四年（九九八）後半のものであるが、その具注暦の料紙は、二六張を貼り継いだものである（次の長保二年前半、その次の寛弘元年前半は、ともに二五張）。後年には准三宮となる道長であるが、最初の具注暦を注文した長徳三年（九九七）の時点では、自分の権力が永続するかどうかも不確定で、むしろ短期政権が予想されていたことを考えると、[14]『御堂関白記』は、その具注暦の料紙のみならず、記主の性格も、また特異なものであったことになる。

註

（1）　山下克明『平安貴族社会と具注暦』（臨川書店、二〇一七年）。

(2) 国史大辞典編集委員会編『国史大辞典　第六巻』「暦」(桃裕行氏執筆。吉川弘文館、一九八五年)。
(3) 倉本一宏「日記が語る日本古代史」(本書第一部第一章)。
(4) 虎尾俊哉編『弘仁式貞観式逸文集成』(国書刊行会、一九九二年)による。
(5) 原秀三郎「静岡県城山遺跡出土の具注暦木簡について」(『木簡研究』三、一九八一年)。
(6) 藤本孝一「頒暦と日記」(『中世史料学叢論』思文閣出版、二〇〇九年、初出一九八一年)。
(7) 山下克明「頒暦制度の崩壊と暦家賀茂氏」(『平安時代の宗教文化と陰陽道』岩田書院、一九九六年、初出一九八六年)。
(8) 山下克明「頒暦制度の崩壊と暦家賀茂氏」(前掲註(7))。
(9) 山下克明「頒暦制度の崩壊と暦家賀茂氏」(前掲註(7))。
(10) その後、朔旦冬至の年には、陰陽寮が御暦の案と人給暦の辛櫃を舁くために若干の頒暦を造ったし(『朔旦冬至部類記』所引『江記』〈延久元年[一〇六九]〉、『師平記』〈寛治二年[一〇八八]〉、『為房卿記』〈寛治二年〉、『師遠記』〈大治元年[一一二六]〉、『中右記』〈大治元年〉、『大外記師豊記』〈明徳三年[一三九二]〉)、藤原頼長が久安元年(一一四五)に頒暦の諸司頒下を再興したことがある(『朔旦冬至部類記』所引『朝隆卿記』)。
(11) 岡田芳朗「具注暦と現存古暦の概要」(『日本暦日総覧　具注暦篇　古代中期1』本の友社、一九九三年)。
(12) 山下克明「頒暦制度の崩壊と暦家賀茂氏」(前掲註(7))。
(13) 山下克明「頒暦制度の崩壊と暦家賀茂氏」(前掲註(7))。
(14) 倉本一宏『一条天皇』(吉川弘文館、二〇〇三年)。

第三章　『小右記』の記録状況

はじめに

『小右記』は、字面だけ活字でたどっていれば、その精確で精緻な筆致によって、たとえば『御堂関白記』とは異なり、まことに読みやすい古記録であるかのように見える。しかし、その記録の状況や伝来に少し思いを致せば、それこそ『御堂関白記』の単純な伝来とは異なる複雑さをすぐに実感してしまうのである。

本章では、そもそも藤原実資がどのようにして『小右記』を記録したのかについて、様々な視点から考えてみることとしたい。

一　『小右記』はどうやって記録されたのか

『小右記』を記録した時間

我々は、藤原師輔の『九条右丞相遺誡』に記されている、「日中行事」（朝起きてから行なうべき行動）のなかの日記を記すという項目にある次の記述に、縛られ過ぎているのではないだろうか。

夙に興きて鏡に照らし、先づ形体の変を窺へ。次に暦書を見て、日の吉凶を知るべし。年中の行事は、略件の暦に注し付け、日ごとに視る次いでに先づその事を知り、兼ねてもて用意せよ。また昨日の公事、もしくは私に止むを得ざること等は、忽忘に備へむがために、また聊かに件の暦に注し付くべし。ただしその中の要枢の公事と、君父所在のこと等は、別にもて記して後鑑に備ふべし。

という記述からは、日記はまず具注暦に年中行事を記し、公事があった翌日の朝、それを「いささか」暦の余白（間明き）に記し（暦記）、枢要の公事などは別に記す（別記）ことがわかる。

しかし、師輔の時代と『小右記』が記された時代とでは、おおよそ半世紀の時を隔てている。その間、多くの古記録が記され、記述も精緻になっている。また、「漢文体から隔たり日常実用文に徹した摂関系」と評される(1)『九暦』の記主である師輔の記録態度と、「漢文調の優る小野宮系」の代表である『小右記』の記録態度とでは、おのずと違いが生じたであろうことは、容易に想像できる（さらにいえば、『平記』に代表される実務官人系の古記録とも）。

だいたい、『小右記』のあの長大な記事を見て、あれを朝粥を食べる前に記録できるなどとは、とても考えられない。ただ、実資が基本的には（翌朝とは限らず）翌日に記録していたであろうことは、ほぼ確かなことである。たとえば寛仁三年（一〇一九）九月二十三日条（広本・A系、前田本甲）に、「按察大納言（藤原斉信）、明日今日なり。、早く参り、春日行幸の事を定め申すべし」と、万寿四年（一〇二七）五月十三日条（広本・A系、東山御文庫本）に、「明日、参入すべし」てへり「明日」と謂ふは今日なり。」と見えたり、長元二年（一〇二九）八月十七日条（広本・A系、九条本）に大宰権帥源道方の赴任についての記事があり、翌十八日条（広本・A系、九条本）に、「中納言（藤原資平）、来たりて帥の餞の事を談る。仍りて昨日の記に注す」とあって、十七日条を十八日に記録したことが明記してあったりしているのである（以上、傍点は筆者）。

『小右記』を記録した料紙

同様に、実資が具注暦の間明きのみに『小右記』を記録したとも、とても考えがたいのである。『御堂関白記』自筆本で、藤原道長が具注暦の日付と日付の間の二行の間明きに記録しているからといって、『御堂関白記』よりもはるかに文字数の多い『小右記』を具注暦にのみ記録することは、紙背に裏書を書いたとしても、まずは不可能なことである。

なお、当時は朝廷からの頒暦はすでに行なわれておらず、日記を書こうと思えば料紙を自分で用意し、暦博士、天文博士、陰陽師、家司などに依頼して作成してもらわなければならなかった(2)。誰もが間明きのある具注暦を作成してもらえるわけではなかったのである（尾上陽介氏のご教示によると、中世では摂関家でも間明きのある具注暦を作成できるのは「大殿」に限られたとのことである）。

道長は二行の間明きに最大四行の記事を、一行あたり平均二〇～二五字前後、最大一〇〇字ほど記録している。裏書は日付の行の紙背を加えて三行分のスペースがあるから、ここに六行、同じく一五〇字が記録できる（裏書は他の日付の紙背にも記録する場合があるから、実際にはさらに多くの字数を記録した日もある）。

『小右記』を記録した具注暦がどのようなものであったかは不明である。現在遺されている古写本では、一年を四季毎の四巻に記録しているものと、上下二巻に記録しているものとがある。『小右記』治安三年（一〇二三）十一月十九日条（広本・B系、伏見宮本）には、暦博士が実資に上下二巻からなる具注暦を進上したという記事がある。

『小右記』の字数は、訓読文ベースで集計したところ、半年分がすべて広本で残っている天元五年（九八二）前半、寛和元年（九八五）前半、永延元年（九八七）前半、永祚元年（九八九）前半、同元年後半、正暦元年（九九〇）後半、同四年前半、長保元年（九九九）後半、寛弘二年（一〇〇五）前半、長和三年（一〇一四）前半、同四年後半、同五年前半、寛仁元年（一〇一七）後半、同三年前半、同三年後半、治安三年（一〇二三）後半、万寿二年（一〇二五）後半、同四年前半の平均で四九三六九・三字であった。一日あたり二七八・九字ということになる。これは自筆本が残っている『御堂関白記』の長徳四年（九九八）後半、長保元年後半、同二年前半、寛弘元年前半、同二年前半、同四年後半、同五年後半、同六年後半、同七年前半、同八年前半、長和元年前半、寛仁二年前半、同三年後半、同四年前半の平均である七〇八九字（一日あたり四〇・一字）の六・九六倍である。平均して一日あたり『御堂関白記』の約七倍もの字数を記録した『小右記』が、具注暦の間明きや紙背にのみ記録していたとは考えられないことは、明らかであろう。

実資が『小右記』を記録する際に、そこに具注暦が存在したことは、『小右記』の記述に「暦」「暦記」「暦裏」などという語が見えることから、明らかである。また、道長が源倫子と結婚したことを記した長元二年（一〇二九）九月二十日条（広本・A系、九条本）には、「永延元年十二月十六日火平甲辰大歳対月殺云々吉納財、左京大夫道長通左府女」と暦注が記されている。長元二年の段階では、永延元年の具注暦に記した『小右記』が実資の手許に存在したのである。

具注暦の間明きや紙背に記録したとは考えられないことを考慮すると、『小右記』の料紙としては、どのようなものが想定できるであろうか。一つには具注暦とは別に、まったく空白の料紙を置き、そこに記事を書いたという可能性である。『小右記』には、「別記」という語が、天元五年五月七日条（「又、別記に注す」、広本・B系、伏見宮本）や長保元年十一月二十五日条（「節会の作法、別に記す」、広本・A系、前田本甲）に見えるので、別記が存在したことは確かなのであろう。しかし、別記の存在が直接確認できるのがこの二条だけであるということは、記事のほとんどを別の料紙に記録していたとも考えがたいのである。

「暦」「暦記」「暦裏」「裏に注す」「裏に在り」などという語は、基本的には具注暦が記録の主要な料紙であったことを窺わせるのであるが、ではあの長大な記事を、どうやって具注暦に記録したのであろうか。考えられるのは、具注暦の暦の行（日付＋暦注）だけを切り取って空白の料紙に貼り、その左側の空白に記事を記録していく方法である。その日の記事を記録し終わったら、またその左側に具注暦の次の日の暦の行を切り取って貼るということになる。後に述べる、他所からもたらされた式次第や消息、様々な文書も、同様に左側に貼り付けていくことになる。一見すると合理的なようにも思えるが、この方式だと、どうしても紙が厚くなり、また必要な料紙の量が増すという難点がある。これを一季ごとに巻子に仕立てるとなると、かなりの太巻きになるし、だいたい厚みでごわごわになってうまく巻けないのではないだろうか。裏書というのも、この方式だと必要ない。

『小右記』の「原史料」としての文書

もう一つ考えられるのは、後に述べるように、実資は藤原懐平（実資の同母兄）・藤原公任（実資の従兄弟）・資平（実資の養子）・藤原資房（資平の子）などから届いた消息（書状）や儀式の式次第、除目の結果や宣命など様々な文書を、そのまま貼り継いで『小右記』の記事としているのではないかという可能性である。

つまり『小右記』の記事は、実資本人が儀式や政務を直接見聞した記事の他に、実資は不参しておきながら、その日の夜か翌日に他者からもたらされた情報を、「……云はく」というかたちで記事にしている場合が多い。こういった場合、資平などが語った台詞を聞いた実資が、それを漢文化して『小右記』の記事にしたとは、あまり考えられない。

それよりも、資平などが儀式や政務の次第を記した懐紙や笏紙、短紙などメモのようなものに、違例など特筆すべき点を書き加えて、それを『小右記』の記事にしたと考えたほうがよいのではないか。なお、もともと資平などが持って行った懐紙や笏紙、書冊、草子、短紙に、実資自身も関与していた可能性は高いであろう。

実資が右大臣に任じられて最初の除目では、治安元年（一〇二一）八月二十八日条（略本・B系、東山御文庫本）に、「忽忘に備ふべき書二枚、中を結ひ、匠作（資平）を以て（小野）文義に伝へ給ひ、硯筥に入れしむ」とある。

これは二十六日に資平を介して道長に問うた除目作法（道長の「答報」）を、資平がメモしたものであろう。長元四年（一〇三一）正月七日条（広本・B系、伏見宮本）では、「今日の次第の文を乞ひ取る。両納言（資平・藤原経通）、今日の次第を乞ふ。使に付し、之を遣はす。右金吾（経通）、元日・十六日の次第を加ふ。彼の意楽に縁るなり」とある。こちらは儀式に参列する前に、式次第を所司や一家から送ってもらったり送ったりしているのである。なお、経通は資平の同母兄である。

これらの「『小右記』の記事」は、実資が空白の料紙に写し直したと考えるよりも、そのまま貼り継いだと考えたほうがよかろう。もともと資平などが儀式や政務に持って行った懐紙や笏紙、短紙のようなものに、資平などが違例などを書き加えたものを実資の許に届け、それにまた実資がコメントを書き加える、といった記録状況が想定できるのである。そしてそれを、具注暦の暦の行（日付＋暦注）の左側を切り取って、そこに貼り継ぐというのが、その日の記事の成り立ちであろうと考えられる。そのまた左側には、次の日の具注暦の暦の行を貼り継ぐといったかたちで、実資「自筆本」は記録されていったのではないかと考える。

古代の古記録ばかりを見ていると、どうしても自筆本『御堂関白記』のイメージが強くて、古記録の記主が記録したのはああいったかたちであろうと考えがちであるが、自筆本『御堂関白記』は何の手も加えていない日次記そのままであるという、それこそ特殊な古記録なのである。中世の古記録の自筆本を見学したりすると、様々な文書を貼り継いだ実例を見ることができる。

私がそのような例の実物をはじめて見たのは三条西実隆の『実隆公記』であったが、たとえば藤原忠実の『玉葉』治承三年（一一七九）十一月十九日条（九条本）に、「（小槻）隆職、又、聞き書きを注し送る。件の事等、昨日の記に続ぎ加ふ」とある記事に対する、「当時の記録の通例に従って、書き写されるのではなく、原文書がそのまま貼り込まれる形になっていたであろう」というコメントが端的に物語っているであろう。[3]『徳大寺公清日

記』の様々な事例も紹介されている。(4)

『小右記』の裏書

また、かつて古記録の裏書について考察したことがあったが、(5)『小右記』の裏書に関しては、現状の写本に裏書が存在するもの、また写本に裏書は存在しないものの、「裏書」「ウラ書」など元は裏書が存在したことを窺わせる記述があるものを合わせると、三五例の裏書を確認できた。もちろん、実資が日次記を「記録」した段階では、はるかに大量の裏書が存在したことであろう。この三五例の裏書を見てみると、その内容は、宣命・詔書・太政官符・牒状・大宰府解・出雲解文・定文・除目の結果・叙位の結果・前駆の差文・村上御記・故殿（藤原実頼）の御記・占文・勘文・例文・上表文・仰書・見参簿・唐暦・追記・その日の記事全体、というものである。いずれも表の記載に関わりながら、独立した文書であったものである。

これは、もともとは独立した文書であった占文や詔書などの文書（写しか下書きで入手したものか）を裏返しにして貼り継ぎ、その紙背（つまり具注暦でいう表側）に日次記を記したのではないかと推定される。つまり、独立した文書が手許にあり、それを日記の一部として残したい場合は、それを裏返しにして具注暦に貼り継ぎ、その空白の紙背に、その文書に関わる記事を記録したのであろう。

『小右記』はどうやって記録されたのか

ここまで、実資がどのように『小右記』を記録したかを推測してきた。ここからは、様々な実例を示すことによって、より具体的なイメージを描いてみることにしよう。

【紙背】

長和元年（一〇一二）四月二十七日の藤原娍子立后の儀で、実資は内弁を務めたが、その宮司除目において、八寸ほどの蜈蚣が硯を去って、北に行った。実資は心に徴を告げたものと思い、神告を得るために、五月三日、賀茂光栄に占わせた。その結果を四日条（広本・A系、前田本甲）に記録している。光栄からは四日に占文が届いたのであろうが、実資はそれを空白の料紙に書写したのではなく、裏返しにして暦の行に貼り継ぎ、占文の紙背（具注暦でいう表側）に日次記を記したのであろう。四日条最初の、

去ぬる月二十七日の除目の蜈蚣、昨日、光栄朝臣を以て占はしむ。占、裏に注す。

という部分が、表（日付と暦注のある側）、つまり占文の紙背に記した文章であろう。裏書（占文の表側）の冒頭には、

御前に候じ、除目を奉仕する間、八寸ばかりの蜈蚣、硯を去ること幾くならず北に行く。心に徴を告ぐるを存ず。神告を得んが為、光栄朝臣を招きて占はしめ、左に注す。

とあり、ここでも実資は光栄に占いをさせた経緯を簡単に記している。「左に注す」と記していることは、この文章を原史料としての占文と同じ面の右側の空白に記したことを示している。次いで、

占ふ。四月二十七日、甲子。時は戌に加ふ。河魁、子に臨みて、用と為す。将は玄武、中は伝送、天后。終は勝先、騰虵。御行年、酉の上、小吉、天一。卦遇、元首。

之を推すに、用、日財に起ち、御年の上、天一を見る。日財、是れ財を主る。天一、是れ天子を主る。又、天福と為す。此を以て之を言ふに、天子の福慶を蒙るを主る象か。

寛弘九年五月三日　　賀茂光栄

とあるものが、光栄から届いた占文の原本だったのであろう。

なお、この占文では、実資が「天子の福慶を蒙る」と称されているが、実資はさらに踏み込んだ解釈を求めたのであろう、すでに病の篤い大江匡衡を呼んで、その解釈を行なわせている。匡衡は十一日にやって来て、蜈蚣

の旁の「呉」字は天が口を載せ、「公」字は三公であるので、実資が三公（大臣）に昇るのは近いなどと語った。その後も匡衡からは、この解釈に間違いがない旨の消息が何度も届いたが、六月十九日、これまでの消息を近習の女や藤原行成が見たことがあるかどうかを聞いてきた。道長がこの間の経緯を知っていたとのことであった。匡衡は七月十六日に卒去している。

こんな例も見つけた。寛仁元年（一〇一七）十一月二十三日条（広本・A系、前田本甲）は、賀茂行幸宣命を載せているが、「宣命、暦裏に注す」と記している。二十二日条（広本・A系、前田本甲）の後、用紙（第四八紙）に大きな空白があり、新しい用紙（第四九紙）に改めて二十三日条を記録し、紙背に宣命が「記録」されている。この空白が意味するところは、入手した宣命の紙背に二十三日条の本文を記録し、そちらを表にして貼り継いだ名残であろう。古写本もそれを尊重し、この空白を踏襲したものと思われる（『小右記』の写本は、新写本に至っても、意外に元の姿を尊重することが多いのである）。長元元年（一〇二八）七月二十五日条（広本・A系、前田本甲）末尾の空白なども、この類か。

【消息（書状）】

実兄の懐平や従兄弟の公任、養子の資平やその子の資房、後には関白藤原頼通から届いた、政務や儀式の様子を記した消息や、懐紙や笏紙、書冊、草子などのメモをそのまま貼り継いで、『小右記』の記事にしているであろうことは先に述べた。どちらかというと、懐平や公任、頼通からは現在の手紙に近いかたちの消息が、資平や資房からは儀式の次第に資平や資房が書き込んだ懐紙や笏紙、書冊、草子が、それぞれ多かったであろうと思われるが、以下にそれらが窺える事例を挙げてみよう。

・丁寧語や謙譲語

『小右記』には、様々な人から届いた消息の引用が多くみられる。それらを実資がわざわざ日記に書写したとは考えがたく、ほとんどはそのまま具注暦に貼り継いだものと思われる。もちろん、そのままでは消息を書いた人の文章のままであるので、実資が各所を書き替えたものと思われるが、しばしば書き替え忘れたであろう箇所がみられる。

特に公任・道長・頼通からの消息に、時々、丁寧語「侍り」や謙譲語「給ふ」（下二段活用のほう）がみられるのである。実資の記録した日記に公任・道長・頼通からの消息を引用するのであれば、丁寧語や謙譲語を使う必要はないのであり、これは実資が書き替えを忘れて、貼り継いだままにしてあった名残なのであろう。

もちろん、もともとは敬語を使っていない箇所に実資が尊敬語を書き加えたりした箇所も多かったと思われるので、一概には論じられない問題ではあるが、『小右記』の消息の引用には、様々な可能性を考えたほうがよかろう。

・貼り継ぎ

消息や懐紙・笏紙を具注暦の暦の行に貼り継いだことを窺わせる例を挙げてみよう。長元元年（一〇二八）七月二十二日条（広本・A系、前田本甲）は、

左中弁（源経頼）、少時くして、□□□書状を送りて云はく、「守良《(安倍)》等、申さしむる事、維衡《(平)》朝臣、若し□追捕、空しく数日を送るべくんば、形に随ひて従類の中の然るべき者を搦め、問ふべき者を拷掠し、若し大神宮の御厨に有る由を称さば、証人を随身し、使の官人等、輔親《(大中臣)》朝臣幷びに宮司等の許に行き向かひ、彼等の申すに随ひて、入り捕ふべし」てへり。書状の文、移し注すなり。後の為のみ。

というものである。「書状の文を移して記したのである」とはいうものの、実際にはその書状を貼り継いだのではあるまいか。

こんな例も見つけた。『北山抄』一・年中要抄上・四月・同日旬事所引「著東座人路事」は、原文を示すと、

著東座人路事

納言記云、

長元二年十月一日、云々、著宜陽殿、新中納言定頼(藤原)、経大盤南著奥座、前日殿下(頼通)仰云、著奥座之人不昇板敷、渡弁座上、著奥座者、問納言、々々云、或人被書儀云、可用大盤南者、

というものである。大日本史料は「納言」のところに「(資平)」という注を付しているので、最初は資平が記録した『納言記』という古記録があるのかと思ってしまったが、よく考えたら「納言、記して云はく」であって、資平が消息を記して実資の許に送ってきたという意味であった。それを実資は十月一日の暦の行の次に貼り継いだのであろう。つまりこれは、新出の『小右記』逸文ということになる。

なお、長元二年は九月までは九条本が広本で残っているが、十月の記事はこの一日条と、二日に頼通の許に参ってこの定頼の経路についての失儀を告げている記事のみである。二日条の末尾に実資は、「是れ慥かに覚ゆる事なり。後の為、之を記す」と記している。一日条として資平からの消息を貼り継いで、二日条は自分で記したのであろう。

・資平の呼称

治安元年（一〇二一）くらいから、『小右記』で資平のことを「〇」と表記した例が、ちらほらみられる。これは資平が実資の許に持ってきた消息の中で、自分のことをわざわざ「資平」と書くのが面倒で、「〇」と表記したものを、実資がそのまま貼り継いだのであろう。たとえば治安元年十二月三日条（広本・A系、九条本）では、

参会卿相、左大臣(頼通)関白、余・内大臣(藤原教通)、大納言斉信・公任・行成・頼宗(藤原)・能信(藤原)依妻病遅参、即出、中納言道方、参議公信(藤原)・経通・通任(藤原)・〇在判、右三位中将兼経(藤原)、参議定頼、

とある。『小右記』には、よく政務や儀式の末尾に参入した公卿の名前が列挙されるが、ここでは本文に「〇」

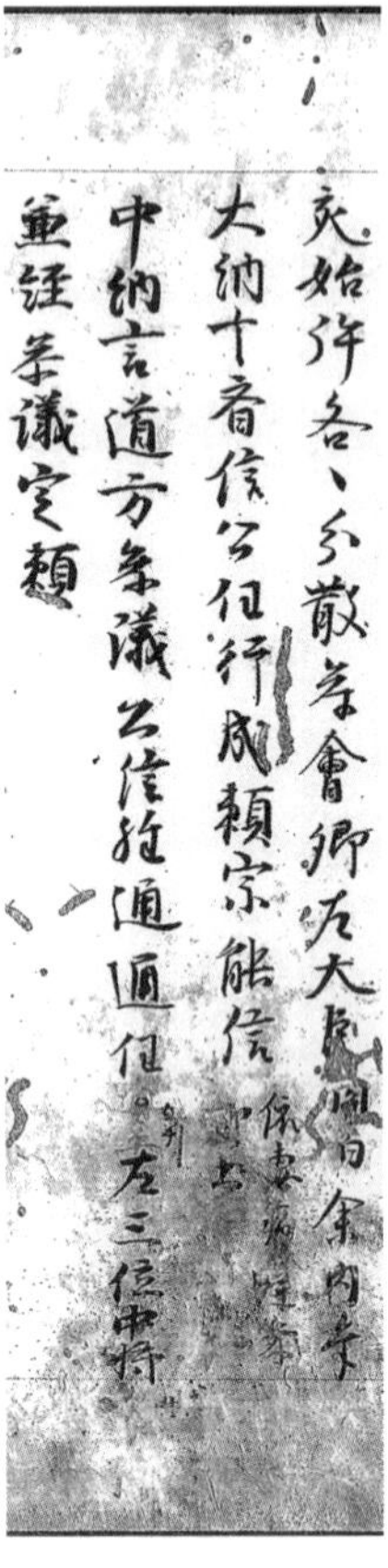

図1　『小右記』治安元年十二月三日条（宮内庁書陵部所蔵）
三行目、序列でいうと資平の箇所に「○」とあり、「在判」という傍書がある。

と表記したうえで、傍書に「在判」とある（図1）。在判というのは、「古文書の正本の写しや控えで、正文に花押のしるしてあったことを示す語」であるが（『日本国語大辞典』第二版）、写本の書写者が「○」のことを花押か何かと考えたのであろう。同様の例は、治安元年十月十五日条、同年十二月九日条、同年十二月十八日条、同年十二月二十二日条（いずれも広本・A系、九条本）、治安二年五月一日条（略本・B系、東山御文庫本）にもみられる。あるいは九条本の治安元年冬巻を書写した人の特性なのであろうか。

資平のことを「資ー」と呼称している例も、同じ発想であろう。古記録で名の最初の一文字だけを記す例はしばしばみられるが、「資ー」の例はそれらよりもはるかに頻繁にみられる。これは資平が自分で「資平」と書くのが面倒で、一文字だけ記して「資ー」としたか、「○」とでも表記されていたものを、実資が一文字だけ記して「資ー」としたかのどちらかであろう。

こういう例もある。資平のことを、「ム」「某」（一人称の「それがし」）とか「臣」（一人称の「やつがれ」）と表記した例である。実資が資平のことをこのように表記するはずはないから、これらは資平が実資の許に持ってきた消息の中で自分のことをこのように呼称し、実資がそのままその消息を貼り継いだ結果であろう。たとえば、万

図2　『小右記』万寿二年二月二十七日条（宮内庁書陵部所蔵）

寿二年（一〇二五）二月二十七日条（広本・B系、伏見宮本）では、

今日参入、大納言能信、参議某・定頼、

とある（図2）。同様の例は、治安三年正月五日（略本・不明、東山御文庫本）などにもみられる。

「ム」「某」の例には、写本によっては「作名」という傍書が付されているものがある。作名《つくりな》とは、「本名のほかに本人がみずからつくって用いる名。本人を明示するように用いる場合（号、あざななど）と、本人を隠す目的で用いる場合（偽名）とがある」とのことであるが（『日本国語大辞典』）、これは後世の写本の書写者が「某」に対して、記主が名を隠したのかと考え、「作名」と注したものであろうか。万寿四年正月二十六日条（広本・A系、前田本甲）は、

見参上達部　左大臣、大納言行成・頼宗・能信、中納言長家（藤原）・実成（藤原）・、道方・師房（源）、参議経通・某（作名）（資平）・広業（藤原）・朝任（源）・公成（藤原）、

となっており、最終的な書写者が本文の「某」も傍書の「作名」も朱筆で抹消し、「資平」と朱書している。同様の例としては、寛仁二年（一〇一八）十一月二十五日条（広本・A系、前田本甲）、万寿元年十月二十六日条、同年十一月二十七日条（ともに広本・A系、前田本甲）、万寿四年八月二十三日条（広本・A系、前田本甲）にもみられる。

「ム（某）」に「判也」という傍注を付した例もある。万寿四年正月二十九日条（広本・A系、前田本甲）は、

今日参上達部、左大臣、内大臣、大納言頼宗・能信、中納言長家・兼隆（藤原）・実成・道方・師房、参議経通・

某〈判也〉〈資平〉・兼経・定頼・広業・朝任・公成、

というものである。判とは書判のことで、「自筆で書いた判、署名、サイン」のことである（『日本国語大辞典』第二版）。書写者は「某」を署名の一種と考え、これは判であると傍書したのであるが、最終的な書写者はその間違いに気付き、「某」と「判也」を朱筆で抹消し、「資平」と傍書している。同様の例は、万寿四年三月二十日条（広本・A系、前田本甲）にもみられる。

判そのものが残されている例もある。万寿二年七月二十四日条（広本・A系、伏見宮本）は、

参入上達部、大納言行成、中納言道方・朝経（藤原）、参議経通・〓、

というものであるが、とても活字化できそうもない「〓」は、「P」と「m」を組み合わせたような図形である（図3）。もしかしたら資平が自分の名を花押の原型のような書判として記したものであろうか(6)。

「臣《やつがれ》」は、たとえば万寿元年正月七日条（略本・B系、伏見宮本）では、

見参入大納言四人〈斉行頼能〉、中納言六人〈兼実道公長朝〉、参議〈経資通兼朝臣〉、

とある（図4）。公卿の名を列挙した部分であるが、一字で表記している。実は参議として列挙されている経・資・通・兼・朝はそれぞれ、経通・資平・通任・兼経・朝任のことで、資平はすでに二番目に「資」と記されているのであるが、写本の書写者は、参議は「経資」と「通兼朝臣」という二人だと考えたようである。大日本古

図3　『小右記』万寿二年七月二十四日条（宮内庁書陵部所蔵）
二行目の下から三文字目に、不思議な図形が見える。

図4　『小右記』万寿元年正月七日条（宮内庁書陵部所蔵）
最末尾、「朝」「臣」とある（「臣」は異体字）。

記録は「臣」を「（衍カ）」としているが（大日本史料も同様）、そうではなく、資平が自分のことを謙遜して参議の最末に「臣」と記し、実資が資平の本来の序列に「資」と記したものの、「臣」を消し忘れたものと考えた方がよかろう。

・「予（余）」について

さらには、決定的とも思える例も散見する。参入した公卿の名前を列挙したなかで、資平が自分のことを「予」と一人称で呼称したままになっているものである。

治安三年（一〇二三）四月一日条（広本・B系、伏見宮本）では、

今日参入、式部卿親王（敦儀親王）・中務卿親王（敦平親王）、関白、内府（教通）、大納言斉信・行成・頼宗・能信、中納言兼隆・実成・道方、参議公信・経通・予・通任、右三位中将兼経、参議広業、

とあり、序列から考えて資平に相当するところに、「予」と記している。同様の例は、同年四月二十八日条（広本・B系、伏見宮本）でもみられる。資平からもたらされた消息や懐紙・笏紙を、実資が書き替えることなく、そのまま貼り継いだことによるものであろう。

さらに決定的と思われる例は、同じ記事で資平を「予」、実資を「余」と呼称しているものである。治安三年

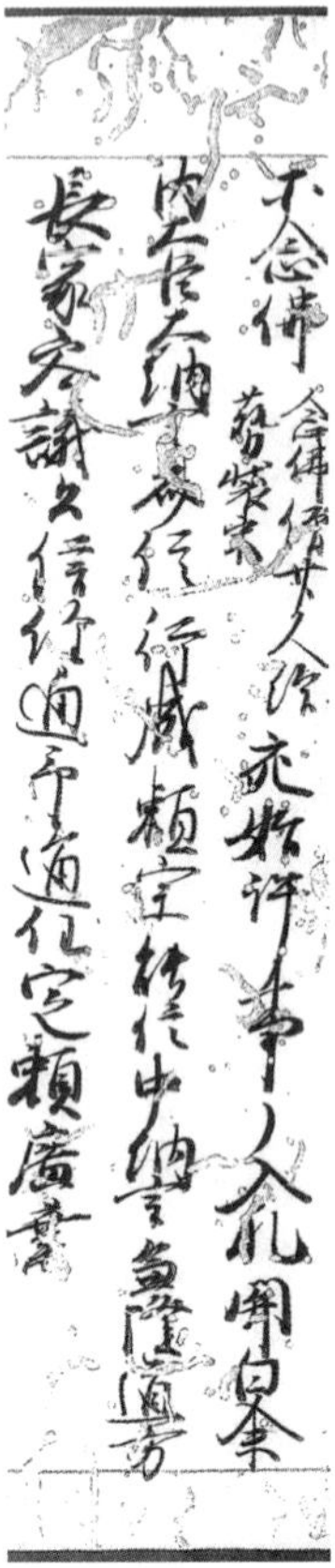

図5　『小右記』治安三年五月二十八日条（宮内庁書陵部所蔵）
一行目の一番下に「余」、三行目に「予」とある。

五月二十八日条（広本・B系、伏見宮本）は、

入礼、関白、余・内大臣、大納言斉信・行成・頼宗・能信、中納言兼隆・道方・長家、参議公信・経通・予・通任・定頼・広業、（傍点は筆者）

とある（図5）。「余」は序列から考えて実資、そして「予」は資平のことを指すとしか考えられない。実資のほうは原本の「余」そのままで、写本の書写者が資平のみ書き替えたという考えもあるが（加藤友康氏のご教示による）、それよりも、資平からもたらされた消息や懐紙・笏紙を、実資が自分のところだけ「右大臣」を「余」に書き替えたものの、資平の「予」は書き替え忘れてそのままになったと考えたほうがよいような気がする。

【代筆】

資平が実資に代わって『小右記』の本文を書いたと明記している記事もある。万寿元年（一〇二四）十月十四日条（広本・A系、前田本甲）は、実資の女である千古の着裳の雑事定が行なわれた記事であるが、

小女（藤原千古）の着裳の日、陰陽書を見るに、十二月一日乙卯・十三日丁卯、吉日。先づ師重（中原）を以て吉平（安倍）朝臣に問ふに、申して云はく、「十二月一日の着裳、吉し。十三日丁卯、加冠の吉日に入らず。但し嫁娶、吉し」てへり。

亦、師重を差して守道《賀茂》朝臣に問ふに、申して云はく、「十二月一日・十三日の着裳、共に吉し。冠・帯、吉し」てへり。「件の日、着裳に用ゐるべし」てへり。宰相《資平》・大膳大夫敦頼《菅野》、着裳の事を相定む。雑事を人々の許に仰せ遣はす。先づ十二月一日を以て、日を略ぼ定めんが為、守道に召し遣はして覆問すべし。夜に臨み、又、宰相、来たる。人々の許に仰せ遣はす事、多く宰相を以て書かしむ。

と、末尾にあるように、実資はそれを資平に書かせたのである。

後のことになるが、院政期の摂関家の当主（たとえば藤原忠実や頼長、九条兼実）の日記には、儀式の記録を自身の日記では省略し、家司である高棟流公家平氏の人々の日記（『平記』）を参照するように指示してある部分もまま見受けられるという。(7) また、忠実が摂関家の行事を筆頭家司の平知信に記録させていたことも、たとえば忠実の『殿暦』に、「委しき事、知信の書記に見ゆ」などという文言が見えることからも明らかである。(8)

このような代筆が、すでに実資の時代に行なわれていたこともあったと考えるのは、それほど不自然なことではなかろう。

二　『小右記』という共有財産

小野宮家の共有財産

『小右記』は宮廷社会の共有財産であって、実資の生前から多くの貴族に貸与され、後世には様々な部類記などに引用された日記であるとは、よく耳にする言い様である。しかし、『小右記』をよく読んでみると、実資は日次記そのものを貸しているわけではなく、求められた儀式について抜き書きしているだけのようである。また、誰にでも貸しているわけではなく、貸すに値する相手にのみ、貸している感じである。そもそも、実資と政務や儀式の式次第を共有する人物は限られていて、そうでない人物は、はなから実資に意見を求めたりはしていない

小野宮家系図

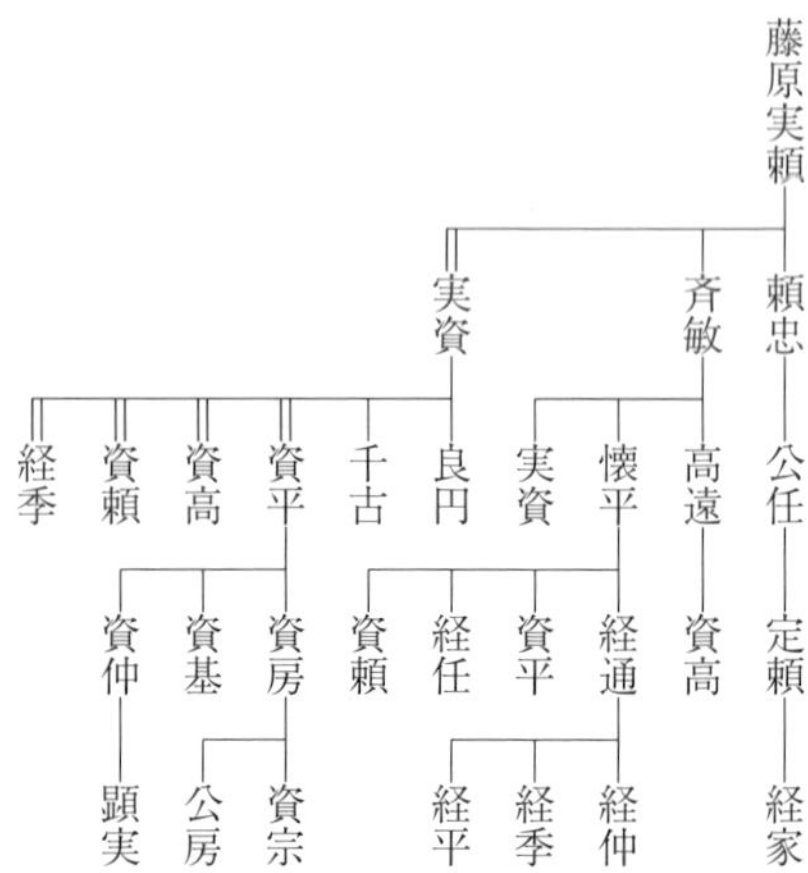

のである。

たとえば、実資は儀式の最中でも、懐紙や笏紙の貸与を、人によっては許諾したり、人によっては拒否したりしていることがある。寛弘二年正月一日条（広本・A系、前田本甲）に記録された元日節会では、内弁を命じられた右大臣藤原顕光が、

　所労有る由を称す。而るに又、更に内弁を奉仕すべき由を仰せらる。之を如何為ん。又、今日の次第、若しくは懐紙に注すか。授くべし。

と、式次第を記した懐紙を実資に請うたが、実資は、

　其の実有りと雖も、随身せざる由を称す。

と、実際は持っていないのに持っていないと称し、懐紙を見せることはなかった。

ただ、実資は顕光に意地悪しているわけではなく、その後、「御所に進み、奏聞する後、召し仰すべきか」と御酒勅使を命じるタイミングを顕光から問われた際には、「其の説有りと雖も、然らざる由、彼是、答ふるなり。仍りて直ちに之を仰す」と、適切にアドバイスしている。実資にとっては、あくまで持参してきた懐紙を見られる、あるいはそのまま持って行かれるのが嫌だったのであろう。それを貼り継いで『小右記』の記事にすることができなくなるのを恐れたのだろうかと考えたくもなる。

その意味では、『小右記』は公卿社会の共有財産というよりは、特に小野宮家にとっての共有財産と称することができよう。

周知のように、『小右記』は、儀式ごとにまとめた部類記を作るために、実資の在世中、長元三年（一〇三〇）以降に、実資・資平・資房の手によっていったん日毎・儀式毎にばらばらに切断されたとみられている。実資の薨去によってその計画は頓挫し、それをまた日付順に貼り継いで還元し、資平が別に一本を書写したものが、現存古写本の祖本になっていると推測されている(9)。

現存『小右記』の写本には、部類記作成の過程が窺える例として、正暦三年（九九二）正月十六日条（広本・不明、九条本別巻）を初例とし、たとえば寛仁三年（一〇一九）十一月十六日条（広本・A系、前田本甲）の、

十六日、戊辰此の日の御記、節会部に在り。

同三年十一月十六日、戊辰。申剋ばかり、内に参る。宰相、相従ふ。陣頭に人無し。左大将教通・左衛門督頼宗。摂籙（頼通）の御宿所に在り。日、漸く暮れに臨み、卿相、参入す。蔵人頭左中弁経通、仰せを伝へて云はく、「内弁を奉るべし」てへり。……

のように、「節会部にある」という、日付と干支を伴った一行の記事と、同じ日付と干支で豊明節会の詳細を記した記事がある。これらは、いったん節会部という部類記に収められたものの、再び切断されて日次記として貼り継がれたものであろう。その際、「この日の記事はここにはなく、節会部にある」という注記（「御記」とあるから、子孫によるものであろう）を残したまま、その左側に貼り継いだものだから、このような二つの日付と干支が存在することになったのである。

『小右記』の記主は藤原実資か

『小右記』の日次記のアウトプットについてはこのとおり、小野宮家の共有財産として皆で部類記を作成したのであろうが、インプットについても、同様のことが考えられよう。つまり、『小右記』は実資個人のみの記録

によるものではなく、古くは懐平や公任、その後は資平や資房など、小野宮家を挙げて情報（消息、懐紙、笏紙、書冊、草子、また様々な文書など）を実資の許に持ち寄り、それを具注暦の暦の行の左側に貼り継いだうえで、実資が書き込みを行ない（すでに資平などが書き込みを行なっていた可能性もある）、『小右記』の「記事」としたのであろう。

要するに、最初の『小右記』日次記というのは、もちろん、実資が自分で記録した記事も多かったであろうし、実資が消息、懐紙、笏紙、書冊、草子などを持って行って政務や儀式に参列し、それらを貼り継いだ場合も多かったであろうが、加えて、小野宮家を挙げて情報を持ち寄り、それらを総合して記事としたものであった。このようにして「記録」した日次記を、実資の晩年に至って、小野宮家を挙げて切断し、部類記を作成しようとしたのである。それはまさに、小野宮家協同の日記と称すべきものであった。資平自身の日記がほとんど残っていないのも、故のないことではなかったのである。[10]

以上、『小右記』が最初にどのようにして記録されたのかを、残された写本から推測してきた。小野宮家全体の共同作業とも称すべき『小右記』は、こうなると記主を実資のみに帰してもよいものなのか、いささかためらわざるを得ないのであるが、とりあえず統括者として実資に代表させることは妥当であろう。

さて、なお残された問題は多い。大日本古記録が底本とした写本のみならず、新写本も含めた他の写本を調査した結果を公開しなければならないし、写本制作の過程もいま一度、考え直す必要はあろう。

また、部類記作成や再貼り継ぎの過程で作られたとされる『小記目録』の制作過程は、未解明のままである。過日、『小記目録』の訓読文を作成し、データベースで公開したが、現存『小右記』には記事がなく『小記目録』に項目があったり、逆に現存『小右記』に記事があるのに『小記目録』には項目がなかったりなどの異同が認められ、同目録の制作過程も一筋縄ではいかないことを発見した。『小右記』の謎は深まるばかりである。

註

（1）峰岸明「古記録と文体」（古代学協会編『後期摂関時代史の研究』吉川弘文館、一九九〇年）。

（2）倉本一宏「『延喜式』と頒暦・具注暦」（本書第一部第二章、初出二〇一九年）。

（3）龍福義友『日記の思考――日本中世思考史への序章――』（平凡社、一九九五年）。

（4）尾上陽介『中世の日記の世界』（山川出版社、二〇〇三年）。

（5）倉本一宏「古記録の裏書」（『『御堂関白記』の研究』思文閣出版、二〇一八年、初出二〇一五年）。

（6）桃裕行「小右記諸本の研究」（『桃裕行著作集　第4巻　古記録の研究（上）』思文閣出版、一九八八年、初出一九七〇年）。

（7）角田文衞監修、古代学協会・古代学研究所編『平安時代史事典』「平記」（松薗斉氏執筆。角川書店、一九九四年）。

（8）倉本一宏『平氏――公家の盛衰、武家の興亡――』（中央公論新社、二〇二二年）。

（9）今江広道「『小右記』古写本成立私考」（岩橋小彌太博士頌寿記念会編『日本史籍論集　上巻』吉川弘文館、一九六九年）。

（10）松薗斉氏のご教示によれば、『台記』天養元年（一一四四）十一月九日条に、

考定、午始、……右大弁申云、依為忌月、不能候穏座、先例如此、余云、雖不挿々頭、候穏座有先例歟、但不慥、又余問人々、無詳答、著宴座之間、私見懐中草子、長久三年八月十一日資平卿記、隆国〈非上卿、〉依忌月、取挿頭、入懐中之由所見也、仍示右大弁俊雅云、先祖之例如此〈隆国、俊雅曾祖也、〉、不挿々頭、被候穏座、有何憚乎、右大弁諾、宴座如例、……

とある長久三年（一〇四二）八月十一日条が数少ない例であるという。後世の人が資平の日記を残さなかったと考えるよりも、資平が『小右記』に関与し過ぎて（資平が書いたものも『小右記』に吸収されてしまう）、自分の日記を記録する余裕がなかった可能性もある。

第二部

古記録の分析

第一章 『小右記』の仮名

はじめに

古記録といえば、和風漢文（変体漢文）で記録された日記、というのが定義であろうが、その古記録の記事の中に、しばしば仮名が記されることがある。

かつて築島裕氏は、「1．普通の散文の中の概念語で、その和語の意味が、漢字では的確には表はし得ないもの。2．和歌を書き表はす場合。3．儀式等の際の会話の用語。4．加点された漢文の形態を模した場合。5．漢字・漢語などに対する訓釈。」という五つを仮名表記の主たる原因として挙げられ[1]、峰岸明氏は、「漢字専用表記を原則とする変体漢文にあって、漢字では表記し得ない語形・文形の表示にこれが利用された」とまとめられている[2]。

近年では、池田尚隆氏が、『御堂関白記』の仮名表記は「ある独自の意味合い」をもってとられており、「道長の肉声に近いものが伝わる」と評され[3]、中丸貴史氏が、「漢文で書くべき（とされた）テクストに仮名の論理が入り込み、別の位相をもったテクストを生成した」と、さらに積極的な評価を下されている[4]。

私も先に、『御堂関白記』に使われている仮名について考察したことがある[5]。そこでは、『御堂関白記』の三八一八条・一八八一八四字のうち、一二〇条の記事（三・一四％）において、五八六字の仮名（〇・三一％）が使われていた。その内訳は、一一五〇条が残っている自筆本の五一一五五字のうち、仮名は三〇九字（〇・六〇％）、推定分（古写本などがいったん書写して抹消したもの）も含めると、九〇九二七字のうち、仮名は三五一字（〇・三九％）である。同様に、二九八一条・一五一一四九字が残っている古写本では、仮名は四一三字（〇・二七％）と低くなる（特に師実の家司の平定家が書写した巻では、一〇九九一七字で仮名は一九九字〈〇・一八％〉と格段に低い）。一〇〇二条が残っている平松本は、自筆本系一一〇三三字のうち、仮名は四一字（〇・三七％）、古写本系三五九六〇字のうち、仮名は一九字（〇・〇五％）と、こちらも格段に低くなる。

そして、特に会話に関わるものに関して、複雑な感情や台詞の微妙なニュアンスを漢文で表わすことができなかったために、仮名交じり文で記録したこと、単純に自筆本を破格な文章、古写本を正格な漢文表現と考えることができないこと、古写本の二人の手による差異が存在したことを明らかにした。[6]

翻って、『小右記』など他の古記録においては、仮名はどのように用いられているのであろうか。厳格な記主である藤原実資のイメージからは、日記に仮名を記すことなど、おおよそ考えられないかのようであるが、毎日『小右記』を読んでいると、そこかしこに仮名を用いていることに気付くのである。

もちろん、『小右記』は自筆本が残っているわけではないので、実際に実資が仮名で記録したのか、そしてどのような仮名で記したのかは、杳としてわからないことではある。しかし、それでも逆に、写本によって、さらには巻毎の書写者によって（同じ写本でも、巻毎に筆蹟や書きぶりが異なる場合がある）、仮名の使い方に特徴があるのであれば、『小右記』の写本や伝来を考える際のヒントにもなり得る問題であろうと考える。

一　『小右記』の仮名

まずは現存する『小右記』とその逸文から、仮名が使われた条文を抽出してみた。とはいえ、基本的には大日本古記録のページをめくって活字を拾った結果である。

周知のことではあるが、大日本古記録所収の『小右記』は、平安後期に書写された九条本、平安期に書写された前田本甲、鎌倉期に書写された前田本乙、鎌倉期に書写された伏見宮本、室町期に書写された三条西本（以上が古写本）、江戸期に書写された東山御文庫本、江戸期に書写され明治時代の補写を加えた秘閣本（以上が新写本）を底本として翻刻したものである。年によって、季節によって、月によって、場合によっては日によって、異な

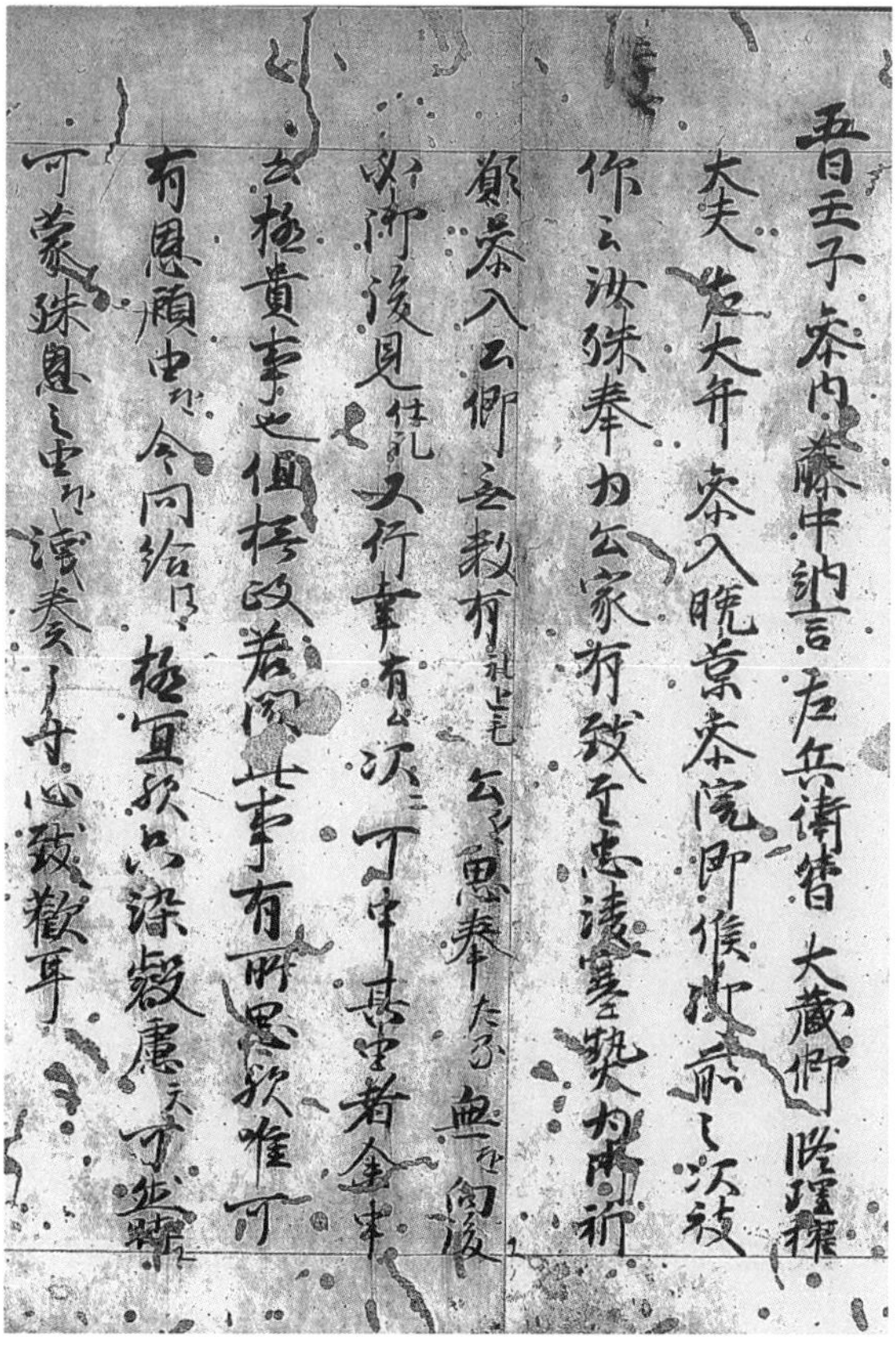

図1　『小右記』永祚元年十二月五日条（広本・B系、九条本）（宮内庁書陵部所蔵）

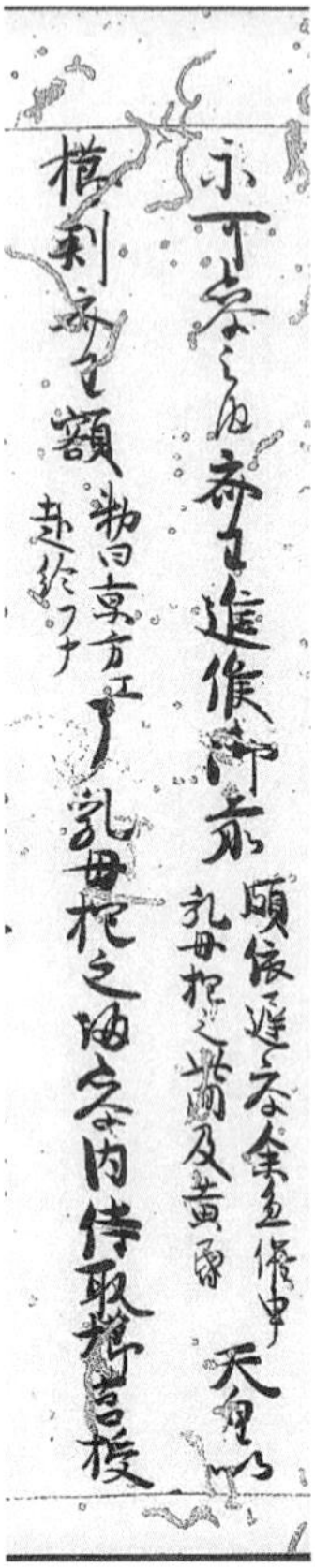

図2　『小右記』永延二年九月二十日条（略本・B系、伏見宮本）（宮内庁書陵部所蔵）

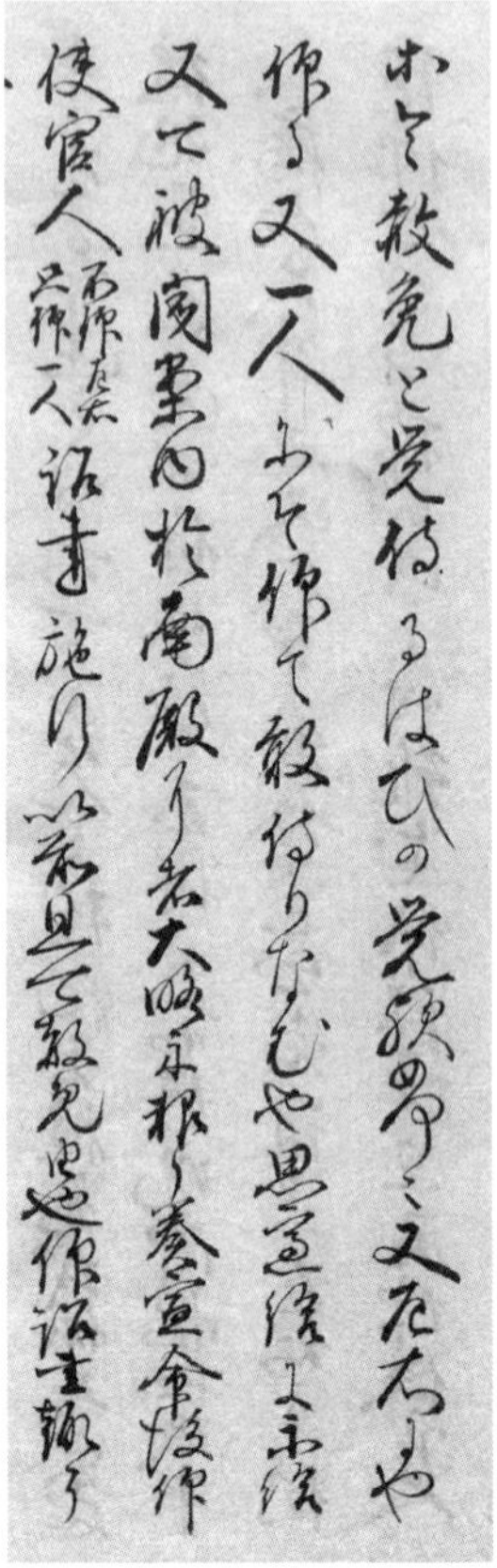

図3　『小右記』長和四年五月二十六日条（広本・A系、秘閣本）（国立公文書館所蔵）

る写本を底本としているので、取り扱う際には注意が必要である。その点、記主本人が記した日次記の原本や、書写の来歴が明らかな『御堂関白記』とは、決定的に条件が異なるのである。

今回、時間の許す限り、紙焼き写真と写真版を入手して参照したものの（三点のみ掲げた。図1～3）、すべてにわたったものではないことを、まずお断わりしておかなければならない。また、当然ながらすべての事例（二三〇三例）を提示することはできず、考察も表面的なものに終始せざるを得なくなった。

後掲の表は、仮名が使われていた記事がどれだけの数と頻度で存在するか、また仮名が何文字使われているかを表示したものである。なお、集計には説話集を根拠とした「『小右記』逸文」に存する仮名は除外した(7)。また、「个」「ケ」「歟」「者（は）」「乎」「ム（某）」「之・乃（連体格）」なども除いている（宣命の中の細字の「之」「乃」「乎」は含めた）。

これによると、現存『小右記』（＋逸文）には五四六三日分の記事があり（これに月日不明の記事が若干加わる）、そのうち、仮名が含まれているのは二五九の記事、文字数は二三〇三字である。なお、『小右記』全体の文字数を数える余裕はなかったが、参考として挙げると、大日本古記録のページ数で二四八九頁、残っている。

これを『御堂関白記』と比較すると、『御堂関白記』は同じく大日本古記録のページ数で七六二頁、『小右記』の三〇・六％であるが、『小右記』の一日あたりの文字数は、平均して『御堂関白記』の約七倍もある。大日本古記録の『御堂関白記』は自筆本の残っている部分については、記事の記されていない日でも具注暦（の一部）を翻刻しているからである。だいたい、『御堂関白記』は記事自体が短いものが多く、大日本古記録をめくってみても、白っぽいページが多いのに対し、『小右記』はびっしりと記事が記されていて、黒っぽいページが多いことは、誰しも気付かれるところであろう。ちなみに、大日本古記録『御堂関白記』（全三冊）の七六二頁（巻末の「古寫本及ビソノ系統本」は除く）に対して、拙著『藤原道長「御堂関白記」全現代語訳』（全三冊）では本文一〇八三頁・五九五四二二字であるのに比べて、大日本古記録『小右記』（本文全九冊）の二四八九頁に対して、拙著『現代語訳　小右記』（全一六冊）を合わせると、本文四三〇六頁・二七八八六五〇字に達する。

『御堂関白記』で仮名を使っているのが、三八一八条のうちで一二〇条の記事（三・一四％）に、五八六字（〇・三一％）であることは先に触れたが、『小右記』で仮名を使っているのは、五四六三条のうちで二五九条の記事（四・七四％）に、二三〇三字（％は不明）である。仮名を使っている記事一条あたりの仮名文字数は、『御堂関白記』が四・八八字であるのに対し、『小右記』では八・八九字である。

何と『小右記』の方が、仮名を使った記事の割合は多く、しかも使った場合には多くの文字を仮名で記していることになるのである。『小右記』の方が儀式を詳細に記録していることによるものであろう。

もっとも、繰り返すが、写本を見ての話なので、これが実資本人の嗜好の反映であるとは言い切れない。加えて周知のように、『小右記』は、儀式毎にまとめた部類記を作るために、実資の在世中にいったん日毎にばらばらに切断された部分もあると見られ、実資の薨去によってその計画は頓挫し、それをまた貼り継いで、それを書写したものが、古写本の基になっていると推測されている。[8]

また、『小右記』の古写本の伝来も、A系・B系と呼ばれる二系統が存在し、それぞれに広本と略本が存在するなど、複雑を極めているのである。[9]

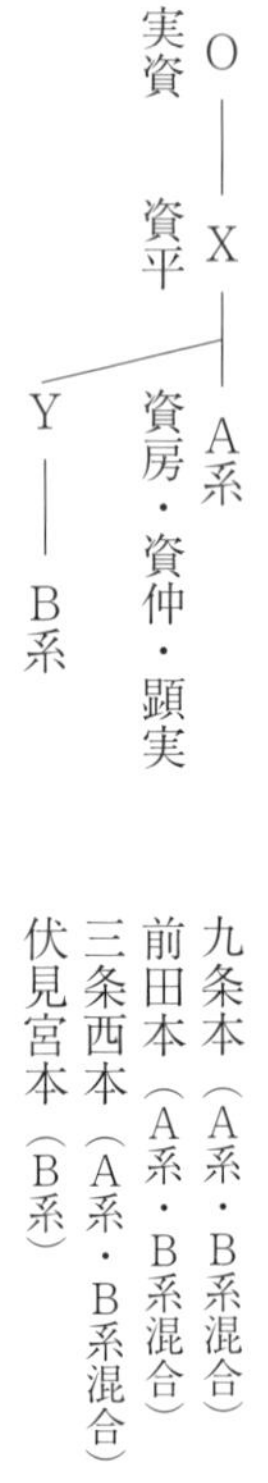

一応、写本毎の記事数と、仮名を使用した記事数と仮名を使用した記事の割合、仮名文字数と一記事あたりの仮名文字数を表示しておこう。集計には若干の誤差が存することをお含みおきいただきたい。

	全記事数	仮名使用記事数	仮名使用記事率	仮名文字数	一記事宛文字数
前田本甲	二二六八	一〇四	四・五九	一〇四八	一〇・〇八
広本	二一七二	一〇〇	四・六〇	一〇二六	一〇・二六

		略本			前田本乙	広本			略本			九条本	広本				略本			三条西本	広本	
A系	B系		A系	B系			A系	B系		A系	B系			A系	B系	不明		A系	B系			A系
二〇九七	七五	九六	〇	九六	七三	七三	七三	〇	〇	〇	〇	一一三五	一〇九〇	七三八	三四六	六	四五	〇	四五	六	〇	〇
九八	二	四	〇	四	七	七	七	〇	〇	〇	〇	四五	四五	四〇	五	〇	〇	〇	〇	一	〇	〇
四・六七	二・六七	四・一七	｜	四・一七	九・五九	九・五九	九・五九	｜	｜	｜	｜	三・九六	四・一三	五・四二	一・四五	〇	〇	｜	〇	一六・六七	｜	｜
一〇一九	七	二三	〇	二三	五四	五四	五四	〇	〇	〇	〇	三二五	三二五	二九一	三四	〇	〇	〇	〇	八	〇	〇
一〇・四〇	三・五〇	五・五〇	｜	五・五〇	七・七一	七・七一	七・七一	｜	｜	｜	｜	七・二二	七・二二	七・二八	六・八〇	｜	｜	｜	｜	八・〇〇	｜	｜

	全記事数	仮名使用記事数	仮名使用記事率	仮名文字数	一記事宛文字数
B系	○	○	—	○	—
略本	六	一	一六・六七	八	八・○○
A系	○	○	—	○	—
B系	○	○	—	○	—
不明	六	一	一六・六七	八	八・○○
伏見宮本	一二○一	六四	五・三三	六三四	九・九一
広本	八四五	三九	四・六二	五○五	一二・九五
A系	八八	○	○	○	—
B系	七五七	三九	五・一五	五○五	一二・九五
略本	三五六	二五	七・○二	一二九	五・一六
A系	○	○	—	○	—
B系	三五六	二五	七・○二	一二九	五・一六
東山御文庫本	二一八	一六	七・三四	一三○	八・一三
広本	八四	四	四・七六	六一	一五・二五
A系	五六	二	三・五七	六	三・○○
B系	二八	二	七・一四	五五	二七・五○
略本	一三四	一二	八・九六	六九	五・七五
A系	○	○	—	○	—
B系	一○九	一二	一一・○一	六九	五・七五
不明	二五	○	○	○	—
柳原本	一○	○	○	○	—

広本			略本			秘閣本	広本				略本			逸文	合計	広本	略本	A系	B系	不明
	A系	B系		A系	B系			A系	B系	不明		A系	B系							
一〇	一〇	〇	〇	〇	〇	三四七	二八三	一〇九	八六	八八	六四	〇	六四	二〇五	五四六三	四五五七	七〇一	三一七一	一九六二	一二五
〇	〇	〇	〇	〇	〇	一五	一四	九	〇	五	一	〇	一	七	二五九	二〇九	四三	一五六	九〇	六
〇	〇	｜	｜	｜	｜	四・三二	四・九五	八・二六	〇	五・六八	一・五六	｜	一・五六	三・四一	四・七四	四・五九	六・一三	四・九二	四・五九	四・八〇
〇	〇	〇	〇	〇	〇	六六	六四	五一	〇	一三	二	〇	二	三八	二三〇三	二〇三五	二三〇	一四二一	八二三	二一
｜	｜	｜	｜	｜	｜	四・四〇	四・五七	五・六七	｜	二・六〇	二・〇〇	｜	二・〇〇	五・四三	八・八九	九・七四	五・三五	九・一一	九・一四	三・五〇

儀式の中の台詞

それでは、ごく一部ではあるが、いくつかの事例について、『小右記』の仮名を見ていくことにしよう。まずは儀式の中で語られた台詞である。仮名の部分はカコミとした。

1永観二年十月二十二日条（広本・不明、秘閣本第三冊）
　引廻御前三廻之後、金吾仰云、乗[レ]、又三廻之後、仰云、下[リ]者、

2寛和元年十月二十五日条（略本・B系、伏見宮本第二巻）
　左大臣問云、誰物、各称名、云、膳部[尓]給[へ]者、

3永延二年九月二十日条（略本・B系、伏見宮本第三巻、図2）
　天皇以櫛刺斎王額勅曰、京方[エ]、赴給[フナ]、

4永祚元年四月十四日条（広本・B系、九条本第二巻）
　仰云、御物堅[良加][仁]給[へ]、称唯退帰、召膳部、召仰、

5永祚元年五月五日条（広本・B系、九条本第二巻）
　上云、召[と]者、称唯出、又申如初、上詞同、……上云、将来[よう][と]、……退立本所、上云、任給[万け][たへ]者、

6正暦四年正月十四日条（広本・A系、九条本第五巻）
　其後五位・六位参入、上卿仰云、召[せ]云々、

7正暦四年四月二十八日条（広本・A系、九条本第五巻）
　史給書、即披云、可候文三枚者[さ不らフへさ][フむ𠆢ヒラ]、上目、称唯、取加書杖退出、

8長和元年四月二十七日条（広本・A系、前田本甲第八巻）
　予北面宣云、[万宇古]、在平称唯、進膝突、……宣[万介多へと]、称唯退出、

9長和四年十二月四日条（広本・A系、前田本甲第十五巻）

次定親同読五字尚復不称文及古々万天、天子ゝ、皇太子外不称云々、存前例歟、

10長和五年正月六日条（広本・A系、九条本第八巻）

蔵人右少弁資業着膝突云、古奈夕仁左大御殿御消息、古奈太尓と可云歟、者、

11寛仁元年八月十五日条（広本・A系、前田本甲第十八巻）

又云、立太弟日、内弁召宣命使之詞、中乃政乃権藤原朝臣者、驚承云々、政止召事慥不聞、中乃物申宣止召良无止所、其間推量極不便事也、

12治安三年正月七日条（広本・不明、東山御文庫本第四十一冊）

奏云、万千君達仁御見支給ム、

13万寿元年九月十九日条（略本・B系、伏見宮本第十四巻）

馬出の勅使尓遣牟、行任大監物、標の勅使仁遣牟、

儀式を遂行している過程においては、様々な言葉が発せられる。それらを正しく伝えるためには、助詞・助動詞や活用語尾を、仮名でそのまま記録する必要があったのであろう。漢文のままで記録したのでは、それをどのように訓読すればいいのかがわかりにくいし、誰かが間違った訓み方をした場合、それを正確に記録しておく必要があった。

「乗」とだけ書いたのでは、「乗る」なのか「乗り」なのか「乗れ」なのかわからないから、「乗レ」と命令形の活用語尾を付したり、同様に「任給」と書いたのでは、「任じ給へ」と訓まれる恐れがあるから、それに「万けたへ」という注を付して「まけたへ」と訓ませる類である。

逆に言うと、普段は平安貴族はそれほど厳密に古記録を訓読していないのではないかという推測も可能になる

のである。[10]ただ、儀式の最中の台詞だけは、彼らにとっても、見過ごすことのできない統一性を要したものだったのであろう。このタイプの仮名が数多く記録されているというのは、それだけ儀式における言葉が重視された証左であり、それが記主の認識するスタンダードの訓み方と異なった場合には、違例として記録したのであろう。もちろん、このタイプの仮名表記として典型的なのは、宣命体による詔である。一例として、なるべく短いものを挙げることとしよう。

長和三年十二月二十八日条（広本・A系、前田本乙第三巻）

天皇我詔旨度法師等尓白佐へと宣勅命乎白、大僧正法印大和尚位慶円者、春秋多積り、夏臈已高し天、真言止観之業も兼習比、慈覚大師門徒之長とし天、山中賢聖之首太り、其徳広被しめて、隆功たる尓依て、天台座主尓任賜と治賜布事乎、白さへと宣勅命を白、

これもかつての音声行政の名残りであることに加えて、一々仮名の活用語尾を記しておかないと、いつか訓み方がわからなくなることを防ぐといった目的もあったのであろう。

なお、これらの活用語尾を見ていていつも気になるのは、我々が高校とかで学ぶ「古典文法」なるものが、実は平安時代の一時期の、しかも特定の文学作品（具体的には『源氏物語』）を基準として設定されたものではないかという臆測である。同じ文学作品でも、『今昔物語集』のように庶民までを射程に入れた作品や、『徒然草』など中世の作品とでは文法が異なるのは、致し方のないこととはいえ、同じ時期に女性である紫式部（藤式部）によって書かれた『源氏物語』（これも中世の写本しか残っていないのではあるが）と、男性貴族によって記録された古記録とでは、活用の仕方や接続、語尾が異なっているのではないかといった危惧は、常に感じているところである。

そしてもしも、同じ時期に女性による文学と男性による古記録があり、文学が後宮世界において使われていた日本語、古記録に見える仮名が男性中心の宮廷社会において使われていた日本語を反映したものであるとしたら、

当該期の標準的な、あるいは公的な日本語というのは、むしろ古記録の世界からこそ解明できるのではないかと、いつも古記録を読みながら考えている。古記録を使った男性貴族社会の日本語の文法を、いつか誰かに解明してもらいたいものである。

仮名書きの訓

次に目に付くのは、訓み方のわかりにくい語に対して付した訓である。いくつか例示してみよう。

1永延元年二月二十三日条（広本・A系、九条本第二巻）
左将軍銀鯉、其腹中入児鱠、不江こ美、納折櫃、右大将鮨鮎一桶々即銀鮎、

2永延二年十月二十八日条（略本・B系、伏見宮本第三巻）
即御々手輿……天台座主所奉、皆着褐衣・伊千比脛巾、公卿以下皆着狩衣・藁履、

3長和元年五月十一日条（広本・A系、前田本甲第八巻）
亦大夫名隆家、訓読云、伊部乎佐加や加寸、尤有興事也、

4長和元年閏十月二十七日条（『長和度大嘗会記』による）
蛮絵衣・ツ、シ下重・スソコ袴・イチヒ沓、

5長和四年閏六月四日条（広本・A系、秘閣本第二十一冊）
請僧聊令補気上仁みつゝけ、

6治安元年十一月十四日条（広本・A系、九条本第九巻）
或文云、大弁申云、糧文、カテフム、

7長元元年八月八日条（広本・A系、前田本甲第三十二巻）

至于忠常随身二三十騎許可罷入伊志みの山、

8長元二年七月十三日条（略本・B系、伏見宮本第二十七巻）

申可侍之文数十三枚、と／ひらミひら、、了趨出、

9長元五年四月二十一日条（略本・B系、伏見宮本第三十二巻）

以絹、染深蘇芳、擣瑩、た毛とあけたり、如狩襖、

日頃、見慣れない語を日記に記録する場合、その訓を仮名で記すというのは、後のことを思えば、十分に考えられるところである。逆に我々にとっては、「児鱠」など訓み方のわからない語について、当時の訓が判明する、きわめて貴重な史料となっている。

3の「伊部乎佐加や加寸」は、「いへをさかやかす」のことで、娍子立后の日の宮司除目の際に蜈蚣が現われたという怪異について占った大江匡衡が、皇后宮大夫に任じられた隆家の名についての訓読を根拠に、つまり家を盛んにすると解釈し、「もっとも興の有る事である」と語った記事である。続けて、隆家の家は周公（周公旦）、実資の家は呉公（蜈蚣）であるとして、「呉の字は天が口を載せ、公の字は三公で、三公（大臣）に昇るのは近くにあるようだ」とも語っている。[11]当時の人は名前（諱）について、これを訓読して解釈するといったこともあったのである。

7の「伊志みの山」というのは、平忠常の乱で忠常が立て籠った山のことで、上総国夷隅郡の安房国との国境の房総丘陵のあたりであろうが、[12]平城京出土木簡や『釈日本紀』所引『日本紀私記』では「夷灊山」と表記されている。元々は「伊甚国造」に由来する地名なのであるが、さすがに「夷灊」をすんなりと訓めた人は、なかなかいなかったのではないだろうか。「いじみ」という語を聞いた実資は、「伊志み」と表記したのである。なお、後の長元三年五月十四日条（略本・B系、東山御文庫本第五十九冊）では、「伊志見山」と表記している。

儀式ではない会話

そして、もっとも目に付くのが、儀式の最中などではなく普通に語り合った会話の中に使われた仮名である。いくつか挙げてみよう。（　）の中に、漢字仮名交じり文に訓読し、仮名と対応する箇所に下線を引いておいた。

1永祚年十二月五日条（広本・B系、九条本第三巻）（図1）

公卿無数有礼止毛公を思奉た累無を、向後必御後見仕礼、又行幸有ム次ニ可申其由者、……

（「公卿無数有れども、公を思ひ奉りたる無きを、向後は必ず御後見仕れ。又、行幸有らむ次いでに其の由を申すべし」てへり。）

唯可有恩願由を令問給は、極宜歟、只染叡慮天可然時尓可蒙殊恩之由を洩奏了、

（「唯、恩願有るべき由を問はしめ給はば、極めて宜しきか。只、叡慮に染みて然るべき時に殊恩を蒙るべき由を洩れ奏し了んぬ」と。）

2長徳二年九月九日条（略本・B系、伏見宮本第五巻）

去年依朝選被補、依有懇□為之とやうこ曽侍めるは、

（「去ぬる年、朝選に依り、補せらる。懇□有るに依りて之を為すとやうこそ侍るめるは」と。）

3寛弘八年十二月十五日条（略本・B系、東山御文庫本第十二冊）

廻標屋云、皇城近く大屋乎造たりと云高声念仏云々、……道雅朝臣進倚女房許云、着者や、王れ着多礼と云、呪咀詞也、……

（標屋を廻りて云はく、「『皇城近く大屋を造りたり』と云ふ。『高声に念仏す』と云々」……道雅朝臣、女房の許に進み倚りて云はく、「着はや、われ着たれ」と云ふ。呪咀の詞なり。……）

4長和元年五月一日条（広本・A系、前田本甲第八巻）

一所悦思、一伊と保之久なむ思、

（「一ら悦び思す所。一らいとほしくなむ思す」と。）

5長和元年五月二十四日条（広本・A系、前田本甲第八巻）

或仰或叫云、殿下参登給そ、何者乃致非常事乎、裏頭法師五六人出立云、こゝハ檀那院そ、下馬所そ、大臣公卿波物故は知良ぬ物かと云々、……法師敢言云、騎馬て前々専不登山、縦大臣・公卿耶りと毛執髪て引落世云々、

（或いは抑せ、或いは叫びて云はく、「殿下、参り登り給ふぞ。何者の非常の事を致すや」と。裏頭の法師五、六人、出で立ちて云はく、「ここは檀那院ぞ、下馬所ぞ。大臣・公卿は物の故は知らぬ物か」と云々。……法師、敢へて言ひて云はく、「馬に騎りて、前々、専ら山に登らず。縦ひ大臣・公卿なりとも髪を執りて引き落とせ」と云々。）

6長和元年五月二十八日条（広本・A系、前田本甲第八巻）

装束乃替多礼者、波志多奈久なん有けると云々、

（「装束の替へたれば、はしたなくなん有りける」と云々。）

7長和二年九月三日条（広本・A系、前田本甲第十巻）

仰云、実有所労、最伊と保之支事鉋と可仰者、

（「……仰せて云はく、「実に所労有らば、最もいとほしき事かな」と仰すべし」と」てへり。）

8長和三年十月二十六日条（広本・A系、前田本乙三巻）

相府云、宮た尓脱給と云て脱衣云々、我勧親王先令脱、極不善事也者、

（「……相府、云はく、「宮だに脱ぎ給ふ」と云ひて衣を脱ぐ」と云々。「我、親王に勧め、先づ脱がしむ。極めて善からざる事なり」てへり。）

9長和四年五月二十六日条（広本・A系、秘閣本第二十一冊）（図3）

雖令作詔書、且召仰使官人等令赦免と覚侍るはひ可覚歟、如何々々、又左右尓や仰る、又一人尓そ仰て赦侍りなむや、思慮給尓示給、

（「……「詔書を作らしむと雖も、且つ使の官人等を召し仰せ、赦免せしむ」と覚え侍るは、ひが覚えか。如何、如何。又、左右にや仰する。又、一人にぞ仰せて赦し侍りなむや。思ひ慮り給ふに、示し給へ。……」てへり。）

10長和四年閏六月三日条（広本・A系、秘閣本第二十一冊）

昨日仁海易筮覧左府、命云、甚わる久勘たり者、

（「昨日、仁海の易筮を左府に覧ず。命せて云はく、「甚だわるく勘へたり」てへり。……」と。）

11長和四年七月二十四日条（広本・A系、前田本甲第十四巻）

奏云、従伊勢、御目万志奈比仁、人参せり、随勅可召者、即被仰可召之由、小時貴女一人従日華門参御所、御目をましなひ多天万つる、件貴女装束着裙帯云々、

（「……奏して云はく、「伊勢より御目まじなひに、人、参ぜり。勅に随ひて召すべし」てへり。即ち召すべき由を仰せらる。小時くして、貴女一人、日華門より御所に参る。御目をまじなひたてまつる。件の貴女の装束、裙帯を着す」と云々。）

12長和四年十二月二十四日条（広本・A系、前田本甲第十五巻）

被答云、已有上臈、最吉事と不可申、若有仰事者、一度ハ可奏不可然由、別様なる上臈ある、極辛事也、置彼申者無便、ハた不可昇晋、辛事也、此事を執奏に世ん、大納言道綱、所思をも又有所憚、唯有褒誉資平之詞、

（答へられて云はく、「已に上臈有り。最も吉き事と申すべからず。若し仰せ事有らば、一度は然るべからざる由を奏すべし。別様なる上臈あるは、極めて辛き事なり。彼の申しを置くは、便無し。はた昇晋すべからざるは、辛き事なり。

この事を執り奏せんに、大納言道綱。思ふ所をも又、憚る所有り」と。唯、資平を褒誉する詞有り。）

13長和五年二月八日条（広本・A系、九条本第八巻）

御装束所者相親人達者さる物に天、右大将いと上臈尓て、無止なられ尓多る人なれ者、さものせしな利、如此事は可然人達の奉見多るこ曽はよ介れと曽侍へりつる、

（「御装束所は相親しき人達はさる物にて、右大将、いと上臈にて、止んごと無くなられにたる人なれば、さものせしなり。「此くのごとき事は、然るべき人達の見奉りたるこそはよけれ」とぞ侍へりつる」と。）

14寛仁元年八月十六日条（広本・A系、前田本甲第十八巻）

猶先依天慶例、以大臣可被定申由遠奈无内々申止申川礼波、度々例大納言毛定申奈利、

（「猶ほ先づ天慶の例に依り、大臣を以て定め申さるべき由をなむ、内々に申す」と申しつれば、「度々の例、大納言も定め申すなり」と云々。）

15寛仁二年十月十六日条（広本・A系、前田本甲第二十一巻、和歌の部分は秘閣本第三十五冊）

又云、誇たる歌になむ有る、但非宿構者、此世乎は我世と所思望月乃虧たる事も無と思へハ、

（又、云はく、「誇りたる歌になむ有る。但し宿構に非ず」てへり。「此の世をば我世とぞ思ふ望月の欠けたる事も無しと思へば」と。）

16寛仁三年四月二十五日条（広本・A系、前田本甲第二十三巻）

島人等叫云、馬を馳かけ天射与、於久病之に太り、

（島人等、叫びて云はく、「馬を馳せかけて射よ。おく（臆）病死にたり」と。）

17寛仁三年六月十一日条（広本・A系、前田本甲第二十三巻）

被命云、昨一昨心神さハや可なり、

（命せられて云はく、「昨・一昨、心神さはやかなり……」と。）

18寛仁三年六月十四日条（広本・A系、前田本甲第二十三巻）

命云、未聞慥説、但い可ゝ者あへ可らむなと所侍利之、彼人道綱、無為方、但非可棄、いとわひ之事やと様尓所侍利之、左将軍も遂登之時傍有人て所よ可るへき者、彼人八即辞せんと所云なると侍利之、猶有恩気歟、雖然不早辞をはい可ゝ世られむ、又為除目極不便歟、未見慥気色、

（命せて云はく、「未だ慥かなる説を聞かず。但し、いかゝはあへからむなとぞ侍りし。彼の人道綱。、為む方無し。但し棄つべきに非ず。いとわびし事やと様にぞ侍りし。左将軍も遂に之に登る時、傍らに人有りてぞよかるべき」てへり。「彼の人は即ち辞せんとぞ云ふなると侍りし。猶ほ恩気有るか。然りと雖も、早く辞さざるをばいかゝせられむ。又、除目の為、極めて便ならざるか。未だ慥かなる気色を見ず」と。）

19寛仁三年六月十七日条（広本・A系、前田本甲第二十三巻）

大納言書状云、御事とてもか久て毛必可有様に承侍、左将軍所談也、余報云、とてもか久て毛とある八如何、納言重云、彼人事八大略不用云々、

（大納言の書状に云はく、「御事、とてもかくても必ず有るべき様に承り侍り。左将軍、談る所なり」と。余、報じて云はく、「「とてもかくても」とあるは如何」と。納言、重ねて云はく、「「彼の人の事は大略、用ゐず」と云々。……」と。）

20寛仁三年六月二十日条（広本・A系、前田本甲第二十三巻）

よ久云太利と於毛ほ之たる気色侍利け利、

（「……「よく云ひたり」とおもほしたる気色侍りけり……」と。）

21治安元年十一月十六日条（広本・A系、九条本第九巻）

又云、我か子孫ハ上﨟作法を以見為善、

（又、云はく、「我が子孫は、上﨟の作法を見るを以て善しと為す。……」と。）

22治安三年十二月九日条（広本・B系、伏見宮本第十二巻）

又云、世間事さか志ら那る者有モ不悪者、

（又、云はく、「世間の事、さかしらなる者有るも、悪まず」てへり。）

23万寿四年七月二日条（広本・A系、前田本甲第三十巻）

頼隆云、頭乃善助を強令屈辱、不可然、佐ひ矢も放天ム、わひ刀乃抜てハ□来告者、

（頼隆、云はく、「頭の善助を強ちに屈辱せしむるは、然るべからず。さび矢も放ちてむ、わび刀の抜きては□来たり告げん」と。）

24万寿四年九月十日条（広本・A系、前田本甲第三十一巻）

頭弁云、六位蔵人泥酔指燭持行之間、須ヽきを挿御簾以脂燭須ヽき能保尓指付云々、

（頭弁、云はく、「六位蔵人、泥酔し、指燭を持ちて行く間、すヽきを御簾に挿し、脂燭を以てすヽきのほに指し付す」と云々。）

25長元三年九月二十五日条（広本・B系、東山御文庫本六冊本第六冊）

天狐移人云、天台山陵遅無極、已及十余年、権僧正尋円座主仁成様も阿里奈ん、又不成もあ里奈ん、別様奈里、此老翁をこ曽可成个れ、皆定置事也、老翁とハ誰曽と云个れハ、権律師良円曽可し、可成期漸近者、

（天狐、人に移りて云はく、「天台山の陵遅、極まり無し。已に十余年に及ぶ。権僧正尋円、座主に成る様もありなん。又、成らずもありなん。別様なり。此の老翁をこそ成すべけれ。皆、定め置く事なり」と。「老翁とは誰ぞ」と云ひければ、「権律師良円ぞかし。成すべき期、漸く近し」てへり。）

26長元五年十二月八日条（広本・A系、九条本第十一巻）
内々云、加久天毛アリナムヲ被申之人乃無止礼ハナリトソ云ケル、
（内々に云はく、「かくてもありなむを申さるる人の止むこと無きなればなり」とぞ云ひける。）
27長元五年十二月二十日条（広本・A系、九条本第十一巻）
右大殿為御被行施餓鬼法。公業跪磨手云、穴宇礼之々々、喜悦気色不可敢言、
（右大殿、御為に施餓鬼法を行なはる。公業、跪き、手を磨りて云はく、「あなうれし、うれし」と。喜悦の気色、敢へて言ふべからず。）

これらをすべて解説する余裕はないが、いくつか見てみよう。

1は一条天皇の春日行幸の是非に関して円融院と摂政藤原兼家の間の連絡にあたった実資に対して、円融院が発した懇詞。「向後は必ず御後見仕れ」などと政権運用にも関わる秘事や、「又、行幸有らむ次いでに其の由を（兼家に）申すべし」といったその具体的措置に関して、院の台詞を正確に仮名で記録している。将来の自己の地位に関する保証といった意味があるのであろう。単に感動しただけかもしれないが。

3は「荒三位」藤原道雅が、三条天皇大嘗宮を見学して吐いた呪詞。何の意味かよくわからないので、台詞そのままを仮名で記録したのであろう。

5は出家した藤原顕信の受戒に参列するために比叡山に騎馬のまま登った藤原道長一行に対して、投石を行なった法師が発した言葉。台詞をそのまま仮名で記録することによって、現場の緊迫した雰囲気がよく表われている。

8は宇治遊覧の際に、遊女に衣を脱いで下賜するよう供奉の卿相に求めた道長の台詞。「宮（敦康親王）」でさえ脱いだのだと言って説得するのだが、その台詞を聞いたまま仮名で記録している。

9は非常赦詔書作成の上卿を命じられた藤原行成が、赦免の手順について、資平に書状を送って尋ねている言

葉の中に出てくる。もちろん、実資に聞いてきてほしいという意味なのだが、実資は資平が語った言葉を聞いたか、または行成の書状そのものを見て、それをそのまま記録したか、書状を貼り継いだかしたのである。なお、「ひ可覚」という語は、寛仁三年正月十六日条（広本・A系、前田本甲第二十二巻）にも再び記録されている。

11は侍従内侍の夢想で、三条天皇の眼病を「まじなひ」に貴女がやって来たというものである。この話を聞いた実資は、「まじなひ」をどのような漢語にすればよいのかがわからず、とりあえず聞いたままを仮名で記録したのであろう。

13は後一条天皇即位式に際して、実資を御装束所に召し入れたことの理由について、道長が話した台詞である。実資に対する道長の思いを後世にまで伝えるために、台詞そのままを仮名で記録したのであろう。道長の台詞は漢文にするのが難しかったのかもしれないが。

16は刀伊の入寇に際し、刀伊に拉致された島人が、船の中から叫んだ台詞。「馬を馳せかけて射よ。臆病は死にたり」などという台詞（しかも、元は方言であったであろう）は、大宰府官人は何とも漢文にし難く、そのまま解《げ》に記録し、それを実資がまた、仮名のままで記録したか、解を貼り継いだかしたものである。

18～20は、寛仁三年の「大臣闕員騒動」に際しての、主に道長の台詞。内大臣の官を短期間でも貸してくれとねじ込む藤原道綱に対し、道長がどう対応したのか。その微妙なニュアンスをそのまま記録することで、この騒動の正確な経緯を伝えておこうとしたのであろう。公任の書状を貼り継いだのかもしれない。実資自身も大臣候補として騒動の渦中にいたのであり、[13]自身の任官にとっても、道長の意向は座視できなかったのであろう。それにしても、無能な兄である道綱に対する道長の思いがよく表われた台詞ではないか。

25は実資男の良円を天台座主とするようにとの霊託があったという記事。「天狐」（天狗とも）が人に憑依し、良円を天台座主とする時期は近いと語ったというのである。これも自己の子息の地位について、将来に当否を期そうといった姿勢なのであろう。

26は藤原斉信が実資を怨む言があったというもの。その言葉を正確に仮名で記録し、二人の実際の行く末と合わせようということなのであろう。夢想や託宣などに際して、実資にいつも見られる態度である。

27はまとまって残っている『小右記』のほぼ最後に近い記事。餓鬼道に墜ちているという夢想のあった藤原公業を救うため、実資は施餓鬼法を行なったのであるが、藤原為資の夢に、公業が跪き、手を磨って、「あなうれし、うれし」と語ったというものである。(14) 漢語で記録するよりも、仮名のままで台詞を記録した方が、より「喜悦の気色」が伝わるということなのであろう。

なお、当然のことではあるが、実資はすべての台詞を仮名で記録していたわけではない。漢文で記録しているものの方が多いし、長保元年十一月十五日条（花山院熊野詣を諫止）では、「御詞、極めて多し。仍りて事の旨を記さず」と記している。台詞を書きたくても書かない、あるいは書けない場合もあるのである。

逆に言えば、仮名で記録している台詞は、何らかの意図があって、あるいは仮名で記した原史料（懐平や資平からの書状とか）をそのまま転載したものかもしれないのである。場合によっては、書状をそのまま貼り継いで裏書とし、表に自己の文章を記録したもの、また書状をそのまま表に貼り継いで『小右記』の本文とした場合もあったであろう。

和歌

最後に、和歌を記録した記事がいくつか存在する。前述の15寛仁二年十月十六日条の「此の世をば」が有名であるが、それ以外にも存在する。それらは当然、漢字仮名交じりで記載している。

1寛弘二年四月二日条（広本・A系、前田本甲第五巻）

昨以和歌一首被贈左金吾云、谷戸を閉や者て鶴鶯の待尓声世天春毛過ぬる、返、往帰る春を毛不知花佐可ぬ御山可久礼の鶯声

（昨、和歌一首を以て左金吾に贈られて云はく、「谷の戸を閉ぢやはてつる鶯の待つに声せで春も過ぎぬる」と。返し、「往き帰る春をも知らず花さかぬ深山かくれの鶯の声」と。）

2万寿三年九月十三日条（広本・B系、伏見宮本第十八巻）

思へ輙消西露乃玉緒谷衣裏仁留め佐りけむ

（思へども消えにし露の玉緒だに衣の裏に留めざりけむ）

1は道長と藤原公任が贈答した和歌二首。『御堂関白記』でも、道長が和歌を記録した例が、ほとんど公任がらみであったことを勘案すると、当時の和歌の世界における公任の地位が窺える。片仮名・半平仮名・平仮名、そして「鶴」「不知」「鶯声」など初期『万葉集』を髣髴させる用字である。

2は実資が養子たちと共に醍醐寺に詣でて、亡室婉子女王の母（源高明女）を訪ねた際に贈った和歌。高明女はこの年、七十六歳。長元三年（一〇三〇）に八十歳で入滅する。実資は大檜破子に納めた和歌の他に、笥に入れた菓子や数々の装束を贈っている。

二　写本別の仮名

以上、大雑把に『小右記』に見える仮名について眺めてきた。まず気付かされるのは、写本によって、随分と仮名の使い方に偏差が存在するということであろう。それぞれの写本毎の仮名使用記事数と仮名文字数だけを見てみると、仮名使用記事率の高い前田本乙と（三条西本は全体の記事数が少ないので、ここでは措いておく）、仮名使用記事率が低い他の写本を比較すると、その差は明確である。

しかも、それぞれに広本と略本、A系とB系があるのであるから、話はより複雑である。簡単に考えると、広本には仮名を含む記事が多く含まれ、略本には少ないかのような先入観があるが、そういうものでもない。むしろ仮名使用記事率で比較すると、略本の方に仮名を含む記事が多く含まれ（六・一三％）、広本には少ないのである（四・五九％）。ただ、一記事あたりの仮名文字数を比較すると、広本は九・七四字、略本は五・三五字と、さすがに広本の方が多くの仮名文字を含んでいる。

A系とB系の比較となると、仮名使用記事率もA系（四・九二％）・B系（四・五九％）とほぼ等しく、一記事あたりの仮名文字数もA系（九・一一字）・B系（九・一四字）と、ほとんど差が見られない。いったいA系とB系とは、どのような違いがあるのだろうと、その来歴の詳細も含めて、いささか戸惑ってしまう結果である。

さらに複雑にしているのは、広本・略本、A系・B系の差異に、写本毎のばらつきが存在するということである。単純に広本だから、略本だから、あるいはA系だから、B系だからと言うわけにはいかないのである。

たとえば、前田本甲では、広本と略本とでは仮名使用記事率は変わらないものの（四・六〇％と四・一七％）、一記事あたりの文字数は、略本（五・五〇字）は広本（一〇・二六字）のおおよそ半分である。これはほぼ、A系・B系の差異によるもので、広本のB系では仮名使用記事数は少なく（二記事）文字数も少ない（七字）。

前田本乙では、広本のA系にしか記事はない。仮名使用記事率は九・五九％と高いものの、一記事あたりの文字数は七・七一字と前田本甲の広本A系よりも少ない。

九条本のうち、略本では仮名をまったく使っていない。広本の仮名使用記事率は四・一三％、一記事あたりの文字数は七・二一字と、他の写本とほとんど差はない。

伏見宮本では、広本・略本ともに、A系では仮名は使わず、B系で仮名を使っている（略本はA系の記事はない）。仮名使用記事率は広本が四・六二％、略本が七・〇二％、一記事あたりの文字数は広本が一二・九五字、略本が五・

一六字である。

東山御文庫本では、広本の仮名使用記事率はほとんど他の写本と変わらないが（四・七六％）、一記事あたりの文字数は多い（特にB系では二七・五〇字）。略本は仮名使用記事率は高いものの（特にB系では一一・〇一％）、一記事あたりの文字数は少ない（五・七五字）。

秘閣本では、広本、特にA系は仮名使用記事率は高いものの（八・二六％）、略本は仮名使用記事率は低く（一・五六％）、一記事あたりの文字数も少ない（二・〇〇字）。

このように、広本・略本、またA系・B系の差異は、写本毎に大きく異なるのであるが、さらに問題を複雑にしているのは、同じ写本であっても、前田本・九条本・三条西本・伏見宮本・東山御文庫本・秘閣本の写真版を見る限り、巻によって書写者が異なることが、まま存することである。今のところ、それが筆蹟の違いだけなのか、それとも書写の方針そのもの（頭書や首書の存在、人物註の付け方、漢文の書き替え、そして仮名の採否など）にも及ぶものなのか、明らかにできてはいないが、これまで考えてきた仮名の使い方も、単に書写者の個性に起因する差異である可能性が、十分に想定されるのである。

三　片仮名・半平仮名・平仮名の内訳

次に、『小右記』に使われている仮名のうち、それが片仮名・半平仮名・平仮名のいずれであるのかを考えてみたい[15]。東京大学史料編纂所の「古記録フルテキストデータベース」は、どういう方針によるものなのか、ほぼすべてを片仮名としているが（元々、仮名があっても取ってない条もあるし、日付が違っていたり、何行か抜けていたり、漢字変換時の送り仮名が付いたままだったりする例もあるのだが）、この三種の仮名の使用の特徴を抽出することは、『小右記』の写本の特色を考える際に、必ずや大きな成果が得られるであろうと考えたのである。

もちろん、特に半平仮名と平仮名の区別は付きにくく、いずれかに特定することは私の能力では難しいとはいえ、何らかの参考になると考え、まずは集計してみた。

	全記事数	仮名使用記事数	仮名使用記事率	仮名文字数	片仮名数	片仮名率	半平仮名数	半平仮名率	平仮名数	平仮名率
前田本甲	二二六八	一〇四	四・五九	一〇四八	六九	六・五八	五八〇	五五・三四	三九九	三八・〇七
広本	二一七二	一〇〇	四・六〇	一〇二六	六六	六・四三	五六五	五五・〇七	三九五	三八・五〇
A系	二〇九七	九八	四・六七	一〇一九	六六	六・四八	五六一	五五・〇五	三九二	三八・四七
B系	七五	二	二・六七	七	〇	〇	四	五七・一四	三	四二・八六
略本	九六	四	四・一七	二二	三	一三・六四	一五	六八・一八	四	一八・一八
A系	〇	〇	｜	〇	〇	｜	〇	｜	〇	｜
B系	九六	〇	四・一七	二二	三	一三・六四	一五	六八・一八	四	一八・一八
前田本乙	七三	七	九・五九	五四	〇	〇	三〇	五五・五六	二四	四四・四四
広本	七三	七	九・五九	五四	〇	〇	三〇	五五・五六	二四	四四・四四
A系	七三	七	九・五九	五四	〇	〇	三〇	五五・五六	二四	四四・四四
B系	〇	〇	｜	〇	〇	｜	〇	｜	〇	｜
略本	〇	〇	｜	〇	〇	｜	〇	｜	〇	｜
A系	〇	〇	｜	〇	〇	｜	〇	｜	〇	｜
B系	〇	〇	｜	〇	〇	｜	〇	｜	〇	｜
九条本	一一三五	四五	三・九六	三三五	五一	一五・六九	一四九	四五・八五	一二五	三八・四六
広本	一〇九〇	四五	四・一三	三二五	五一	一五・七四	一四九	四五・八五	一二五	三八・四六
A系	七三八	四〇	五・四二	二九一	四九	一六・九〇	一三五	四六・三九	一〇七	三六・七七
B系	三四六	五	一・四五	三四	二	五・八八	一四	四一・一八	一八	五二・九四
不明	六	〇	〇	〇	〇	〇	〇	〇	〇	〇
略本	四五	〇	〇	〇	〇	〇	〇	〇	〇	〇
A系	〇	〇	｜	〇	〇	｜	〇	｜	〇	｜
B系	四五	〇	〇	〇	〇	〇	〇	〇	〇	〇

	全記事数	仮名使用記事数	仮名使用記事率	仮名文字数	片仮名数	片仮名率	半平仮名数	半平仮名率	平仮名数	平仮名率
三条西本	六	一	一六・六七	八	一	一二・五〇	六	七五・〇〇	一	一二・五〇
広本	〇	〇	—	〇	〇	—	〇	—	〇	—
A系	〇	〇	—	〇	〇	—	〇	—	〇	—
B系	〇	〇	—	〇	〇	—	〇	—	〇	—
略本	六	一	一六・六七	八	一	一二・五〇	六	七五・〇〇	一	一二・五〇
A系	〇	〇	—	〇	〇	—	〇	—	〇	—
B系	〇	〇	—	〇	〇	—	〇	—	〇	—
不明	六	一	一六・六七	八	一	一二・五〇	六	七五・〇〇	一	一二・五〇
伏見宮本	一二〇一	六四	五・三三	六三四	四四	六・九四	四六七	七三・六六	一二三	一九・四〇
広本	八四五	三九	四・六二	五〇五	二八	五・五四	三八七	七六・六三	九〇	一七・八二
A系	八八	〇	〇	〇	〇	〇	〇	〇	〇	〇
B系	七五七	三九	五・一五	五〇五	二八	五・五四	三八七	七六・六三	九〇	一七・八二
略本	三五六	二五	七・〇二	一二九	一六	一二・四〇	八〇	六二・〇二	三三	二五・五八
A系	〇	〇	—	〇	〇	—	〇	—	〇	—
B系	三五六	二五	七・〇二	一二九	一六	一二・四〇	八〇	六二・〇二	三三	二五・五八
東山御文庫本	二一八	一六	七・三四	一三〇	一一	八・四六	六三	四八・四六	五六	四三・〇八
広本	八四	四	四・七六	六一	七	一一・四八	三九	六三・九三	一五	二四・五九
A系	五六	二	三・五七	六	〇	〇	六	一〇〇	〇	〇
B系	二八	二	七・一四	五五	七	一二・七三	三三	六〇・〇〇	一五	二七・二七
略本	一三四	一二	八・九六	六九	四	五・八〇	二四	三四・七八	四一	五九・四二
A系	〇	〇	—	〇	〇	—	〇	—	〇	—
B系	一〇九	一二	一一・〇一	六九	四	五・八〇	二四	三四・七八	四一	五九・四二
不明	二五	〇	〇	〇	〇	〇	〇	〇	〇	〇
柳原本	一〇	〇	〇	〇	〇	〇	〇	〇	〇	〇
広本	一〇	〇	〇	〇	〇	〇	〇	〇	〇	〇

A系	B系	略本	略本 A系	略本 B系	秘閣本	広本	広本 A系	広本 B系	広本 不明	略本	略本 A系	略本 B系	逸文	合計	広本	略本	A系	B系	不明
一〇	〇	〇	〇	〇	三四七	二八三	一〇九	八六	八八	六四	〇	六四	二〇五	五四六三	四五五七	七〇一	三一七一	一九六二	一二五
〇	〇	〇	〇	〇	一五	一四	九	〇	五	一	〇	一	七	二五九	二〇九	四三	一五六	九〇	六
〇	｜	｜	｜	｜	四・三二	四・九五	八・二六	〇	五・六八	一・五六	｜	一・五六	三・四一	四・七四	四・五九	六・一三	四・九二	四・五九	四・八〇
〇	〇	〇	〇	〇	六六	六四	五一	〇	一三	二	〇	二	三八	二三〇三	二〇三五	二三〇	一四二一	八二三	二一
〇	〇	〇	〇	〇	一一	一一	一	〇	一〇	〇	〇	〇	一九	二〇六	一六三	二四	一一六	六〇	一一
〇	｜	｜	｜	｜	一六・六七	一七・一九	一・九六	〇	七六・九二	〇	｜	〇	五〇・〇〇	八・九四	八・〇一	一〇・四三	八・一六	七・二九	五二・三八
〇	〇	〇	〇	〇	二〇	二〇	一七	〇	三	〇	〇	〇	一七	一三三二	一一九〇	一二五	七四九	五五七	九
〇	｜	｜	｜	｜	三〇・三〇	三一・二五	三三・三三	〇	二三・〇八	〇	｜	〇	四四・七四	五七・八四	五八・四八	五四・三五	五二・七一	六七・六八	四二・八六
〇	〇	〇	〇	〇	三五	三三	三三	〇	〇	二	〇	二	二	七六五	六八二	八一	五五六	二〇六	一
〇	｜	｜	｜	｜	五三・〇三	五一・五六	六四・七一	〇	〇	一〇〇	｜	一〇〇	五・二六	三三・二二	三三・五一	三五・二二	三九・一三	二五・〇三	四・七六

意外なことといおうか、各写本のいずれも、おおむね半平仮名と平仮名の使用が多く、片仮名の使用頻度は一割前後と少ないのである。各仮名の使用に関する時代の変遷については、まったくの門外漢なので、軽々なことは言えないにしても、片仮名から半平仮名、そして平仮名へと推移していくのかなとも考えていたのであるが、『小右記』の各写本における使用頻度については、それほどの傾向性は見られなかった。

あえて言えば、平安後期に書写された九条本広本では片仮名の使用頻度が一五・七四％と高く（特にA系では一六・九〇％）、それより後の平安期に書写された前田本甲で使用頻度が六・五八％、鎌倉期に書写された伏見宮本で六・九四％と大幅に下がるということになる。しかし、それでも室町期に書写された三条西本で一二・五〇％と高くなり、江戸期に書写された東山御文庫本で八・四六％、江戸期に書写され明治時代の補写を加えた秘閣本で一六・六七％とより高くなることを考えると、一概に時代が降れば片仮名の使用頻度が下がるということではなさそうである。

半平仮名と平仮名の使用頻度についてはどうであろうか。これも各写本において、半平仮名と平仮名はほぼ拮抗した使われ方をしている。あえて言えば、半平仮名の方が若干多いということになるが、半平仮名と平仮名の区分は不明瞭なことが多く、ほぼ同じと考えてもよさそうである。そして東山御文庫本や秘閣本といった新写本に至って、平仮名の使用頻度が増えてくるといった傾向がみられるようである。なお、伏見宮本で極端に半平仮名の使用頻度が高いようにみえるのは、三一三字もの仮名を記録した宣命を載せている長元四年八月二十三日条があるからである。

これも写真版や原本を熟覧することによって、半平仮名と平仮名を厳密に区別し、写本毎の傾向の推移を推定すれば、面白い結果が得られる可能性はあるのであろうが、今はその余裕がない。

ただし、各写本において、巻毎に書写者が異なることがある。写本毎の傾向とはいっても、ただ単に書写者の個性に起因する差異である可能性もあるのである。

おわりに

これまで、『小右記』に記録された仮名を導入口として、その記述の特色や写本の特徴について、様々な推論を行なってきた。さらに多くの仮名を対象とした本格的な考察を行ないたいのは山々なのであるが、将来の課題としたい。

しかしそれにしても、『小右記』のそれぞれの写本というものが、どうやって形成されたのか、またそれぞれの書写の事情は、いかなるものだったのか。仮名という手掛かり一つとっても、これほどの複雑さと多様性を有しているのである。

「写本は清書本であり、それぞれが独立した作品である」とは、よく聞かれる言辞であるが、我々はいま一度、『小右記』のそれぞれの写本の持つ意味と、写本それぞれの書写の経緯や目的と用途を、考え直してみる必要があるのである。『小右記』の写本についての考察もいずれ始めることを記して、ひとまず擱筆することとする。

註

（1）築島裕『平安時代の漢文訓読語につきての研究』（東京大学出版会、一九六三年）。
（2）峰岸明『変体漢文』（東京堂出版、一九八六年）。
（3）池田尚隆「『御堂関白記』の位置――その仮名表記を中心に――」（『国語と国文学』六四―一一、一九八七年）。
（4）中丸貴史「漢文日記のリテラシー――『御堂関白記』のテクスト生成――」（『日本文学』六二―一、二〇一三年）。
（5）倉本一宏「『御堂関白記』の仮名」（『御堂関白記』の研究』第二部第二章、思文閣出版、二〇一八年、初出二〇一八年）。最新の集計結果に基づき、本章では数値を改めた。一部、旧稿の数値と異なっている場合は、こちらが最新版である。
（6）『御堂関白記』古写本を書写した「某」が師実の家司の平定家であろうことは、本書第二部第三章で述べる。
（7）倉本一宏「「コノ話ハ蓋シ小右記ニ出シナラン」考――『小右記』と説話との間に――」（本書第三部第二章、初出二〇一九年）。
（8）今江広道「『小右記』古写本成立私考」（岩橋小彌太博士頌寿記念会編『日本史籍論集　上巻』吉川弘文館、一九六九年）。

（9）桃裕行「小右記諸本の研究」（『桃裕行著作集　第4巻　古記録の研究（上）』思文閣出版、一九八八年、初出一九七〇年）。

（10）舩城俊太郎「変体漢文はよめるか――日本漢文についての基礎的な認識として――」（『院政時代文章様式史論考』勉誠出版、二〇一一年、初出一九九三年）によれば、平安時代の変体漢文においては、作成者の用字どおりに訓読しようなどとは求めていなかったという。

（11）倉本一宏『藤原伊周・隆家――禍福は糾へる纏のごとし――』（ミネルヴァ書房、二〇一七年）。

（12）倉本一宏『内戦の日本古代史――邪馬台国から武士の誕生まで――』（講談社、二〇一八年）。

（13）倉本一宏「『小右記』に見える大臣闕員騒動」（『摂関政治と王朝貴族』吉川弘文館、二〇〇〇年、初出一九九三年）。

（14）倉本一宏『平安貴族の夢分析』（KADOKAWA、二〇二四年。初刊吉川弘文館、二〇〇八年）。

（15）半平仮名については、次章で説明する。

第二章　『御堂関白記』の仮名再考

はじめに

和風漢文（変体漢文）で記録された古記録の記載中に、ごく稀に記されることがある仮名について、いささか考察する。私はかつて、『御堂関白記』に使われている仮名について考察し、(1)特に藤原道長本人が記録した自筆本と、古写本のうち道長の孫である藤原師実が書写した巻、および家司の平定家(2)が書写した巻との仮名の使われ方の差異を明らかにした。また、古写本の書写に際して、師実と定家との間の仮名の使い方の差異を比較し、むしろ道長と師実との類似性を発見した。

さらに、『小右記』における仮名の使われ方を集計し(3)、写本の別による差異、しかも、それぞれの広本と略本、A系写本とB系写本の別による差異を明らかにした。

なお、『御堂関白記』の仮名について考察した際には、片仮名・半平仮名・平仮名の区別を行なうことが難しいという理由で、この視点については触れないでおいたのであるが、『小右記』の仮名について考察した際には、特に半平仮名と平仮名の区別は難しいことを重々承知したうえで、あえてこれらの区別を試みてみた。写本による性格の違いを際立たせたいという理由によるものである。

そうなると、『御堂関白記』についても、このような集計を行なう必要性があることは、自明なことであろう。

この間、仮名の区別、特に平仮名の成立と草仮名の意味について、最新の国語学の成果を得た(4)。それを採り入れながら、ここに『御堂関白記』における仮名について再論し、特に仮名の種類に関して、集計を行なってみたい。

一　平仮名の成立をめぐって

国語学研究の世界で明らかになっている平仮名の成立と半平仮名について、簡単に説明しておく。私は不明にして知らなかったが、現在では、万葉仮名をくずして書き、草仮名を経て、くずすことの果てに至りついたのが平仮名であるという通説的な考えには、疑問が呈されているとの由である(5)。無理に片仮名・草仮名・平仮名を分類し、写本による使われ方の率を集計した先の『小右記』に関する考察は、再考の余地が生じたことになる。

特に真仮名（一音を一字で表わす万葉仮名）から草仮名を間に据えた変遷による平仮名の成立に疑問を呈された中山陽介氏は、平仮名は十一世紀までにはすでに一般化した書法として確立していたと解され、以降九百年間にわたって共通した平仮名の基本性質として、以下の三つの点を指摘されている(6)。

・形の簡略化…個々の字の形が、漢字の楷書・行書の形または草書の形をより簡略にしたものになっている。
・筆画の円転化…字の骨格となる筆画が円運動によって成り立ち、一般に字が丸みを帯びている。
・連綿の定式化…字と字との続け書きが、特殊な技法ではなく平仮名一般の書き方として定式化する。

そして、草仮名というのは、もともと仮名の発達上の段階には関わりの薄い概念で、女手（平仮名）の表現が簡素であるのに対照して、行書や草書の形を用いて装飾的な表現を志向した書体のことであって、平仮名完成後の時代に用いられたものと考えられた。

中山氏は、先に挙げた「形の簡略化」には、均《なら》し（画の転折を均してなだめる）・縮《ちぢ》め（長い画を短い画に、画を点に縮める）・繫《つな》ぎ（離れた点画を繫いで一画にする）・接《つ》ぎ（切れた点画を引き寄せて接ぐ）・省《はぶ》き（遠回りになる点画を省く）・約《つづ》め（繁雑な箇所を点や筆の軌道上に約める）、の六種類があるというが、私には『御堂関白記』の仮名について、これらを判断する能力がない。しかしながら、簡略化・円転化・連綿化を平仮名成立の要件とするならば、『御堂関白記』の仮名のすべてが、未だそれらをすべて満たしているとは言えない。

また、真仮名から平仮名へと簡略化する途上の形態として、

・貞観九年（八六七）　讃岐国司解藤原有年申文

・八五〇～八七〇年代　平安京右京三条一坊六町跡（藤原良相邸）出土仮名墨書土器

・十世紀中葉　甲斐型土器（ケカチ遺跡出土和歌刻書土器）

などの事例から、貞観から承平頃まで（八五九～九三八年）に、半平仮名という概念を想定する考えもある。

中山氏によれば、貞観より以前に真仮名時代があり、遅くとも貞観年間には半仮名時代に入っており、承平には平仮名の体系ができあがったとされる。ただ、これらも個人差・階層差・性別差・地方差があり、社会一般の筆法がいっぺんに変化したわけではないことは、言うまでもない。

『御堂関白記』に見られる、片仮名でも平仮名でもない形の「仮名」は、むしろこの半平仮名に相当するのであろうか。旧稿では「草仮名」として分類したものも、「半平仮名」として分類した方がよさそうである。

平仮名が何故生まれたかは、早く多く書くことができるからであるという（美しさも含まれると思うが）。本来、漢字で記されていた『御堂関白記』を記録または書写する際に、たまに仮名で記そうとした際、また仮名が記されていたものを書写するという際に、早く多く書く必要はなく、ましてや連綿を行なって美しく書く必要はない。和歌だからといって、平仮名で書くとなると、円転化・連綿化を行なわなければならないし、美しさも求められる。それに、どのような文字かがわかりにくくなれば、かえって後世に伝えるという古記録の本義に悖ることにもなる。

これらの点を踏まえたうえで、『御堂関白記』に記された仮名について、いま一度、考え直してみる。

二　『御堂関白記』の仮名

周知のように、『御堂関白記』には、道長が特注の具注暦の間明きに記した自筆本と、孫の師実の時代に作られた古写本が存在する（一部は師実の筆になる）。また、平松本（古写本を転写した年が多いが、長和二年だけは自筆本を転写している）も残っている。正確には、師実が転写した古写本を転写した平松本と、平定家が転写した古写本を転写した平松本があるはずであるが、両者は判別しがたい。予楽院本をはじめとする他の新写本（すべて古写本を転写したもの）については、ここでは扱わない。

・道長が記録した自筆本（現存は半年を一巻としたものが十四巻）
・師実が自筆本を転写した古写本（現存は十二巻のうち、のべ三年分）
・師実家司の平定家が自筆本を転写した古写本（現存は十二巻のうち、十一年分）
・古写本を転写した平松本（一年を一冊としたものが四年分で四冊）
・自筆本を転写した平松本（半年を一冊としたものが半年分で一冊）

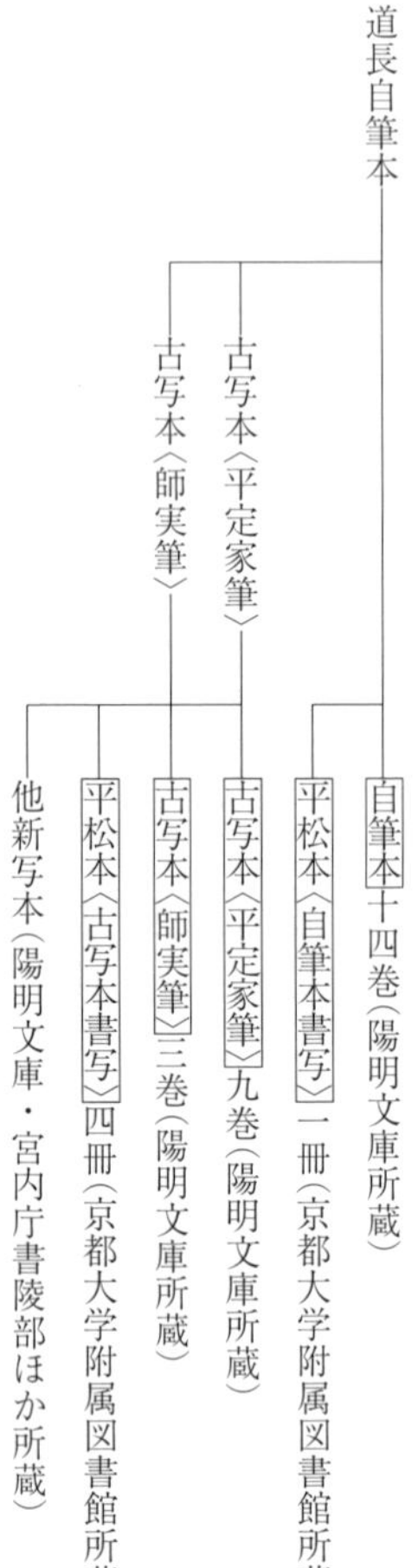

新写本を除き、この五種類のテキストにおいて、仮名がどのように使われているのか、その傾向を分析することによって、『御堂関白記』の特性はもとより、道長の心性や、写本を転写した人々の特性を窺い知ることができるのではないかと考える。

前章でも述べたので繰り返しになるが、このテーマに関しては、すでに築島裕氏は、「1．普通の散文の中の概念語で、その和語の意味が、漢字では的確には表はし得ないもの。2．和歌を書き表はす場合。3．儀式等の際の会話の用語。4．加点された漢文の形態を模した場合。5．漢字・漢語などに対する訓釈。」という五つを仮名表記の主たる原因として挙げておられ[7]、峰岸明氏が、「漢字専用表記を原則とする変体漢文にあって、漢字では表記し得ない語形・文形の表示にこれが利用された」とまとめられた[8]。また、池田尚隆氏が、『御堂関白記』の仮名表記は「ある独自の意味合い」をもってとられており、「道長の肉声に近いものが伝わる」と評され[9]、中丸貴史氏は、「漢文で書くべき（とされた）テクストに仮名の論理が入り込み、別の位相をもったテクストを生成した」と、さらに積極的に評価されている[10]。

これらの評価は、自筆本を書写して「漢文風に」書き替えた古写本（特に家司定家の手になるもの）との対比によって、より鮮明に表われてくるが、いずれも仮名の種類については考察を行なっていない。

まずは『御堂関白記』に記された仮名のうち、現在、残されている巻に見られるものを列挙してみよう。

仮名の部分は□で囲み、（　）内に平仮名で表示した。半平仮名については、あえて真仮名の字形で表示している。通し番号を□で囲ったものは、自筆本（および自筆本系平松本）と古写本（および古写本系平松本）が共に残っている例である。傍書はできるだけ元の場所に表示し、抹消された文字は元の文字を表示したうえで、二重抹消線を付した。また古写本から自筆本の原文が推測できる場合、仮名の内訳を（　）書きで示した。

1長保元年（九九九）二月九日条

古写本〈平定家筆〉　二字（片仮名〇、半平仮名二、平仮名〇）

比女（ひめ）御着裳、

2長保元年（九九九）三月十六日条

古写本〈平定家筆〉　二字（片仮名〇、半平仮名二、平仮名〇）

為出此暁参比□（ひ□）也、

3寛弘元年（一〇〇四）二月六日条（図1）

自筆本　一二七字（片仮名一、半平仮名三六、平仮名九〇）

六日、雪深、朝レ早左衛門督許かくいひやる、

わ可那つむか須可の者らに由木ふれ者こゝ呂つ可ひをけふさへそやる

（わかなつむかすかのはらにゆきふれはこゝろつかひをけふさへそやる）

かへり、

見をつみておほつ□那木ハ由木やまぬ可須可の者ら能わ那ゝ利けり

（みをつみておほつ□なきはゆきやまぬかすかのはらのわなゝりけり）

従華山院賜仰、以女方、

われ須らにおもひこそやれか須可のゝ雪の《をちの由》木まをい可てわくらん

（われすらにおもひこそやれかすかのゝをちのゆきまをいかてわくらん）

御返、

三かさ山雪や川むらんとおもふまにそら尓こゝ呂の可ひける可那
（みかさ山雪やつむらんとおもふまにそらにこゝろのかひけるかな）

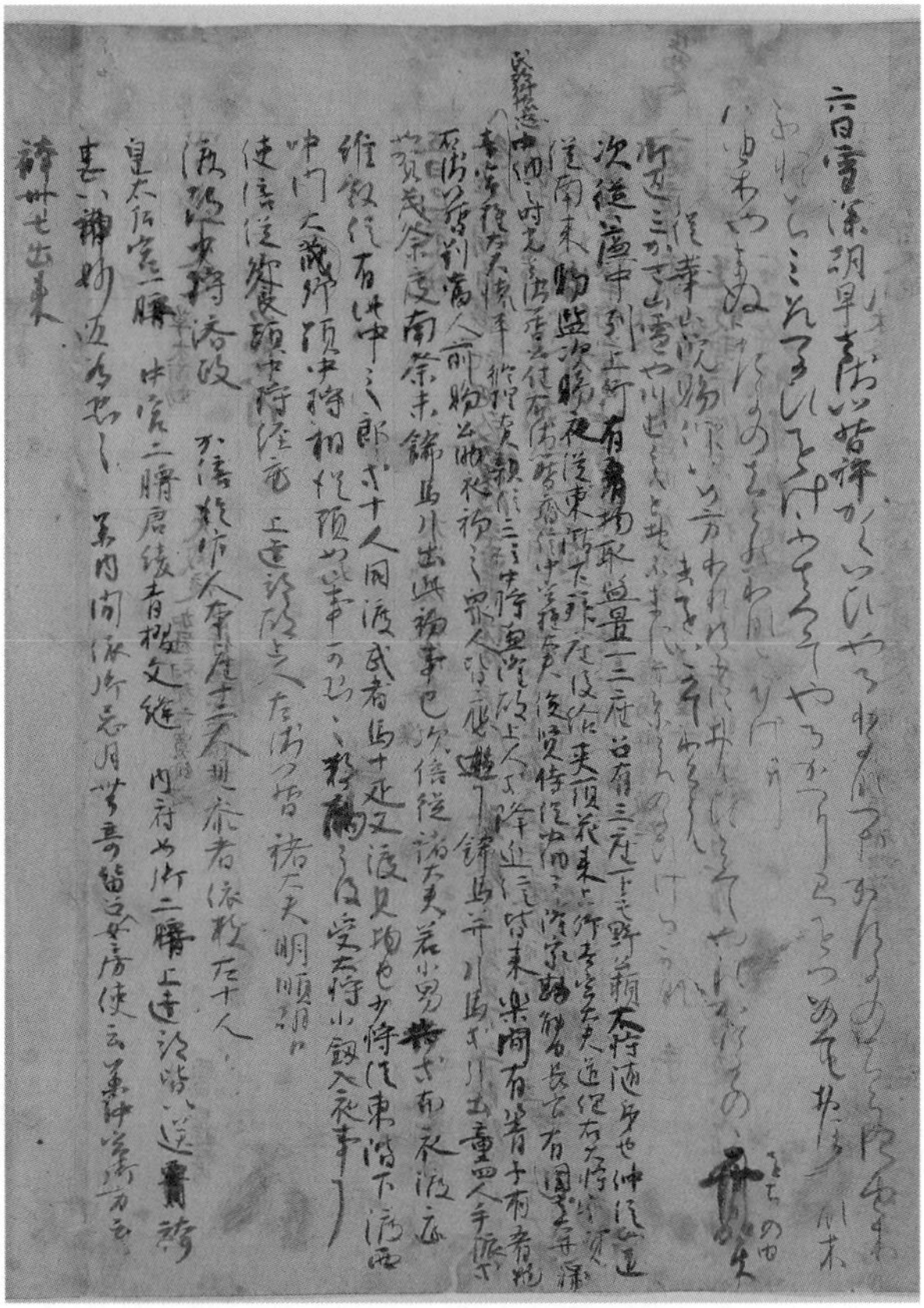

図1　『御堂関白記』自筆本・寛弘元年二月五日～六日条（裏）（陽明文庫所蔵）

→古写本〈平定家筆〉　一三四字（片仮名三、半平仮名五〇、平仮名八一）（図2）

六日、……雪深、早朝左衛門督許加久（かく）いひやる、

図2　『御堂関白記』古写本〈平定家筆〉・寛弘元年二月六日条（陽明文庫所蔵）

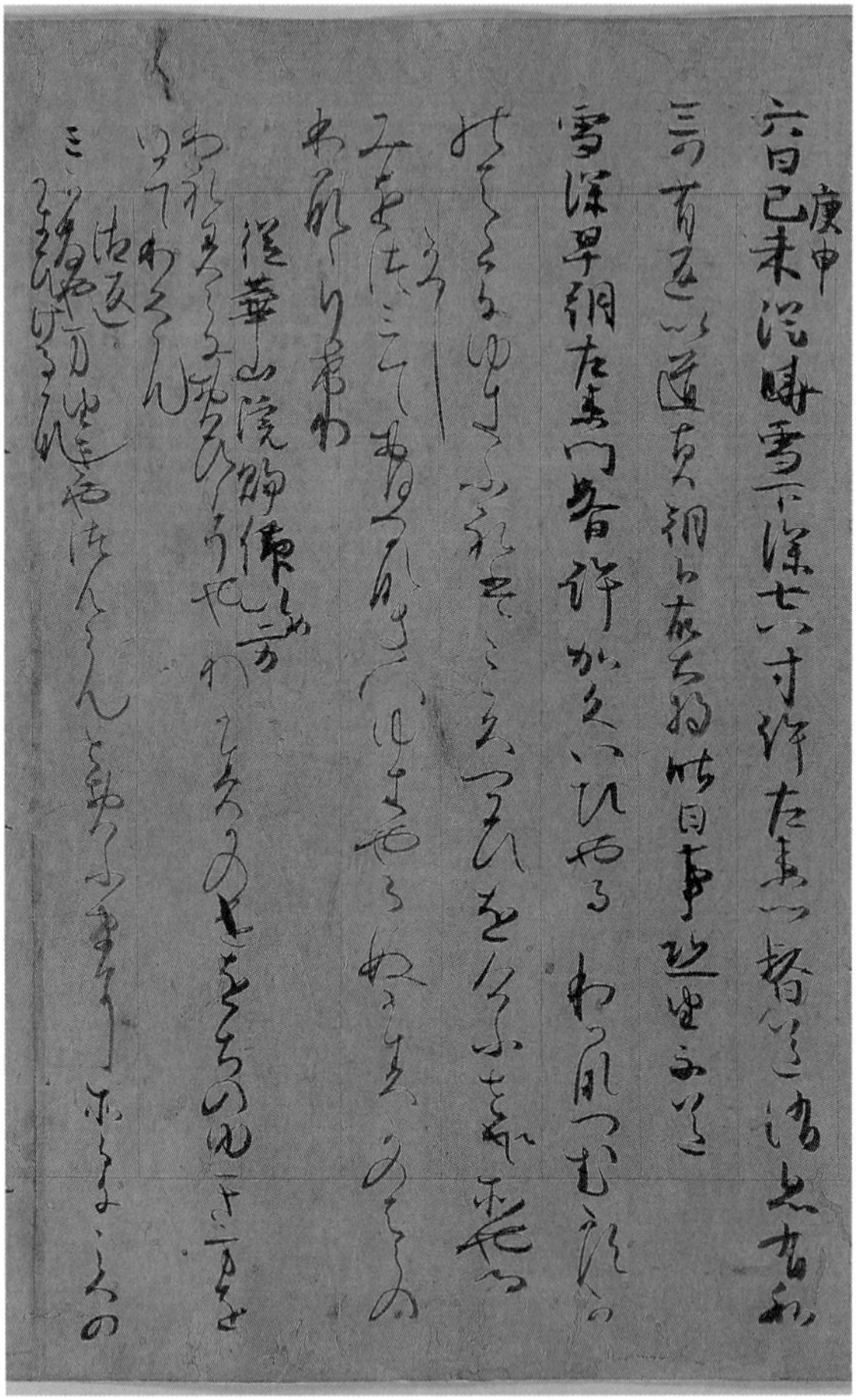

わ可那つむ可須可能者ら尓ゆ支ふれ者こゝろつ可ひを介ふさへ所やる
（わかなつむかすかのはらにゆきふれはこゝろつかひをけふさへそやる）

可（か）へし、

みを徒ミてお保つ可那支ハゆ支やらぬ可寿可の者らのわ可那ゝり希利
（みをつみておほつかなきはゆきやらぬかすかのはらのわかなゝりけり）

　従華山院賜仰、以方《女》、

[われ寿ら尓おもひこそやれ可寿可の、をちのゆき万をい可てわ久らん]

（われすらにおもひこそやれかすかの、をちのゆきまをいかてわくらん）

　御返、

[ミ可散や万由きや徒んらんとおもふま尓所ら尓こ、ろの可よひける可那]

（みかさやまゆきやつんらんとおもふまにそらにこ、ろのかよひけるかな）

[4]寛弘元年（一〇〇四）三月九日条

自筆本　一字（片仮名〇、半平仮名〇、平仮名一）

　大弁等依或取文申云、可候[と]、

↓古写本〈平定家筆〉　一字（片仮名〇、半平仮名〇、平仮名一）

　大弁依或取文申云、可候[と]、

[5]寛弘元年（一〇〇四）五月十五日条

自筆本　一字（片仮名〇、半平仮名〇、平仮名一）

　日来八月《[と]》申件女候也、

↓古写本〈平定家筆〉　なし

　日来《申》八月件女候也、

6 寛弘元年（一〇〇四）六月九日条

自筆本　二字（片仮名〇、半平仮名一、平仮名一）

帥来た利（り）、

→古写本〈平定家筆〉なし

帥来、

7 寛弘元年（一〇〇四）六月二十二日条

自筆本　二字（片仮名〇、半平仮名二、平仮名〇）

入夜行長多仁（たに）寺、

→古写本〈平定家筆〉なし

入夜行長谷寺、

8 寛弘元年（一〇〇四）六月二十四日条

自筆本　二字（片仮名〇、半平仮名二、平仮名〇）

従長多仁（たに）寺還来、

→古写本〈平定家筆〉なし

従長谷寺還来、

9寛弘元年（一〇〇四）七月十一日条
古写本〈平定家筆〉二字（片仮名〇、半平仮名一、平仮名一）
　今朝被御夢、飲酒御覧世（せ）り者、

10寛弘元年（一〇〇四）七月二十五日条
古写本〈平定家筆〉二字（片仮名〇、半平仮名二、平仮名〇）
　異葉（いは）丸奏名簿、

11寛弘元年（一〇〇四）七月二十八日条
古写本〈平定家筆〉二字（片仮名〇、半平仮名二、平仮名〇）
　異葉（いは）丸初参内、

12寛弘元年（一〇〇四）七月二十九日条
古写本〈平定家筆〉二字（片仮名〇、半平仮名二、平仮名〇）
　異葉（いは）丸東宮昇殿、

13寛弘元年（一〇〇四）九月十日条
古写本〈平定家筆〉二字（片仮名〇、半平仮名二、平仮名〇）
　着座上卿達智（たち）束帯著庁云々、

14寛弘元年（一〇〇四）十一月八日条
（自筆本三字・片仮名〇、半平仮名三、平仮名〇）
古写本〈平定家筆〉　一字（片仮名〇、半平仮名一、平仮名〇）
小女童乃（の）有尓《小女子》（に）、百日許尓（に）也、

15寛弘二年（一〇〇五）正月九日条
自筆本　四字（片仮名〇、半平仮名四、平仮名〇）
直・佐志奴木（さしぬき）・馬一疋給、
↓平松本〈古写本系〉　なし
直衣・指貫・馬一疋給、

16寛弘二年（一〇〇五）四月四日条
自筆本　三字（片仮名〇、半平仮名三、平仮名〇）
帥於殿々（おとゝ）被座、
↓平松本〈古写本系〉　なし
帥於殿々被座、

17寛弘二年（一〇〇五）五月二日条

自筆本　一字（片仮名〇、半平仮名〇、平仮名一）

不候盗人[と]、

↓平松本〈古写本系〉　一字（片仮名〇、半平仮名〇、平仮名一）

不候盗人上[と]、

18寛弘二年（一〇〇五）九月一日条

平松本〈古写本系〉　二字（片仮名〇、半平仮名二、平仮名〇）

小馬一疋貢[世断]（せり）、

19寛弘二年（一〇〇五）十月十五日条

平松本〈古写本系〉　三字（片仮名〇、半平仮名三、平仮名〇）

彼[於殿々]（おと、）被入寺云々、

20寛弘二年（一〇〇五）十一月十五日条

平松本〈古写本系〉　一字（片仮名〇、半平仮名〇、平仮名一）

内裏[と]見馳参、

21寛弘三年（一〇〇六）四月二十三日条

平松本〈古写本系〉　三字（片仮名二、半平仮名一、平仮名〇）

奉結[ミツ羅]（みづら）典侍賜女装束、

22寛弘三年（一〇〇六）七月十三日条

平松本〈古写本系〉　二字（片仮名〇、半平仮名一、平仮名一）

可無便歟[と]承、追定澄許[尓]（に）、

23寛弘三年（一〇〇六）七月十四日条

（自筆本四字・片仮名〇、半平仮名〇、平仮名四）

平松本〈古写本系〉　なし

後日来可告~~と~~《吉》~~仰~~、……衆人奇、《以為》我能行~~と思へり~~、

24寛弘三年（一〇〇六）七月十五日条

（自筆本一字・片仮名〇、半平仮名一、平仮名一）

平松本〈古写本系〉　一字（片仮名一、半平仮名〇、平仮名〇）

焼人《不罪》~~と~~[八]、~~不~~《被》罪愁人~~被~~罪、

[25]寛弘四年（一〇〇七）八月二日条

自筆本　一字（片仮名〇、半平仮名〇、平仮名一）

宿内記堂[と]云処、

→平松本〈古写本系〉　一字（片仮名〇、半平仮名一、平仮名〇）

宿内記堂上（と）云処、

26寛弘五年（一〇〇八）十一月十七日条

自筆本　二字（片仮名〇、半平仮名二、平仮名〇）

奉抱候御車母々（はは）幷御乳母、

↓平松本〈古写本系〉　二字（片仮名〇、半平仮名二、平仮名〇）

奉抱候御車母々（はは）幷御乳母、

27寛弘六年（一〇〇九）七月七日条

自筆本　四字（片仮名〇、半平仮名二、平仮名二）

使者仁久（にく）るを、

↓古写本〈師実筆〉　四字（片仮名〇、半平仮名二、平仮名二）

使者仁久（にく）るを、

28寛弘六年（一〇〇九）八月十七日条

自筆本　二字（片仮名〇、半平仮名二、平仮名〇）

右府御車下末天（まて）被参、

↓古写本〈師実筆〉　二字（片仮名〇、半平仮名一、平仮名一）

右府御《卒》車下[末]（ま）[て]被参、

[29]寛弘六年（一〇〇九）九月十六日条

自筆本　二字（片仮名〇、半平仮名一、平仮名〇）

子時許[末天]（まて）々晴、

→古写本〈師実筆〉　二字（片仮名〇、半平仮名一、平仮名一）

子時許[末]（ま）[て]天晴、

[30]寛弘六年（一〇〇九）十一月二十五日条

自筆本　二字（片仮名〇、半平仮名二、平仮名〇）

[波々]（はは）奉仕、

→古写本〈師実筆〉　二字（片仮名〇、半平仮名二、平仮名〇）

[波々]（はは）奉仕、

[31]寛弘六年（一〇〇九）十二月二十日条

自筆本　三字（片仮名〇、半平仮名二、平仮名一）

令《可》奏云[之遠]（しを）、程無便[と]依命不奏事由、

→古写本〈師実筆〉　三字（片仮名〇、半平仮名〇、平仮名三）

可令奏云[しを]、程無便[と]依命不奏事由、

32 寛弘七年（一〇一〇）正月三日条

自筆本　一字（片仮名〇、半平仮名〇、平仮名一）

中宮大夫許得[と]云野釼持来、

↓古写本〈平定家筆〉　一字（片仮名〇、半平仮名〇、平仮名一）

中宮大夫許得[と]云野釼持来、

33 寛弘七年（一〇一〇）正月十五日条

自筆本　七字（片仮名〇、半平仮名四、平仮名三）

中時餅[末]（ま）[いる]、……折敷打[古保世]（こほせ）[り]、

↓古写本〈平定家筆〉　なし

中時供餅、……折敷打　、

34 寛弘八年（一〇一一）正月六日条

自筆本　二字（片仮名〇、半平仮名一、平仮名一）

依之上達部[比]（ひ）[か]事云也、

↓古写本〈師実筆〉　なし

依之上達部《令申》~~此か事云也~~《~~令申僻事也~~》、

35寛弘八年（一〇一一）四月十八日条
自筆本　四字（片仮名〇、半平仮名四、平仮名〇）
尚侍・母々（はは）同参東宮、即与母々（はは）退出、
↓古写本〈師実筆〉　四字（片仮名〇、半平仮名四、平仮名〇）
尚侍・母々（はは）同参東宮、即与母々（はは）退出、

36寛弘八年（一〇一一）六月二日条
自筆本　二六字（片仮名〇、半平仮名八、平仮名一八）（図3）
……主上御、直被聞譲位、次東宮御か云々、参御前、次被仰云、東宮聞了、又仰云、彼宮申せ申と思給つる間、早立給つれ者（は）不聞也、敦康親王尓（に）給別封幷年官爵等、若有申事、可有御用意者、即参啓此由、御返事云、暫毛（も）可候侍利（り）つるを、承御心地非例由天（て）、久候せむに有憚天（て）、早罷川（つ）るなり、有仰親王事は、無仰と毛（も）可奉仕事、恐申由可奏者、

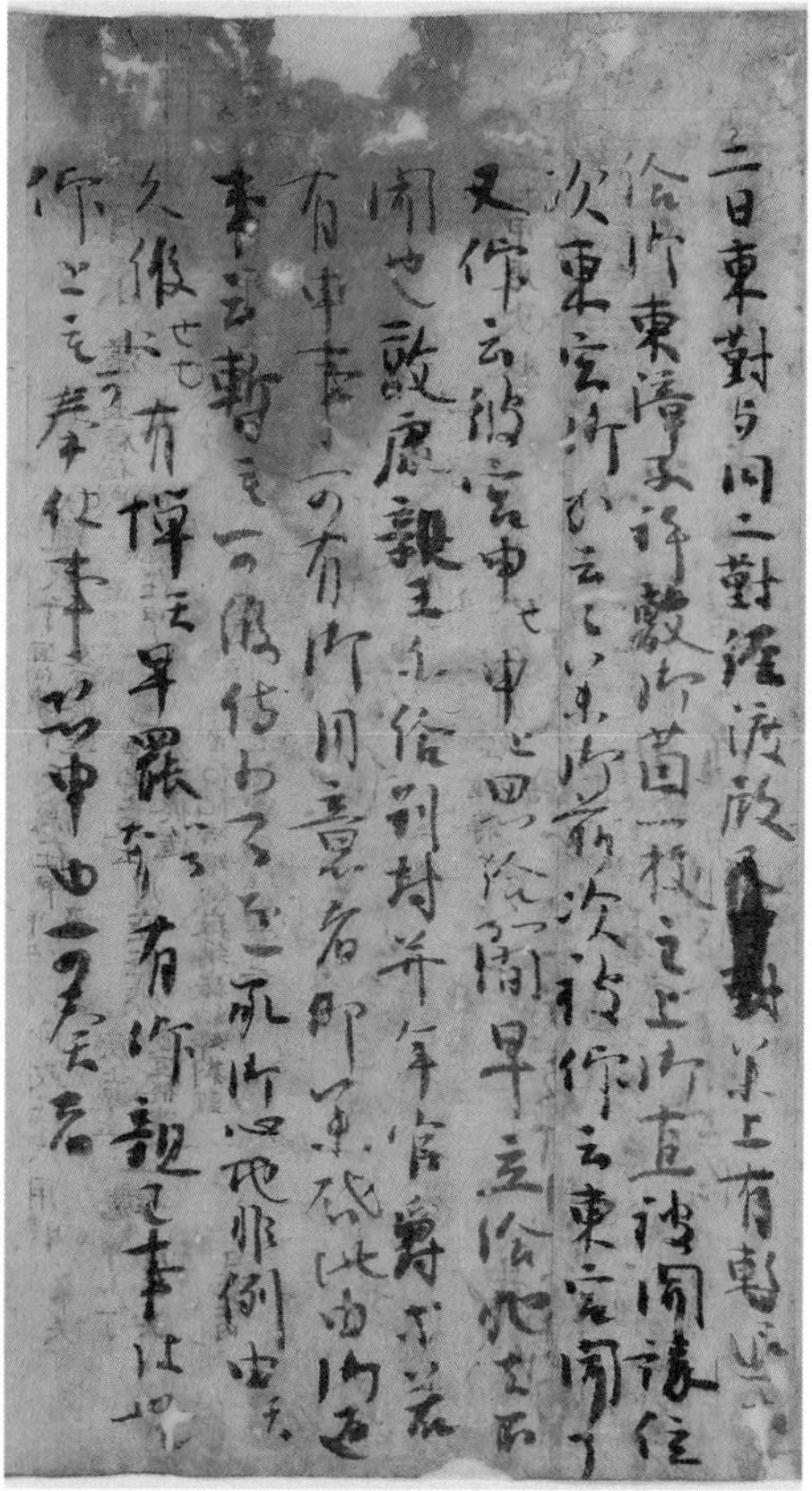

図3　『御堂関白記』自筆本・寛弘八年六月二日条（裏）（陽明文庫所蔵）

→古写本〈師実筆〉　五字（片仮名〇、半平仮名〇、平仮名五）（図4）

……主上御、直被聞譲位、次東宮御か云々、参御前、次被仰云、東宮聞了、又仰云、彼宮申せ申と思給

之ゆる間、早立給つれは更以不聞也、敦《可賜》康親王尓給別封并年官爵等、若有申事、可有御用意者、即参啓

此由、御返事云、《有》暫毛可候《令之処》侍りつるを、承御心地非例由木、久候《不》せむ《著》尓有憚木、早罷《出也》留つるなり、有仰親

王事者は、無《せむ》仰以前可奉仕事、恐《レ》申由可《令》奏者、

図4　『御堂関白記』古写本〈師実筆〉・寛弘八年六月二日条（陽明文庫所蔵）

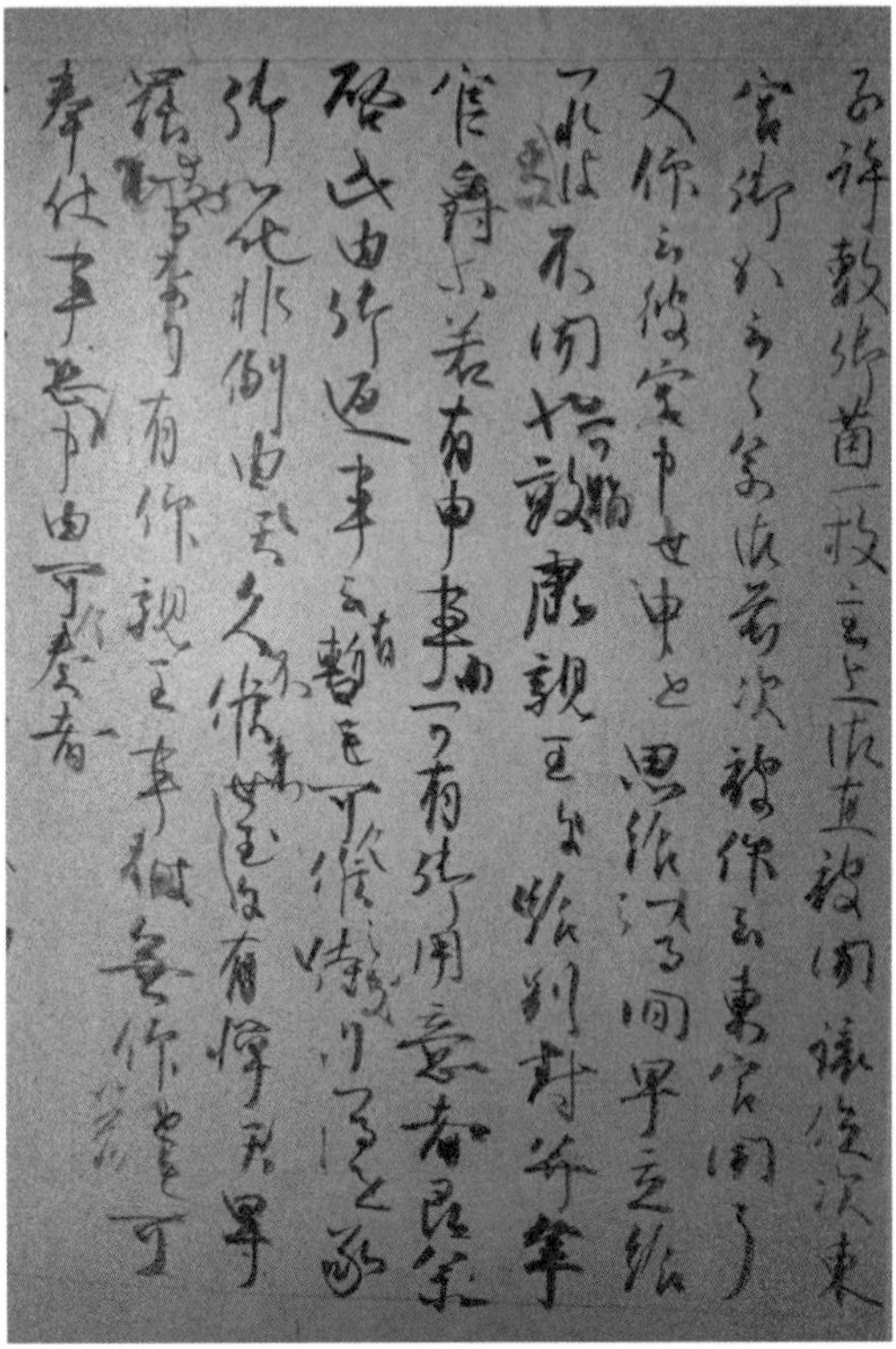

37寛弘八年（一〇一一）六月十四日条

自筆本　三字（片仮名〇、半平仮名一、平仮名二）

為他行心細久（く）思御座、仍《奏》不可参由、悦思せる有気色、

→古写本〈師実筆〉なし

為他行心細久思御座、仍奏不可参由、悦思せる《欣》有気色、

38寛弘八年（一〇一一）六月十五日条

自筆本　三字（片仮名〇、半平仮名二、平仮名一）

時太波（たは）事を被仰、

↓古写本〈師実筆〉　二字（片仮名〇、半平仮名二、平仮名〇）

時太波（たは）事を被仰、

39寛弘八年（一〇一一）六月二十一日条

自筆本　四〇字（片仮名二、半平仮名九、平仮名二九）

被仰、川由のミの久さのやと利尓木ミを於きてちりをいてぬることをこそ於毛へ

（つゆのみのくさのやとりにきみをおきてちりをいてぬることをこそおもへ）

とおほせられて臥給後、不覚御座、

↓古写本〈師実筆〉　四〇字（片仮名一、半平仮名八、平仮名三一）

被仰《曰》、つ由能ミの久さ能やと利尓きみを於支てちりをいてぬることをこそおもへ

（つゆのみのくさのやとりにきみをおきてちりをいてぬることをこそおもへ）

とおほせられて《被仰》臥給後《之》、平《不》覚御座、

40寛弘八年（一〇一一）七月一日条

（自筆本一字・片仮名〇、半平仮名〇、平仮名一）

古写本〈師実筆〉　なし

先光栄朝臣相共宜日也と申歟《北面所令此旨歟》、

41寛弘八年（一〇一一）九月五日条

（自筆本三字・片仮名〇、半平仮名三、平仮名〇）

古写本〈師実筆〉　なし

而多東《寄》尓（に）頼天（て）不定立レ、……中納言毛（も）多有、

42寛弘八年（一〇一一）十一月二十九日条

（自筆本二字・片仮名〇、半平仮名一、平仮名一）

古写本〈師実筆〉　なし

火有《中之出》と天、……出河辺祓天（て）破弃云々、

43長和元年（一〇一二）正月十六日条

自筆本　一一字（片仮名〇、半平仮名一、平仮名一〇）

命云、有本意所為にこそあらめ、今無云益、早返上、可然事等於（お）きて、可置給者也、左衛門督など

登山、

→古写本〈平定家筆〉　なし

命云、有本意所為、今云無益、早帰上、可然事等可定置給者也、左衛門督等登山、

44 長和元年（一〇一二）正月二十七日条

自筆本　三字（片仮名〇、半平仮名〇、平仮名三）

時々かゝる事云人也、

→古写本〈平定家筆〉　なし

時々云如是《事》人也、

45 長和元年（一〇一二）二月二日条

自筆本　一字（片仮名〇、半平仮名〇、平仮名一）

中宮火付と申、

→古写本〈平定家筆〉　なし

中宮火付、

46 長和元年（一〇一二）二月三日条

自筆本　三字（片仮名〇、半平仮名一、平仮名二）

是馬興給、者（は）やる馬也、

→古写本〈平定家筆〉　なし

是《有》馬興給由馬也、

47長和元年（一〇一二）二月五日条

自筆本　二字（片仮名〇、半平仮名二、平仮名〇）

比女（ひめ）日来候、

→古写本〈平定家筆〉　二字（片仮名〇、半平仮名二、平仮名〇）

比女（ひめ）日来候、

48長和元年（一〇一二）二月二十五日条

自筆本　二字（片仮名〇、半平仮名二、平仮名〇）

是蔵云女方宇波（うは）成打云々、

→古写本〈平定家筆〉　なし

是尋蔵云女方　　打云々、

49長和元年（一〇一二）三月二十四日条

自筆本　三字（片仮名〇、半平仮名三、平仮名〇）

只一人侍利（り）け利（り）云々、

→古写本〈平定家筆〉　なし

只一人侍云々、

50長和元年（一〇一二）三月二十五日条

自筆本　一字（片仮名〇、半平仮名一、平仮名〇）

是毛（も）依彼例可被行者、

↓古写本〈平定家筆〉　なし

此度依彼例可被行者、

51長和元年（一〇一二）四月二十一日条

自筆本　四字（片仮名〇、半平仮名一、平仮名三）

内於（お）と丶の右兵衛佐奉仕前駆、

↓古写本〈平定家筆〉　なし

内大臣右兵衛佐奉仕前駆、

52長和元年（一〇一二）十一月十七日条

古写本〈平定家筆〉　四字（片仮名〇、半平仮名三、平仮名一）

三市後、依気色仰、乗礼（れ）、四五廻後仰、下り、……次仰、御馬取礼（れ）、……仰、乗礼（れ）、

53長和元年（一〇一二）十一月二十三日条

古写本〈平定家筆〉　五字（片仮名〇、半平仮名四、平仮名一）

称後宣、加之八手（かしはて）給へ、

54長和元年（一〇一二）十二月二十五日条

古写本〈平定家筆〉三字（片仮名〇、半平仮名〇、平仮名三）

御画二十五日と書給へり、

55長和二年（一〇一三）正月十四日条

平松本〈自筆本系〉三字（片仮名〇、半平仮名三、平仮名〇）

件宣命云、以権僧正円慶正僧正尓（に）、前大僧都済信於（を）権僧正尓（に）、

→古写本〈平定家筆〉三字（片仮名〇、半平仮名二、平仮名一）

件宣命云、以権僧正慶円僧正尓（に）、前大僧~~正~~都済信を権僧正尓（に）、

56長和二年（一〇一三）正月十七日条

平松本〈自筆本系〉一字（片仮名一、半平仮名〇、平仮名〇）

昨日モ被参南院、

→古写本〈平定家筆〉なし

昨日被参南院、

57長和二年（一〇一三）正月二十六日条

平松本〈自筆本系〉 一字（片仮名〇、半平仮名〇、平仮名一）

閉門無向人と申、

→古写本〈平定家筆〉 なし

申閉門無向人、

58長和二年（一〇一三）二月六日条

平松本〈自筆本系〉 一字（片仮名〇、半平仮名一、平仮名〇）

少々女方等尓（に）無食物云々、

→古写本〈平定家筆〉 なし

女方等少々入物云々、

59長和二年（一〇一三）三月四日条

平松本〈自筆本系〉 一字（片仮名〇、半平仮名〇、平仮名一）

四位五位数と書是也、

→古写本〈平定家筆〉 二字（片仮名〇、半平仮名〇、平仮名二）

四位五位数と書る是也、

[60]長和二年（一〇一三）三月二十三日条

平松本〈自筆本系〉　三字（片仮名〇、半平仮名三、平仮名〇）

従昼雨下、[志久礼]（しくれ）様也、

→古写本〈平定家筆〉　三字（片仮名〇、半平仮名三、平仮名〇）

従昼雨下、[志久礼]（しくれ）様也、

[61]長和二年（一〇一三）三月二十四日条

平松本〈自筆本系〉　三字（片仮名〇、半平仮名二、平仮名一）

雨降如常、似[志久]（しく）[れ]、

→古写本〈平定家筆〉　なし

雨降如常、似時雨、

[62]長和二年（一〇一三）三月二十九日条

平松本〈自筆本系〉　一字（片仮名一、半平仮名〇、平仮名〇）

人々[モ]有其用間有時、

→古写本〈平定家筆〉　なし

人々有其用間有時、

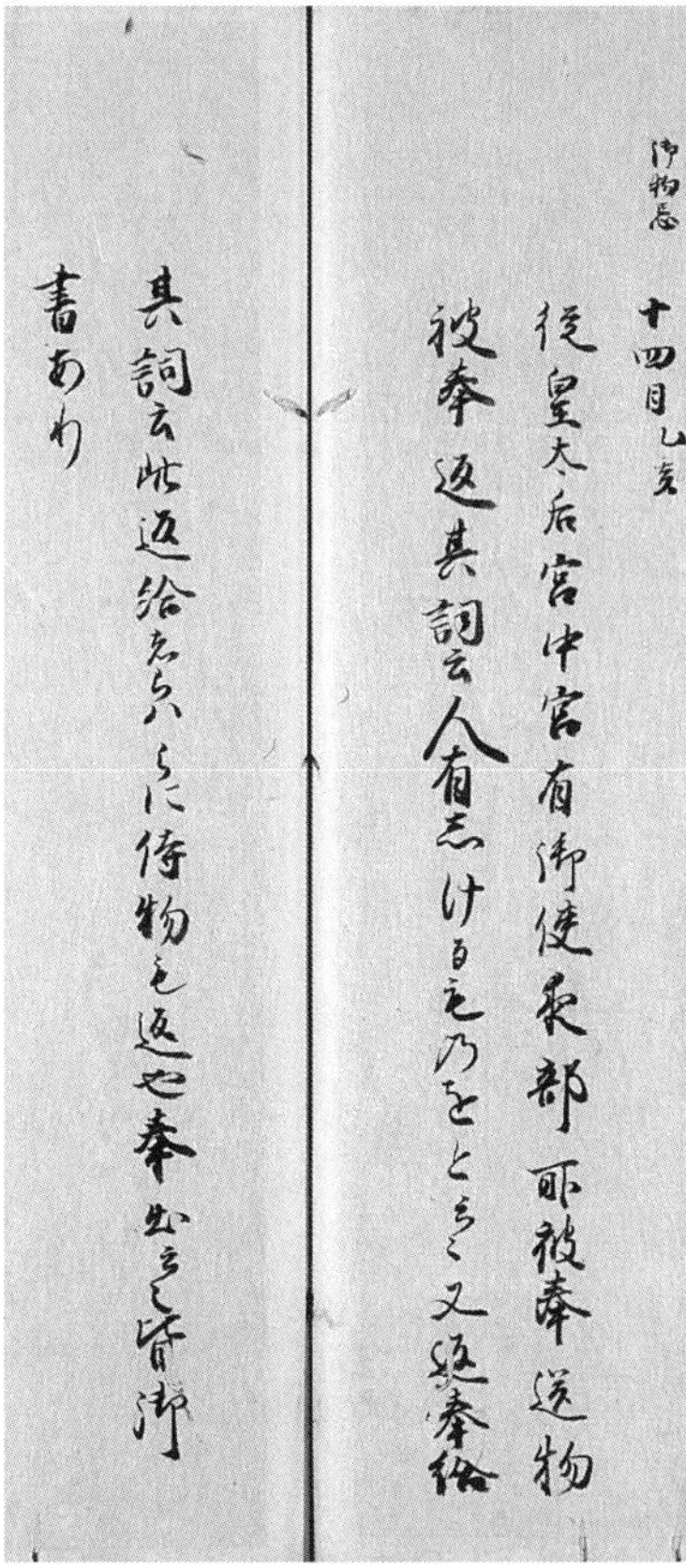

図5　『御堂関白記』平松本〈自筆本系〉・長和二年四月十四日条（京都大学附属図書館所蔵）

63長和二年（一〇一三）四月十四日条

平松本〈自筆本系〉　一六字（片仮名一、半平仮名五、平仮名一〇）（図5）

其詞云、人有志ける毛乃（もの）をと云々、又返奉給、其詞云、此返給志（し）らハらに侍物毛（も）返や奉む云々、皆御書あ利（り）、

→古写本〈平定家筆〉　なし

又返奉給、皆有御書、

[64]長和二年（一〇一三）六月八日条

平松本〈自筆本系〉　二字（片仮名〇、半平仮名二、平仮名〇）

還来間見[礼者]（れは）、竈神御屋入水来、

→古写本〈平定家筆〉　なし

還来間、見竈神御屋《入》水来、

[65]長和二年（一〇一三）六月二十三日条

平松本〈自筆本系〉　九字（片仮名〇、半平仮名五、平仮名四）

年老[以保之久]（いほしく）見[由]（ゆ）人也、……猶加[むと]思[と]、……只思人[と]被仰傾事也、

→古写本〈平定家筆〉　なし

年老可哀憐人也、……猶思食加奏《可任由》云、……只被仰思人様之事也、

66長和二年（一〇一三）十一月十六日条

古写本〈平定家筆〉　三字（片仮名〇、半平仮名三、平仮名〇）

余仰云、[之幾尹]（しきいん）、是無極失也、

67長和二年（一〇一三）十二月二十二日条

古写本〈平定家筆〉　一字（片仮名〇、半平仮名一、平仮名〇）

糸星久(く)見事無極、

68長和四年（一〇一五）七月八日条
古写本〈師実筆〉　四字（片仮名〇、半平仮名一、平仮名三）
夜部二星会合見侍利(り)しと、其有様は、二星各漸々行合、間三丈許、

69長和四年（一〇一五）七月二十三日条
古写本〈師実筆〉　三字（片仮名一、半平仮名二、平仮名〇）
比女(ひめ)宮、依悩気御参太内、……聞事八加賀守正職件宮御封物未弁、

70長和四年（一〇一五）九月五日条
（自筆本二字・片仮名一、半平仮名〇、平仮名二）
古写本〈師実筆〉　なし
其間火たき《燋炬》屋辺犬死見付侍也申、

71長和四年（一〇一五）十月二十五日条
古写本〈師実筆〉　六二字（片仮名〇、半平仮名一七、平仮名四五）
有余賀心和哥、侍従中納言取筆、
あひ於しひのまつをいと丶もい能る可那ちと世の可け尓か久るへけれ者
（あひおひのまつをいと丶もいのるかなちとせのかけにかくるへけれは）

我
於いぬともしるひと那久はいたつらにた尓能つ《末（ま）》とそとしをつ末ゝし
（おいぬともしるひとなくはいたつらにたにのまつとそとしをつまゝし）

72長和四年（一〇一五）十月二十八日条
古写本〈師実筆〉二字（片仮名〇、半平仮名二、平仮名〇）
我毛（も）重方・公助等給之、……後尓（に）令持外記来、

73長和四年（一〇一五）十一月八日条
古写本〈師実筆〉二字（片仮名〇、半平仮名二、平仮名〇）
皇后宮親王達智（たち）着裳・元服日被勘、

74長和四年（一〇一五）十一月十三日条
古写本〈師実筆〉五字（片仮名一、半平仮名二、平仮名二）
兵部卿親王枇《向給》杷殿《御》於（お）ハし奴（ぬ）と云々、
不言問、又己々末天（ここまて）、

75長和四年（一〇一五）十二月四日条
古写本〈師実筆〉四字（片仮名〇、半平仮名四、平仮名〇）

76長和四年（一〇一五）十二月二十七日条

古写本〈師実筆〉一字（片仮名○、半平仮名一、平仮名○）

　厳寒間法師等参着由、悦尊比（ひ）給者、

77長和五年（一〇一六）正月十三日条

古写本〈師実筆〉二字（片仮名○、半平仮名二、平仮名○）

　件上卿達智（たち）当時無止人々也、

78長和五年（一〇一六）二月一日条

古写本〈師実筆〉一字（片仮名○、半平仮名一、平仮名○）

　仰云、奉吉久（く）申~~奉~~、

79長和五年（一〇一六）二月七日条

古写本〈師実筆〉四字（片仮名○、半平仮名四、平仮名○）

　暁母々（はは）参八省、……母々（はは）同之、

80長和五年（一〇一六）三月二日条

古写本〈師実筆〉二字（片仮名○、半平仮名二、平仮名○）

　自今後多尓（たに）可宜様相定可有者也、

81長和五年（一〇一六）三月四日条

（自筆本一字・片仮名○、半平仮名○、平仮名一）

古写本〈師実筆〉なし

雑事免《称》~~と称~~《之由》、不随公事云々、

82長和五年（一〇一六）三月十五日条

古写本〈師実筆〉三字（片仮名〇、半平仮名〇、平仮名三）

三宮物見《所》のたま《レ被仰也、》、

83長和五年（一〇一六）三月二十一日条

（自筆本一字・片仮名〇、半平仮名一、平仮名〇）

古写本〈師実筆〉なし

仍二条充西淡路前守《可渡》定佐家~~朴~~（に）~~可渡~~、

84長和五年（一〇一六）三月二十三日条

（自筆本二字・片仮名〇、半平仮名二、平仮名〇）

古写本〈師実筆〉なし

猶見辛《苦歟》宮事~~か~~《歟》那（な）、

85長和五年（一〇一六）三月二十四日条

（自筆本二字・片仮名〇、半平仮名〇、平仮名二）

古写本〈師実筆〉なし

仰云、勅使可持来𪜈、……此中有長𪜈書者一人、

86長和五年（一〇一六）四月十三日条

古写本〈師実筆〉一字（片仮名〇、半平仮名〇、平仮名一）

只今宅中帯刀致信と云者入来、成乱行、

87長和五年（一〇一六）六月十一日条

古写本〈師実筆〉一字（片仮名〇、半平仮名一、平仮名〇）

一夜毛（も）四具宿、依有事恐返也、

88寛仁元年（一〇一七）正月七日条

古写本〈師実筆〉一字（片仮名〇、半平仮名〇、平仮名一）

右大臣宣命、以右手、此院ては用左、

89寛仁元年（一〇一七）三月四日条

古写本〈師実筆〉三五字（片仮名一、半平仮名一一、平仮名二三）

余か久（く）云、

この毛と尓われ礼者きにけ利さ久らハなはる乃こゝろそいとゝひら久る、
（このもとにわれはきにけりさくらはなはるのこゝろそいとゝひらくる）

出大臣間、我送本《手》筥、大臣来申母々（はは）慶由、

90寛仁元年（一〇一七）三月十一日条
古写本〈師実筆〉二字（片仮名一、半平仮名一、平仮名〇）

侍小宅清原致信云者侍介（け）リ、

91寛仁元年（一〇一七）四月十四日条
（自筆本五字・片仮名〇、半平仮名〇、平仮名五）
古写本〈師実筆〉三字（片仮名〇、半平仮名〇、平仮名三）

今明固物忌侍ナリ、……物忌固者不参有ハ何事あらん《有乎》、

92寛仁元年（一〇一七）四月十六日条
古写本〈師実筆〉二字（片仮名〇、半平仮名二、平仮名〇）

詣賀茂《詣》舞人・君達智（たち）・陪従如常、

93寛仁元年（一〇一七）四月二十六日条
（自筆本一字・片仮名〇、半平仮名〇、平仮名一）
古写本〈師実筆〉なし

長家可給冠ナリ、正下如何、

94寛仁元年（一〇一七）四月二十九日条
古写本〈師実筆〉三字（片仮名〇、半平仮名三、平仮名〇）

被仰、我毛佐曽（もさそ）思、早可剃者也者、

95寛仁元年（一〇一七）五月二十七日条

古写本〈師実筆〉　四字（片仮名〇、半平仮名四、平仮名〇）

一日母々（はは）依御忌日延引也、……母々（はは）御方留中宮女方給絹、

96寛仁元年（一〇一七）九月二十日条

古写本〈平定家筆〉　三字（片仮名〇、半平仮名三、平仮名〇）

左尾白、右古比千（こひち）、

97寛仁元年（一〇一七）十一月十九日条

古写本〈平定家筆〉　二字（片仮名〇、半平仮名二、平仮名〇）

母々（はは）給泰通薫香云々、

98寛仁元年（一〇一七）十一月二十二日条

古写本〈平定家筆〉　二字（片仮名〇、半平仮名二、平仮名〇）

従母々（はは）許装束幷衾等送給、

99寛仁元年（一〇一七）十二月五日条

古写本〈平定家筆〉　一字（片仮名〇、半平仮名一、平仮名〇）

仰、御馬取礼（れ）、

100 寛仁二年（一〇一八）正月三日条

自筆本　三字（片仮名〇、半平仮名〇、平仮名三）

祭□以御箸取、はつを《初》、

→古写本〈平定家筆〉　なし

祭之祭者以御箸取、

101 寛仁二年（一〇一八）正月二十一日条

自筆本　三字（片仮名〇、半平仮名三、平仮名〇）

被来上《与》達智部（たちべ）相定、

→古写本〈平定家筆〉　なし

与上達部達相定、

102 寛仁二年（一〇一八）三月七日条

自筆本　二字（片仮名〇、半平仮名二、平仮名〇）

母々（はは）供御衾、

→古写本〈平定家筆〉　二字（片仮名〇、半平仮名二、平仮名〇）

母々（はは）供御衾、

103 寛仁二年（一〇一八）三月十三日条

自筆本　二字（片仮名〇、半平仮名二、平仮名〇）

母々（はは）給物、

→古写本〈平定家筆〉　二字（片仮名〇、半平仮名二、平仮名〇）

母々（はは）給物、

104 寛仁二年（一〇一八）三月二十四日条

自筆本　一六字（片仮名〇、半平仮名六、平仮名一〇）

其使者搦来者と云て、……件召法師無事早帰参と申、……其下手者早可送と云、……仍三日無着馬場思

侍利（り）し可（か）と源大納言那（な）と乃（の）尚可着由相示侍利（り）しか着侍利（り）云々、……

以無事為前と思、……

→古写本〈平定家筆〉（裏書すべてなし）

105 寛仁二年（一〇一八）四月二十二日条

自筆本　二字（片仮名〇、半平仮名一、平仮名一）

院毛（も）渡給め、

→古写本〈平定家筆〉（裏書すべてなし）

106 寛仁二年（一〇一八）五月九日条
自筆本　二字（片仮名〇、半平仮名二、平仮名〇）
比女（ひめ）宮幷一位二百端、
→古写本〈平定家筆〉　二字（片仮名〇、半平仮名二、平仮名〇）
比女（ひめ）宮幷一位二百端、

107 寛仁二年（一〇一八）五月十三日条
自筆本　三字（片仮名〇、半平仮名〇、平仮名三）
今日朝間参太内思つるを、
→古写本〈平定家筆〉　なし
今日朝間欲参大内、

108 寛仁二年（一〇一八）七月二十七日条
古写本〈平定家筆〉　二字（片仮名〇、半平仮名二、平仮名〇）
尚侍・三位・母々（はは）候御共、

109 寛仁二年（一〇一八）十月十六日条

古写本〈平定家筆〉　一字（片仮名〇、半平仮名〇、平仮名一）

大夫君達召せ、

110寛仁二年（一〇一八）十月二十二日条

古写本〈平定家筆〉　二字（片仮名〇、半平仮名一、平仮名〇）

母々（はは）・女三位同参候、

111寛仁二年（一〇一八）十月二十四日条

古写本〈平定家筆〉　二字（片仮名〇、半平仮名一、平仮名〇）

母々（はは）候御、

112寛仁二年（一〇一八）十一月九日条

古写本〈平定家筆〉　二字（片仮名〇、半平仮名一、平仮名〇）

余幷母々（はは）有前物、

113寛仁三年（一〇一九）八月二十七日条

自筆本　二字（片仮名〇、半平仮名一、平仮名〇）

母々（はは）参太内、

↓古写本〈平定家筆〉（頭書すべてなし）

以上を使われていた文脈によって分類してみると、五八六字の仮名は、

・儀式の中の台詞　　一一字
・仮名書きの訓　　一〇九字
・活用語尾や助詞　　一三一字
・儀式ではない会話　　七五字
・和歌　　二六〇字

と分類されることになる。『小右記』の各分類の仮名の文字数を集計していないので、単純に比較はできないが、儀式の中の台詞に使う仮名が少ないこと、和歌に使う仮名が多いことは、すぐに読み取れる。また、活用語尾や助詞をうまく漢文で書けない場合、道長はそれを仮名で記録したのであろう。

また、これらを巻毎に集計した結果が、次の表である。自筆本・古写本・平松本毎に、全体の記事数と字数、仮名の含まれる記事数と仮名の字数を表示してある。一部、旧稿の数値と異なっている場合は、こちらが修正版である。

各記事数の後に付す（　）内は字数。自筆本仮名使用記事の字数そのものに付す（　）内は推定。

		自筆本記事数	仮名使用記事数	古写本記事数	仮名使用記事数	平松本記事数	仮名使用記事数	仮名使用記事数合計
長徳元年（九九五）	上	現存せず		現存せず		なし		○（○）
	下	現存せず		現存せず		なし		○（○）
長徳二年（九九六）	上	なし		なし		なし		—
	下	なし		なし		なし		—
長徳三年（九九七）	上	なし		なし		なし		—
	下	なし		なし		なし		—

長徳四年（九九八）上	なし		なし		なし		｜
長徳四年（九九八）下	四（一六二）	○（○）	定・四（一六○）	○（○）	なし		○（○）
長保元年（九九九）上	現存せず		定・四六（一五二七）	二（四）	なし		二（四）
長保元年（九九九）下	五一（一○八七）	○（○）	定・四九（一○四五）	○（○）	なし		○（○）
長保二年（一○○○）上	八三（二○七八）	○（○）	定・八三（二○七四）	○（○）	なし		○（○）
長保二年（一○○○）下	なし		なし		なし		｜
長保三年（一○○一）上	なし		なし		なし		｜
長保三年（一○○一）下	なし		なし		なし		｜
長保四年（一○○二）上	なし		なし		なし		｜
長保四年（一○○二）下	なし		なし		なし		｜
長保五年（一○○三）上	なし		なし		なし		｜
長保五年（一○○三）下	なし		なし		なし		｜
寛弘元年（一○○四）上	一四七（八一二四）	一二（一三五）	定・一四六（七九二一）	一一（一三五）	なし		一二（一三五）
寛弘元年（一○○四）下	現存せず	（六（一三））	定・一八八（九三七六）	五（一○）	なし		六（一三）
寛弘二年（一○○五）上	一三○（三九七二）	三（八）	現存せず		一二八（三九八一）	一（一）	三（八）
寛弘二年（一○○五）下	現存せず		現存せず		一三四（五七四六）	三（六）	三（六）
寛弘三年（一○○六）上	現存せず		現存せず		九二（三五七四）	一（三）	一（三）
寛弘三年（一○○六）下	現存せず	（四（一一））	現存せず		一二一（六六一四）	二（六）	四（一一）
寛弘四年（一○○七）上	現存せず		現存せず		一二八（六九九八）	○（○）	○（○）
寛弘四年（一○○七）下	六九（二九九七）	一（一）	現存せず		六九（二九五四）	一（一）	一（一）
寛弘五年（一○○八）上	現存せず		現存せず		一一七（三九八一）	○（○）	○（○）
寛弘五年（一○○八）下	三八（二一四四）	一（二）	現存せず		三八（二一一二）	一（二）	一（二）
寛弘六年（一○○九）上	現存せず		定・三八（一二五九）	○（○）	なし		○（○）
寛弘六年（一○○九）下	一二六（五七三○）	五（一三）	師・一二五（五七二四）	五（一三）	なし		五（一三）
寛弘七年（一○一○）上	一○二（五○三一）	二（八）	定・一○一（四九六七）	一（一）	なし		二（八）
寛弘七年（一○一○）下	現存せず		定・一四二（五五五一）	○（○）	なし		○（○）

寛弘八年（一〇一一）上	一二三(四六七三)	六(七七)	師・一二三(四六五五)	五(五一)	なし		六(七七)
寛弘八年（一〇一一）下	現存せず	(三(六))	師・一一五(五三〇六)	○(○)	なし		三(六)
長和元年（一〇一二）上	一二〇(六二八六)	九(三〇)	定・一一九(六二二〇)	一(二)	なし		九(三〇)
長和元年（一〇一二）下	現存せず		定・一七五(一〇九七八)	三(一二)	なし		三(一二)
長和二年（一〇一三）上	現存せず		定・一七四(一〇九六九)	三(八)	一七五(一一〇三三)	一一(四一)	一一(四一)
長和二年（一〇一三）下	現存せず		定・一五八(九四三九)	二(四)	なし		二(四)
長和三年（一〇一四）上	現存せず		なし		なし		―
長和三年（一〇一四）下	現存せず		なし		なし		―
長和四年（一〇一五）上	現存せず		定・一三〇(五〇四九)	○(○)	なし		○(○)
長和四年（一〇一五）下	現存せず	一(一)	師・一三四(七〇七一)	九(八五)	なし		九(八五)
長和五年（一〇一六）上	現存せず	(三(六))	師・一五一(一〇八五五)	八(一四)	なし		一一(二〇)
長和五年（一〇一六）下	現存せず		定・一三九(六四五二)	○(○)	なし		○(○)
寛仁元年（一〇一七）上	現存せず	(一(六))	師・一五九(七六二一)	八(五一)	なし		八(五七)
寛仁元年（一〇一七）下	現存せず		定・一四〇(七六一三)	四(八)	なし		四(八)
寛仁二年（一〇一八）上	一四四(八四九〇)	八(三二)	定・一四三(七九六二)	三(六)	なし		八(三二)
寛仁二年（一〇一八）下	現存せず		定・一一七(八〇九六)	五(九)	なし		五(九)
寛仁三年（一〇一九）上	現存せず		定・六四(二八六八)	○(○)	なし		○(○)
寛仁三年（一〇一九）下	一〇(二八〇)	一(二)	定・一〇(二六八)	○(○)	なし		一(二)
寛仁四年（一〇二〇）上	三(一〇一)	○(○)	定・三(一〇一)	○(○)	なし		○(○)
寛仁四年（一〇二〇）下	なし		なし		なし		―
治安元年（一〇二一）上	なし		なし		なし		―
治安元年（一〇二一）下	現存せず		定・五(二二)	○(○)	なし		○(○)
	全一一五〇条五一一五五字 仮名六六条(三五一一字) ※推定分を含む		全二九八一条一五一一四九字 仮名七五条(四一三字)		全一〇〇二条四六九九三字 仮名二〇条(六〇字)		全三八一八条 一八八一八四字 仮名一一〇条 (五八六字)

この表によると、一一五〇条が残っている現存自筆本の五一一五五字のうち、確実な仮名使用記事数は四九条で、三〇九字である。全文字数の中の率にすると〇・六〇％となる。推定分（古写本などがいったん書いて抹消した仮名は、自筆本では仮名であったと推定できる）も含めると、仮名は三三九字である。仮に元の字数が古写本などと同じと仮定すると、それも含めた九〇九二七字のうちの三五一字で、率にすると〇・三九％となる。

同様に、二九八一条が残っている古写本の一五一一四九字のうち、仮名は七五条で四一三字、率にすると〇・二七％と、格段に低くなる。

一〇〇二条が残っている平松本の中で、自筆本系一一〇三三字のうち、仮名は一一条で四一字、率にすると〇・三七％、古写本系三五九六〇字のうち、仮名は九条で一九字、率にすると〇・〇五％と、こちらも格段に低くなる。

『御堂関白記』全体では、三八一八条で一八八一八四字のうち、仮名は一二〇条で五八六字ということで、率にすると〇・三一％となる。

一見すると、自筆本では仮名で書かれていたものを、古写本では漢文に直す傾向が広く認められると考えられてきた従前の理解からは、この結果は妥当なものであろうと思われがちである。

ところが、旧稿で指摘したところであるが、古写本のうちで、師実が書写したものと、おそらくは師実の家司と思われる平定家が書写したものとでは、まったく異なる傾向が認められる。師実が書写した古写本は八〇七条・四一三三字で、仮名は三四条・一八九字、率にすると〇・四六％、定家が書写した古写本は二一七四条・一〇九九一七字で、仮名は四〇条・一九九字、率にすると〇・一八％となる。師実が書写した古写本は道長の記録した自筆本よりもむしろ仮名で記す割合が高いのに対し、定家が書写した古写本は格段に低くなるのである。

和歌を記録すると大量の仮名を使用しなければならないので、先に集計した仮名数から、八首の和歌に使用した仮名を除いた字数を示し、あらためて仮名使用記事率を示してみよう。

・自筆本（推定分を含む）　仮名一九六字（〇・二二％）
・自筆本を転写した平松本　仮名　四一字（〇・三七％）
・師実が転写した古写本　仮名　九〇字（〇・二二％）
・平定家が転写した古写本　仮名　七四字（〇・〇七％）
・古写本を転写した平松本　仮名　一九字（〇・〇五％）

	全記事数	仮名使用記事数	仮名使用記事率	仮名文字数	一記事宛文字数	仮名文字数（除和歌）	一記事宛文字数（除和歌）
自筆本（含推定分）	一一五〇	四九	四・二六	三五一	七・一六	一九六	四・〇〇
自筆本系平松本	一七五	一一	六・二九	四一	三・七三	四一	三・七三
自筆本系合計	一三二五	六〇	四・五三	三九二	六・五三	二三七	三・九五
師実書写古写本	八〇七	三五	四・三四	一九一	五・四六	九〇	二・五七
平定家書写古写本	二一七四	四〇	一・八四	一九九	四・九八	七四	一・八五
古写本系平松本	八二七	九	一・〇九	一六	一・七八	一九	二・一一
古写本系合計	三八〇八	八四	二・二一	四〇六	四・八三	一八三	二・一八
総計	三八一八	一二〇	三・一四	五八六	四・八八	二四六	二・三八

かつては、古写本は、二筆に分かれるものの、「全体としては、自筆本と対校してみた時に出て来る特徴を、各巻ともに有つているといいうる」と考えられてきた[11]が、けっしてそうではない。

道長の自筆本と、自筆本を転写した平松本が、高い割合で仮名を使用しているのと同様、師実が転写した古写本は、道長自筆本とほぼ同じ割合で仮名を使用している。それに対して、定家が転写した古写本と、古写本を転写した平松本には、仮名がほとんど使用されていないのである（古写本を転写した平松本には、師実が転写した古写本を転写したものも含まれるので、この割合はさらに低くなるであろう）。

古写本は自筆本の破格な漢文や用字を正格の漢文風に書き替えたという従前の理解は、再考を要することは、言うまでもなかろう。仮名の使用率の差異は、自筆本と古写本にあるのではなく、むしろ道長―師実といった摂関家嫡流と、家司クラスの実務官人である平定家との差異だったのである。師実の方は、道長の記した仮名を見ても、多くの場合、それをそのまま仮名で書写したのにたいし、定家の方は、それを正格の漢文に「翻訳」する傾向が強いということなのであろう。

三　『御堂関白記』の仮名の種類

それではいよいよ、『御堂関白記』に記された仮名の種類について、考えてみることにしよう。繰り返すが、特に平仮名と半平仮名との差異は、私などにはほとんど見分けることは不可能なのであるが、どちらかというとほとんど平仮名の字形になっているものと、いまだ万葉仮名（真仮名）の字形を残しているものとで区分した。大日本古記録の活字も参考とした。

特に自筆本・自筆本系平松本と古写本・古写本系平松本による違いと字形の変遷に留意して、考察していくことになる。古写本のなかでも、師実筆と定家筆との差異に注目することは、言うまでもない。

以下に、自筆本・自筆本系平松本、師実書写古写本・定家書写古写本・古写本系平松本のそれぞれについて、仮名使用記事数と、全記事数に占める仮名使用記事率、仮名文字数、および片仮名数と片仮名率、半平仮名数と半平仮名率、平仮名数と平仮名率を、表示してみる。

	全記事数	仮名使用記事数	仮名使用記事率	仮名文字数	片仮名数	片仮名率	半平仮名数	半平仮名率	平仮名数	平仮名率
自筆本	一一五〇	四九	四・二六	三四〇	四	一・一八	一二六	三七・〇六	二一〇	六一・七六
自筆本系平松本	一七五	一一	六・二九	四一	三	七・三二	二一	五一・二二	一七	四一・四六
自筆本系合計	一三二五	六〇	四・五三	三八一	七	一・八七	一四七	三八・五八	二二七	五九・五八
師実書写古写本	八〇七	三五	四・三四	一九一	三	一・五九	七二	三八・一〇	一一四	六〇・三二
定家書写古写本	二一七四	四〇	一・八四	一九九	三	一・五一	一〇三	五一・七六	九三	四六・七三
古写本系平松本	八二七	九	一・〇九	一六	三	一八・七五	一〇	六二・五〇	三	一八・七五
古写本系合計	三八〇八	八四	二・二一	四〇四	九	二・二三	一八五	四五・七九	二一〇	五二・四六
総計（延べ）	五一三三	一四四	二・八一	七八五	一六	二・〇四	三三二	四二・二九	四三七	五五・六七

まず気付くのは、それぞれで片仮名を使う率がきわめて低いことである。『権記』（鎌倉期の写本ではあるが）などでは、けっこう片仮名を使っていたような印象があるが、『御堂関白記』では使われることは少ないのである。

また、古写本で半平仮名を使う率が増え、平仮名を使う率が減っていることの意味は奈辺にあるのであろうか。これは半平仮名→平仮名という単純な変遷を想定すると、説明できない現象である。

ただし、古写本でも、師実は半平仮名を使う率が低く、平仮名を使う率が高い。ほとんど道長の自筆本と同じ比率である。それに対し、定家は半平仮名を使う率が高く、平仮名を使う率が低い。やはりこれも、摂関の道長や師実と、実務官人の定家との個人的、または階層的な差異と考えた方がよさそうである。

なお、平松本に関しては、自筆本を書写したものも、古写本を書写したものも、いずれも平仮名を使用した例が少なく、半平仮名を使用した例が多い。自筆本を書写した平松本も、古写本を書写した平松本も、ほぼ同じ比率で使用しているということから、平松本の書写者（桓武平氏西洞院流〈平信範の子孫〉の平松家の者で、近衛家の家礼であろう）は、ほとんど一律に仮名の種類を書き替えていたことが窺える。

それではここで、自筆本（および自筆本系平松本）を古写本（および古写本系平松本）で書き替えている例について、どのように書き替えたかを考えてみたい。これも古写本については、師実筆・定家筆・平松本系を区別することとする。

・仮名の種類をそのままにした例

半平仮名→半平仮名　五八／一四九（三八・九三％）
古写本　師実筆　一七／　三五（四八・五七％）
古写本　定家筆　三九／一〇五（三七・一四％）
古写本系平松本　二／　九（二二・二二％）
平仮名→平仮名　一〇四／二二四（四六・四三％）
古写本　師実筆　三三／　五四（六一・一一％）
古写本　定家筆　七一／一六八（四二・二六％）
古写本系平松本　〇／　二（〇％）
片仮名→片仮名　二／　七（二八・五七％）
古写本　師実筆　一／　二（五〇・〇〇％）
古写本　定家筆　一／　五（二〇・〇〇％）
古写本系平松本　〇／　〇（〇％）

一見して、師実は仮名をそのままの種類にしていることが多く、定家は少ない（つまり書き替えている）ことが多いのに気付く。師実は自筆本の表記を尊重しているか、他の表記に書き替えることを躊躇しているか、おそらくその両方なのであろう。たとえば、事例27（寛弘六年七月七日条）で、自筆本の「使者仁久（にく）るを」を、師実も「使者仁久（にく）るを」と書写している例などである。

かつて古写本は自筆本を正格な漢文に書き替えようとしたと考えられていたが（繰り返すが、それは定家だけのことである）、仮名の表記についても、定家は道長とは異なる表記を行なおうとする方針であったことが窺える。

・仮名をなくした例

半平仮名→なし	五六／一四九（三七・五八％）
古写本　師実筆	八／　三五（二二・八六％）
古写本　定家筆	四一／一〇五（三九・〇五％）
古写本系平松本	七／　九（七七・七八％）
平仮名→なし	七四／二二四（三三・〇四％）
古写本　師実筆	一七／　五四（三一・四八％）
古写本　定家筆	五七／一六八（三三・九三％）
古写本系平松本	〇／　二（〇％）
片仮名→なし	三／　七（四二・八六％）
古写本　師実筆	〇／　二（〇％）
古写本　定家筆	三／　五（六〇・〇〇％）
古写本系平松本	〇／　〇（〇％）

師実は半平仮名・平仮名とも漢字・漢文に替えることは少なく、定家は半平仮名・平仮名とも漢字・漢文に替

えることが多い。「正格な漢文」を目指した定家に相応しい結果である。ただ、師実は平仮名を漢字・漢文に替えることが多いのに対し、定家はむしろ半平仮名を漢字・漢文に替えることが多いというのは、どういう事情によるものなのであろうか。

たとえば、事例37（寛弘八年六月十四日条）では、自筆本が「悦思せる有気色」と記しているものを、師実はいったん「悦思せる有気色」と書写したうえで「せる」を抹消し、傍らに「欣」と記して、「悦思欣有気色」という漢文に替えている。事例50（長和元年三月二十五日条）では、自筆本が「是毛（も）依彼例可被行者」と記しているものを、定家は「此度依彼例可被行者」と、完全な漢文に書き替えている。

・仮名の種類を変えた例

半平仮名→平仮名	二〇／一四九（一三・四二％）
古写本　師実筆	一〇／　三五（二八・五七％）
古写本　定家筆	一〇／一〇五（九・五二％）
古写本系平松本	〇／　九（〇％）
半平仮名→片仮名	一／一四九（〇・六七％）
古写本　師実筆	〇／　三五（〇％）
古写本　定家筆	一／一〇五（〇・九五％）
古写本系平松本	〇／　九（〇％）
平仮名→半平仮名	二五／二二四（一一・一六％）
古写本　師実筆	三／　五四（五・五六％）
古写本　定家筆	二〇／一六八（一一・九〇％）

古写本系平松本　二／　二（一〇〇％）
平仮名→片仮名　一／二二四（〇・四五％）
古写本　師実筆　〇／　五四（〇％）
古写本　定家筆　一／一六八（〇・六〇％）
古写本系平松本　〇／　二（〇％）
片仮名→半平仮名　〇／　七（〇％）
古写本　師実筆　〇／　二（〇％）
古写本　定家筆　〇／　五（〇％）
古写本系平松本　〇／　〇（〇％）
片仮名→平仮名　一／　七（一四・二九％）
古写本　師実筆　一／　二（五〇・〇〇％）
古写本　定家筆　〇／　五（〇％）
古写本系平松本　〇／　〇（〇％）

師実は半平仮名を平仮名に替えることが多く、定家は平仮名を半平仮名に替えることが多い。たとえば、事例31（寛弘六年十二月二十日条）では、自筆本が「可令奏云之遠（しを）」と記していたものを、師実は「可令奏云しを」と書き替えている。事例3（寛弘元年二月六日条）では、自筆本が「けふさへそやる」と記していたものを、定家は「介ふさへ所やる」と書き替えている。

やはり師実は平仮名を書きたがり、定家は半平仮名を書きたがるという傾向があるのであろう。それが何を意味するのかは、現時点では私にはわからないが。

・漢字・漢文を仮名にした例

なし↓半平仮名		四
古写本	師実筆	○
古写本	定家筆	四
古写本系平松本		○
なし↓平仮名		四
古写本	師実筆	○
古写本	定家筆	四
古写本系平松本		○
なし↓片仮名		○
古写本	師実筆	○
古写本	定家筆	○
古写本系平松本		○

ごく少数ではあるが、自筆本で漢字・漢文であったものを、かえって古写本で仮名にした例も存在する。しかもそれは、定家が書写した巻なのである。たとえば、事例59（長和二年三月四日条）では、自筆本系平松本に「四位五位数[と]書是也」とあったものを、「四位五位数[と]書[る]是也」と書き替えている。事例が少ないことから、何故にこのような書き換えを行なったかは、不明と言わざるを得ない。

おわりに

以上、『御堂関白記』に記された仮名について、特に自筆本と古写本（師実筆・平定家筆）との差異、そして片仮名・半平仮名・平仮名の使用と書写による書き替えについて、考えてみた。

師実筆古写本と定家筆古写本との差異は、まったく予想通りの結果であったとはいえ、翻って考えると、何故に古写本は自筆本の仮名を違う仮名に替えたのであろうか（特に和歌）。

近年、よく主張されているように、片仮名・半平仮名・平仮名とも、すべて仮名なのであるから、一律に平仮名で表記すればよいという発想からは、この書き替えは説明できない。単純に半平仮名から平仮名へと「進化」したと考えるわけにもいかないし、半平仮名には半平仮名の持つ独自の意味があり、平仮名には平仮名の持つ独自の意味があって、それに基いて書き替えたようにも思えない。

道長の記した自筆本を横に置いて、そこに記された仮名を、異なる字体の仮名で「書写」するという行為に、何らかの積極的な意味が存在したのであろうか。それとも、いったんある言葉を目から取り入れて脳内に記憶させ、それを新たな料紙に記すに際して、異なる種類の仮名が脳裡に浮かんできて、それを記したのであろうか。あえて解答を見出そうとするならば、摂関である道長や師実は平仮名を使う率が高く、実務官人である定家は半平仮名を使う率が高いという明白な事実に、ヒントが隠されているのであろうか。

周知のように、律令官人は楷書（真書）を書くと定められていた。[12] それは摂関期のこの時代に至っても同様であったと思われ、弁官や蔵人などの実務官人を勤めるための訓練を受け、実際に勤めた経験もある定家にとっては、平仮名で記された自筆本の文字を見て、それを正式な字に近いという認識のあった半平仮名に書き直そうという意識が生まれたとしても、不思議ではない。とはいえ、逆に半平仮名を平仮名に書き直した事例も少なからず存在するのであるから、一概には論じられない問題であるが。

一方、道長や師実など、十代前半で叙爵を受け、早い時期から上級官人として出身して、二十歳前後で公卿に上ってしまった人物は、大学での修学はもちろんのこと、実務官人としての訓練も受けずに、日記を記録することとなってしまう。二人とも参議も経ないでいきなり権中納言に昇進してしまったため、陣定の定文を執筆する機会もなかった。律令官人としての楷書の規制を受けにくい階層であったことは、容易に想像できよう。彼らは仮名の使用についても、比較的自由でいられたということなのであろうか。

また、平仮名は連綿体で書かねばならず、それに慣れていない男性官人にとっては難しいうえに、何という字なのかがわかりにくい。それに対して、半平仮名は基本的に字形が漢字に近いので、何という字かが明白で、後世の人に正確に伝わりやすい。

儀式や政務を、先例として後世の人に伝えることが古記録の本質的な目的であったとすると、平仮名よりも半平仮名で記した方が、その目的に沿っていることは、言うまでもない。その目的に（どちらかと言えば）忠実であったのが、道長や師実といった摂関クラスの貴族よりも、実務官人系の定家であったということなのであろう。

このあたりで筆を擱きたいが、残された課題は多い。文字毎の片仮名率・半平仮名率・平仮名率は、いかなるものであったか、つまり特定の文字に特定の種類の仮名を使うことが多かったのではないか、またどのような半平仮名の文字を使っているのか、一つ一つの事例について、より厳密な分析を行なうことが求められるのであるが、今はその余裕がない。ここに事例を提示することによって、後進の方々による研究の深化を期待したい。

また、当然の課題として、同時代の『権記』における仮名はどのような状況なのか、きわめて興味深い問題である。いつか『権記』についても集計を行ないたいと思いながら、本章を終えたい。

註

（1）倉本一宏「『御堂関白記』の仮名」（『御堂関白記』の研究』第二部第二章、思文閣出版、二〇一八年、初出二〇一八年）。
（2）『御堂関白記』古写本を書写した「某」が師実の家司の平定家であろうことは、次章で述べる。
（3）倉本一宏「『小右記』の仮名について」（本書第二部第一章、初出二〇一九年）。
（4）内田賢徳・乾善彦編『万葉仮名と平仮名――その連続・不連続――』（三省堂、二〇一九年）。
（5）築島裕「平仮名・片仮名の発達と展開」（大野晋・丸谷才一編『日本語の世界 5 仮名』中央公論社、一九八一年）、矢田勉「文字・表記史研究の術語」（『国語文字・表記史の研究』汲古書院、二〇一二年、初出二〇〇〇年）、同「平仮名表記史資料としての書道伝書」（『国語文字・表記史の研究』初出二〇〇二年）、内田賢徳「平仮名成立まで」（内田賢徳・乾善彦編『万葉仮名と平仮名――その連続・不連続――』三省堂、二〇一九年）。松岡智之氏のご教示による。
（6）中山陽介「平仮名成立の諸要件」（内田賢徳・乾善彦編『万葉仮名と平仮名――その連続・不連続――』三省堂、二〇一九年）。
（7）築島裕『平安時代の漢文訓讀語につきての研究』（東京大学出版会、一九六三年）。
（8）峰岸明『変体漢文』（東京堂出版、一九八六年）。
（9）池田尚隆「『御堂関白記』の位置――その仮名表記を中心に――」（『国語と国文学』六四―一一、一九八七年）。
（10）中丸貴史「漢文日記のリテラシー――『御堂関白記』のテクスト生成――」（『日本文学』六二―一、二〇一三年）、同「漢文日記と歴史物語に関する一考察――『御堂関白記』『権記』『栄花物語』、一条天皇発病記事をめぐって――」（加藤静子・桜井宏徳編『王朝歴史物語史の構想と展望』新典社、二〇一五年）、同「『御堂関白記』のテクスト学――記録することと和歌を書くこと――」（『日本文学』六五―五、二〇一六年）。
（11）阿部秋生「藤原道長の日記の諸本について」（『日本學士院紀要』八―二・三、一九五〇年）。
（12）養老公式令・公文条に、
　凡公文、悉作真書。凡是簿帳・科罪・計贓・過所・抄牌之類有数者、為大字。
と規定されている。

第三章　『御堂関白記』古写本を書写した「某」

はじめに

『御堂関白記』の藤原道長自身の筆になる自筆本は、平安時代後期、孫の藤原師実の時に書写され、一年分一巻からなる古写本十六巻が作られた（長徳四年〈九九八〉から長保二年〈一〇〇〇〉、および寛仁三年〈一〇一九〉から治安元年〈一〇二一〉までは記事が少ないため、三年分をまとめて一巻としている。現存十二巻、陽明文庫所蔵）。日常的に摂関家の先例の典拠として閲覧に供された古写本は、車倉（文車）に載せられて（『殿暦』）、火災の際には真っ先に運び出せるようにしてきたという推定もある[1]。

その古写本は、後世、「大殿御筆」と称された師実の筆になるものと、もう一人の「某」の筆になるものとに分かれる。本章では、「某」の可能性のある人物として、「日記の家」と称された高棟流平氏（公家平氏）のなかから、一人の人物に焦点を当ててみたい。

一　『御堂関白記』の古写本

古写本は、阿部秋生氏によって、自筆本の破格な漢文を普通の漢文に直そうとしたり、文字の誤りを正そうとしたりする意識が見られると考えられた。なお、阿部氏は、この「某」を或いは藤原師通かと推定され、二筆による差異はほとんどないものと考えられた[2]。

この二筆による差異に関する考えは後々にも踏襲され、大日本古記録の解題[3]では、「古写本はそれを推し進めて文体の改変を試み、或は先づ自筆本通り写して後、塗抹・傍書・顚倒符を以てし、或は直ちに改変してゐる。この改変は必ずしも当らざるものがあり、原形を推定して読解すべき場合も少くない。古写本の筆者は二筆に分れ、其中の一筆に対して、古写本の標紙に「大殿御筆」と説明して居り、……」としている。

なお、大日本古記録の解題を基にしたという陽明叢書の解題[4]では、「（「大殿」〈師実〉と「某」の）両筆は、その筆意に於て頗る似た所があるが、「某」の筆は極めて流暢で軽く、大殿の筆蹟はこれに比すればやや固く、力強い。両者の差が最も明瞭に現れるのは日付の数字の記し方で、「某」の方は「二十（廿）」の終劃の横線を必ず引いているが、大殿はこれを「サ」もしくは「サ、」の形に書き、横棒を引かない。……」と、二筆の問題に触れている（図1）。

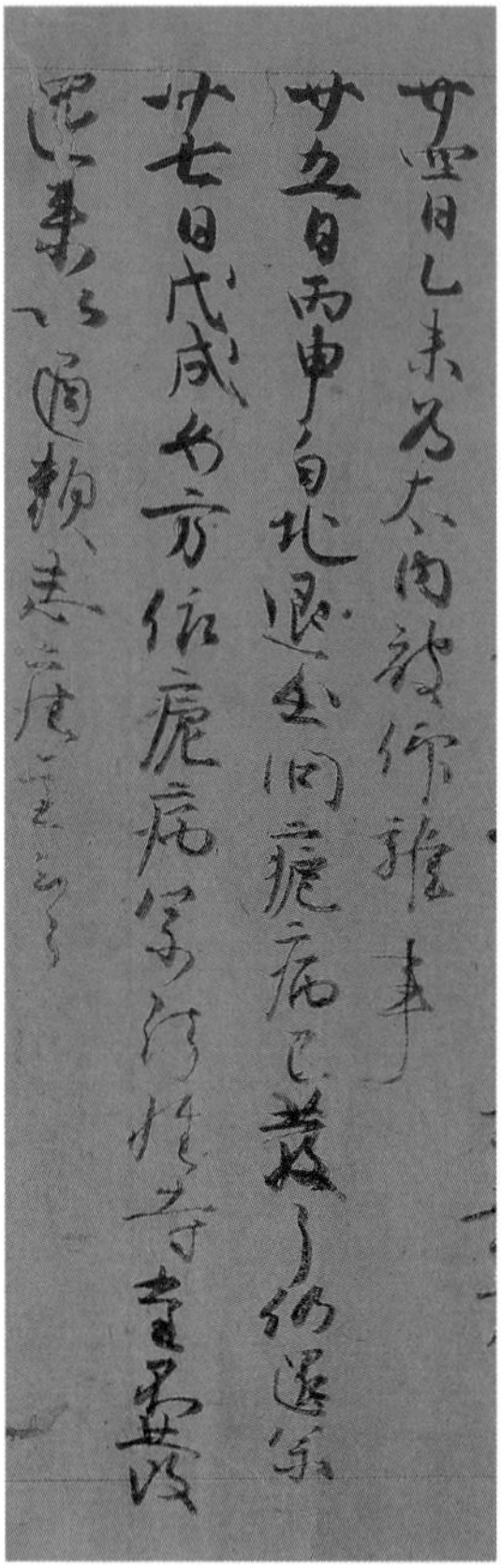

図1　『御堂関白記』古写本・寛弘八年八月二十四日・二十五日・二十七日条（藤原師実筆）（陽明文庫所蔵）

『御堂関白記』古写本書写の分担

長徳四年（　九九八）		／下01 記録再開
長保元年（　九九九）	上01 東三条院行幸	／下01 彰子入内
長保二年（一〇〇〇）	上01 彰子立后	
寛弘元年（一〇〇四）	上02 頼通春日祭使	／下02 寛弘改元
寛弘二年（一〇〇五）	上 彰子大原野社行啓	／下 内裏焼亡
寛弘三年（一〇〇六）	上 東三条第花宴	／下 神鏡定
寛弘四年（一〇〇七）	上 土御門第曲水宴・内裏密宴	／下 金峯山詣
寛弘五年（一〇〇八）	上 花山院崩御	／下 彰子敦成親王出産
寛弘六年（一〇〇九）	上03 比叡山舎利会	／下03 彰子敦良親王出産
寛弘七年（一〇一〇）	上04 敦良親王五十日儀	／下04 敦良親王百日儀
寛弘八年（一〇一一）	上05 一条天皇譲位・三条天皇践祚	／下05 三条天皇即位式
長和元年（一〇一二）	上06 妍子立后	／下06 大嘗会
長和二年（一〇一三）	上07 東宮敦成親王朝覲行啓	／下07 妍子禎子内親王出産
長和四年（一〇一五）	上08 禎子内親王着袴	／下08 道長准摂政
長和五年（一〇一六）	上09 後一条天皇即位・道長摂政	／下09 大嘗会御禊
寛仁元年（一〇一七）	上10 頼通摂政	／下10 敦良親王立太子
寛仁二年（一〇一八）	上11 後一条天皇元服	／下11 威子立后
寛仁三年（一〇一九）	上12 嬉子着裳	／下12 敦良親王元服

寛仁四年（一〇二〇）　上12　無量寿院供養
治安元年（一〇二一）　下12　念仏

ここで「某」と師実がどのような基準で書写を分担したかを推定してみると、現在、陽明文庫に残されている古写本十二巻のうち、師実が書写した部分（□で囲った）と、「某」が書写した部分（□で囲った）は、右の通りである（数字は古写本の現存巻数）。それぞれの年の春夏、もしくは秋冬の半年の間に起こった主要な出来事と共に示してみた。

師実が書写したのは、寛弘六年の後半（彰子敦良親王出産）、寛弘八年の一年分（一条天皇譲位・三条天皇践祚／三条天皇即位式）、長和四年の後半（道長准摂政）、長和五年の前半（後一条天皇即位・道長摂政）、寛仁元年の前半（頼通摂政）である。

最初のうちは、長保二年の彰子立后も含め、家司の「某」に書写を任せていたかのような師実であったが、寛弘六年後半の彰子敦良親王出産、あるいは（現存していないが）寛弘五年後半の彰子敦成親王出産を契機として、摂関家の権力構築にとって重要な局面を含む巻については、師実が自ら書写するようになったと推測することができよう。

どちらかというと、立后よりも、天皇の即位や皇子の誕生、道長や頼通の地位の変化に関わる巻を、師実は自ら書写したがっているようにも思える。それは長徳元年の道長の内覧宣旨の記事から『御堂御記抄』を作成し始めた師実の関心の方向に相応しいものである。

なお、寛弘二年から寛弘五年までは、現在、陽明文庫に古写本が残されていないが、古写本を書写した平松本（江戸時代の摂関家の家礼である堂上平氏の平松家の筆になるもの）が残っていることから、師実の時代には寛弘二年から寛弘五年までについても、古写本が書写されたことは確実である。

私はかつて、古写本の書写のうち、特に師実と「某」との書写の差を比較したことがある。従前は、古写本はただ自筆本を普通の漢文に直して訂正したものという考えが一般的であったが、それが実は師実と「某」との書写態度の差であったことを明らかにした。そしてそれは、摂関家と実務官人との差に基づくものであるということを推定した(5)。

道長自筆本と師実書写古写本との比較からは、師実は、道長自筆本の破格な用語や漢文を訂正して正確な用語に直したり、正格な漢文に直したりすることは、三割弱くらいの割合でしか行なっておらず、五割弱は道長の誤った用語や破格な漢文を踏襲し、二割強ほどについては、写し間違いや傍書の見落としも含め、かえってより誤った用語や、破格な漢文にしてしまっていることが推定できる。当初は自筆本の破格な用語や文体を正格に近付けることを目的として、「某」による古写本の書写を始めさせたのかもしれないが、師実の参入によって、それは叶わない状況となってしまったことになる。いや、もしかすると、もともと用語や文体を正格に近付けることなどは、目的としていなかった可能性もある。

また、道長自筆本と「某」が書写した巻についても比較し、「某」は、半数以上の割合で道長自筆本の破格な用語や漢文を訂正して正確な用語に直したり、正格な漢文に直したりしており、道長の誤った用語や破格な漢文を踏襲したのは一割強、かえってより誤った用語や、破格な漢文にしてしまったのは二割強となっている。どちらが正格か判断できなかった一割強の例についても、正格な漢文に訂正しようとする態度の表われと考えるべきである。

要するに、〈『御堂関白記』の自筆本と古写本〉といった二区分ではなく、〈『御堂関白記』の自筆本と、師実の書写した古写本と、「某」の書写した古写本〉という三区分が必要になってきたのである。いや、道長の自筆本と師実書写の古写本との類似性を考えると、〈摂関家の道長や師実の記した『御堂関白記』と、実務官人である「某」の記した『御堂関白記』〉という二区分で理解した方が適切なのかもしれない。

これはかつて、峰岸明氏が、『小右記』と『春記』の表記の顕著な類似と、それらと『御堂関白記』との対蹠的関係を指摘されたうえで、漢文調の優る小野宮系（『小右記』『春記』『帥記』）と、漢文体から隔たり日常実用文に徹した摂関系（『九暦』『御堂関白記』『後二条師通記』『殿暦』『台記』）と称すべき二系列の文体を想定されたこと(6)とも関連する。しかしこれも、小野宮系と摂関系との対比というよりも、摂関と実務官人といった、記主や書写者の身分を想定した方がよさそうなのである。

二　公家平氏と摂関家家司

以上のところまでは、ほぼ明らかになったとして、ではその「某」とはいったい誰なのか、またそもそも「某」は一人なのか、といった問題には背を向けて『御堂関白記』から離れ、何年か過ごしてきたのであったが、最近、たまたま平氏に関する新書を執筆する機会があった(7)。これは高棟流の公家平氏や、高望流の武家平氏（坂東平氏+伊勢平氏）、それに葛原親王流以外の桓武平氏、桓武平氏以外の平氏（仁明平氏・文徳平氏・光孝平氏）について、それぞれの興亡と邂逅、そして滅亡と存続を、簡単にたどったものである。

同書を執筆している段階では、『御堂関白記』の古写本のことなどまったく忘れていたのであるが、これら平氏のなかで「日記の家」と称された高棟流公家平氏の多くが、蔵人や弁官、検非違使などの実務官人を勤めながら、摂関家の家司を勤めて主家の日記と関わっていたことと、師実の家司「某」とは結び付くのではないかということに、ある夜、突然に思い至った。

次に平安時代後期における高棟流公家平氏の系図を掲げてみた。公家平氏と伊勢平氏の邂逅による「平家」成

高棟流桓武平氏系図（□は議政官、┆┆は三位に上った者、│は『平記』の記主、┆は日記の記主）

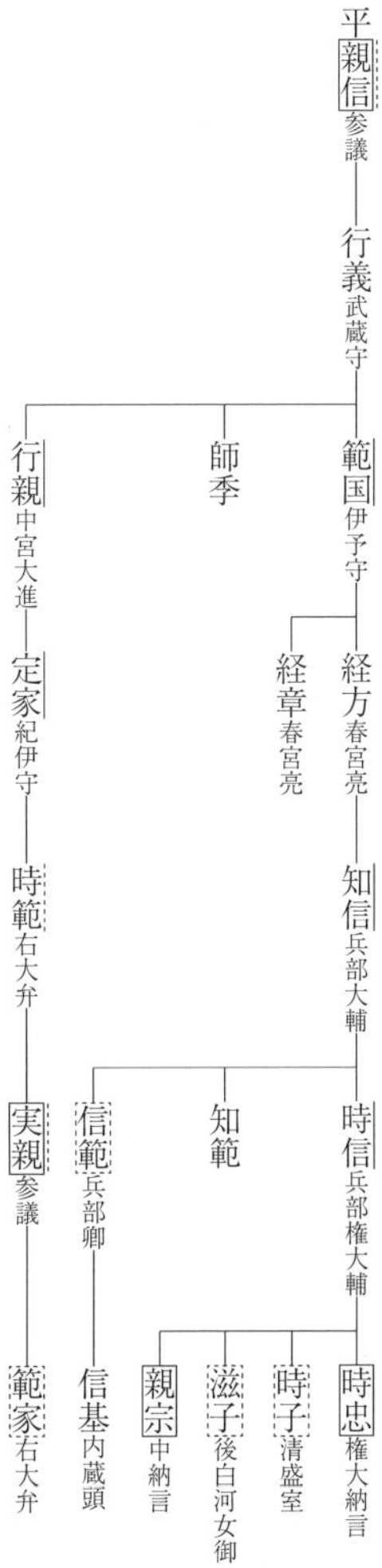

立以前に活躍した人物たちである。日記を記録した人物が多いのが特徴的である。なお、『尊卑分脈』は平時信の弟として知範なる人物を載せているが、官位の記載はなく、管見の限りでは、他の史料に見えない。知範を日記の記主とする系図もあるが(8)、日記を記した知範は貞嗣流藤原南家の尹明の子のこととの由である(9)。

院政期になると、氏が家に分化され、家ごとの性格付けと格付けが行なわれ、全官庁機構の再編成が進められて特定の氏族や家が特定官職に世襲的に補任され、さらに特定の氏族が特定官庁を世襲的に運営する傾向が生まれた。これを官司請負制と称する(10)。

公家平氏にとっては、摂関期の惟仲・親信以来、家司として摂関家に奉仕し、また弁官として太政官政治を担い、蔵人や検非違使として実務を支えるといった職務を、自らの家業と定めたのであろう。そして、「日記の家」として、自らが蔵人や弁官、検非違使として携わった宮廷の政務や儀式を記録し続けるとともに、摂関家の家司として数々の日記を集積したり、書写したり、部類したりして日記と関わることによって、自己の家を宮廷社会で存続させる方途としたのである。

それらのなかで、誰がどの摂関の家司を勤めたかは、諸史料からほぼ明らかになっている。また、それぞれの公家平氏が、特に日記に関して、摂関家とどのような関わりを持ったのかも、おおよそ先学によって解明されている。以下、それぞれの公家平氏と摂関との関わりを考えていく。

行義の子のうち、範国は、生没年不詳。蔵人所雑色・文章生・六位蔵人・左衛門尉・兵部丞・五位蔵人・右衛門権佐・春宮大進を歴任し、受領としても甲斐守・美作守・伊予守に任じられている。特に蔵人として道長や頼通と天皇の連絡に奔走している姿が、『御堂関白記』『小右記』『左経記』『春記』に頻出する。関白藤原頼通の家司も勤めていた。(11) 自らは『範国記』を記録している。

その子孫で言うと、範国の子の経章は、六位蔵人・左衛門尉（『春記』）、皇太后宮少進（『御産部類記』）を経て、春宮亮に任じられた。承暦元年（一〇七七）に死去している（『水左記』）。康平三年（一〇六〇）に頼通の五位家司であったことが見える（『定家朝臣記』）。

範国の孫の知信は、六位蔵人や検非違使に補され、摂関の藤原忠実・忠通、内覧の藤原頼長の家司も勤めた（『中右記』）。忠実の筆頭家司として、摂関家の行事を知信に記録させていたことも、たとえば忠実の『殿暦』永久二年（一一一四）五月十六日条（古写本）に、「委事見知信之書記」などという文言が見える記事からも明らかである。『知信朝臣記』は忠実家司日記と称すべき性格のものであったとされる。(12)

知信の一男である時信は、文章生・大学助・六位蔵人などを勤め、兵部権大輔に至った。父知信に続いて、藤原忠実・忠通・頼長に奉仕し（『殿暦』『御産部類記』）、一方では鳥羽院判官代を勤めた。『時信記』を記録している。時信の子に、時子（平清盛室）・時忠・滋子（建春門院）・清子（平宗盛室）などがいた。

時信の弟である信範も、文章生として出身し、中宮権少進・六位蔵人・右少弁を歴任し、権右中弁に任じられるとともに蔵人頭に補され、兵部卿にも任じられた。摂関の藤原忠通や近衛基実・基通の家司を勤めた。『兵範記』（『人車記』）を記している。なお、『平記』と総称される日記群の古写本は、信範の書写によって成立したものである。信範一男の信基の子孫が西洞院流、ひいては平松家となる。

以上、範国流の公家平氏を眺めてきた。摂関家の家司という視点で見ると、範国が頼通、経章が頼通、知信が忠実・忠通・頼長、時信が忠実・忠通・頼長、信範が忠通・基実・基通の家司を勤めていた。師実に家司として仕えた者はいなかったようである。

一方、範国の弟である行親の子孫も、「日記の家」となった。行親は蔵人所雑色・六位蔵人・左衛門尉・検非違使（『小右記』）、納殿預（『左経記』）、太皇太后宮少進・上東門院（藤原彰子）判官代（『院号定部類記』所引『権記』）を勤めた。後に少納言や右衛門権佐を勤めたほか、藤原嫄子の中宮大進に任じられたが、長暦三年（一〇三九）頃に死去した。摂関家の家司となった史料は見えない。『行親記』を記録している。

行親の子としては、定家のみが知られる。生没年不詳。長久二年（一〇四一）に大膳亮・六位蔵人（『春記』）、永承三年（一〇四八）に紀伊守（『宇治関白高野山御参詣記』）、康平三年に検非違使右衛門権佐（『定家朝臣記』）、治暦元年（一〇六五）に尾張守（『台記』）などを歴任した一方で、頼通や師実の家司も勤めた。蔵人や紀伊守としての活動は、長久二年から永承五年までの記事が、蔵人頭藤原資房の『春記』に見えるほか、検非違使右衛門権佐として藤原教通の『二東記』に登場する。

康平四年に内大臣師実がはじめて除目を奉仕した時に、当時は頼通の家司であった定家が公卿給を作成した故事（「件定家如渡之作」とある）に倣って、長治二年（一一〇五）に時範が忠実のために公卿給を作成したという記事もある（『殿暦』）。この康平四年に頼通は太政大臣に任じられ、治暦三年に関白を辞しており、あるいはこの頃に定家は師実の家司に移った（実際に「渡った」）のかもしれない。定家の活動の下限は、前月から朱雀御堂に渡ったという永保元年（一〇八一）七月の『水左記』の記事である。あるいはこの頃、出家または死去したのであろうか。

　自身も『定家朝臣記』を記録している。天喜元年（一〇五三）二月五日の記事から天喜五年十一月二十日までの信範による古写本一巻と、天喜元年二月五日から康平五年十二月二十五日までの近衛家煕による新写本三冊が、陽明文庫に伝わる。記事は断続的で著しい抄記であり、日次記のすべてを書写したものではなく、政務・儀式や神事・仏事に関する日次記のなかから、摂関家の頼通や師実が関与した記事のみを抄出したものと考えられている。(13) 康平年間のものは、特に『康平記』と呼ばれた。後世、一族からは『尾州御記』と称されて尊重されている（『知信朝臣記』『兵範記』）。

　ここに定家が頼通や師実の家司（五位以上なので上家司）であったことが明らかとなったのであるが、摂関ともなると、もちろん、家司は一人だけだったわけではない。摂関家には執事・年預・政所・侍所・御厩・御随身所・贄殿・小舎人所・雑色所・御服所・進物所・納所、さらに弁別当・文殿・蔵人所などがあった(14)。

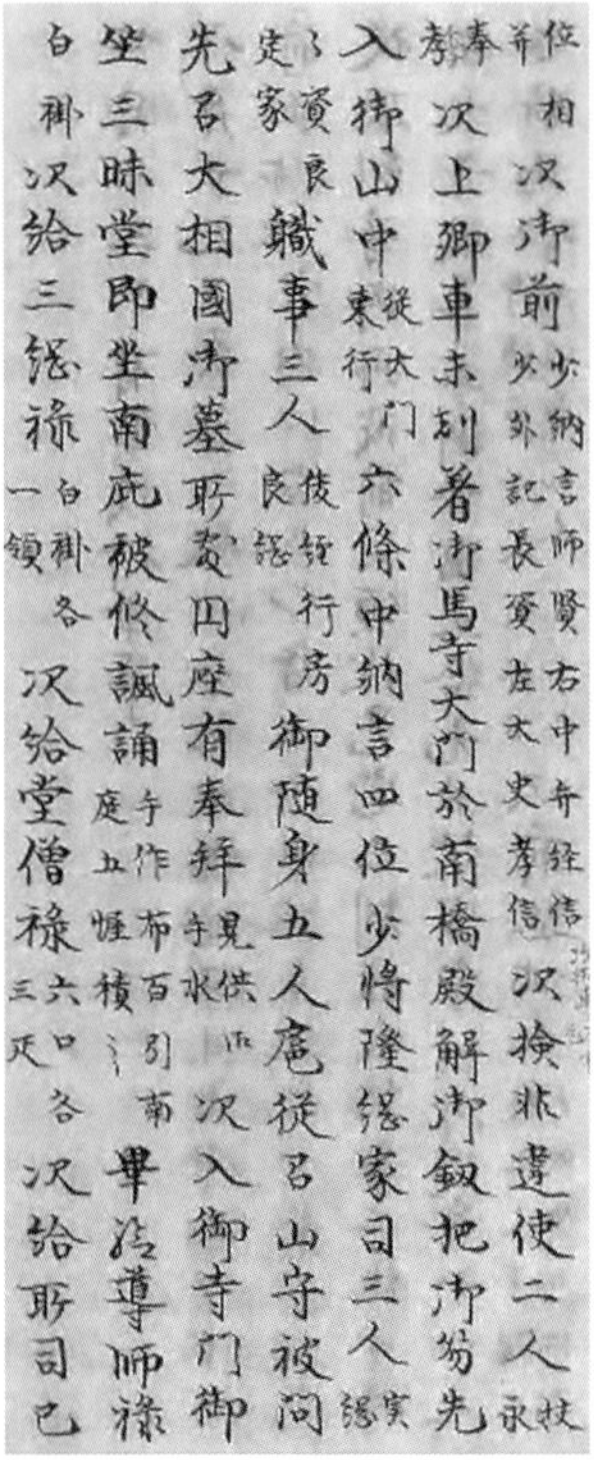

図2　『定家朝臣記』康平五年八月二十九日条（陽明文庫所蔵）

　定家が頼通や師実の家司集団のなかで、どのような立場にあったかを示す史料が、次に挙げる『定家朝臣記』

康平五年八月二十九日条（新写本）の、頼通が宇治の木幡にある道長の墓に参った記事である。これは道長の墓の位置（木幡小学校東の墓地〈ジョウメンジ墓〉と茶畑の先のフェンスで囲まれた某修道院の所有地）を確定するうえで、きわめて貴重な記事であると同時に、頼通の家司集団を推測することのできる史料でもある（図2）。

……未剋着御寺（浄妙寺）大門、於南橋殿解（頼通）御釼把御笏、先入御山中従大門東行、六条中納言（源俊房）・四位少将隆綱（源）・家司三人実綱（藤原）・資良（藤原）・定家（平）、・職事三人俊経（橘）・行房（藤原）・良綱（藤原）、・御随身五人扈従、召山守被問先公（道長）大相国御墓所、敷円座有奉拝先供御手水、次入御寺門、御坐三昧堂、……

ここでは、頼通に扈従した三人の家司（政所別当）の一人として、自身の名を実名で記している。他の二人については、藤原実綱は日野家の人物で、藤原有国の孫で資業の子。この年、五十一歳。正四位下文章博士兼式部権大輔兼美作守。日野家も「日記の家」ではあるが、実綱は文人および家司集団の重鎮といった観がある。藤原資良は藤原南家の永頼の孫で保相の子。文章生・蔵人を経て、皇后宮権亮・伊賀守・丹波守に任じられた（『尊卑分脈』）。こちらはあまり日記との関わりが見えない。

なお、『定家朝臣記』には「家司」という語が十八の記事に二十六回、見える。「家司の職事が十余人」、「下家司四人」など、人数を記している記事もあるが、人名が記されているのは、藤原範永（藤原北家長良流、正四位下摂津守）、「四位家司」主計頭小槻師経（大夫史）、図書頭藤原資任（藤原北家長良流、従五位下玄蕃頭）、藤原孝長（藤原北家勧修寺流、従四位下右馬助）、民部丞藤原親任（藤原北家魚名流、正五位下左馬助）の五人である。いずれもあまり日記との関わりが窺えない。

これら頼通・師実家司集団の中では、定家の日記との関わりが際立っている。そして自身の日記も、日次記のなかから摂関家の頼通や師実が関与した記事のみを抄出しているという著述態度が、摂関家との関わりを象徴するものである。

定家の子は、時範しか知られていない。天喜二年に生まれ、六位蔵人・左衛門尉・越中守・勘解由次官・右少弁・右衛門権佐・中宮大進を歴任し、右大弁に至った。弁官・蔵人・検非違使を兼任し、「兼三事人、耀華勝人」と賞された[15]。父祖に続いて摂関家の家司として、天皇と関白師通・忠実との連絡にあたったことが、『後二条師通記』『中右記』『殿暦』など同時代の古記録に頻出する。『時範記』を記録している。

時範のこれもただ一人の子が、実親である。寛治元年（一〇八七）の生まれ。文章生から出身し、蔵人所雑色・六位蔵人・左近将監を経て、関白忠実の家司となるとともに、中宮少進・紀伊守・勘解由次官・右衛門権佐・左少弁・淡路守・左中弁・左大弁・勘解由長官などを歴任し、三事兼帯となった。保延二年（一一三六）に五十歳で参議に任じられ、公家平氏としては、親信が死去して以来、実に一一九年ぶりに公卿に上った。『実親朝臣記』を記録している。

以上、行親流の公家平氏では、定家が頼通・師実、時範が師通・忠実、実親が忠実の家司を勤めたことが判明した。範国流と併せ、公家平氏に限って言えば、師実の家司を勤めたのは定家のみであったことが確認できたものと思う。

なお、師実の官歴を見てみると、天喜元年に元服、侍従・左近権中将を経て、天喜三年に従三位となり、翌天喜四年に権中納言、康平元年に権大納言、康平三年に内大臣、治暦元年に右大臣、延久元年（一〇六九）に左大臣と累進した。承保二年（一〇七五）に関白・藤氏長者、応徳三年（一〇八六）に摂政となり、寛治二年（一〇八八）に太政大臣に任じられた。嘉保元年（一〇九四）に上表して関白・藤氏長者を師通に譲り、康和三年（一一〇一）に薨去している。

定家の活動時期を、長久二年から永保元年とすると、ほぼ重なっていることが確認できる。師実がいったい何

摂関の家司を勤めた公家平氏

公家平氏	家司として仕えた摂関
範国	頼通
経章	頼通
定家	頼通・師実
時範	師通・忠実
実親	忠実
知信	忠実・忠通・頼長
時信	忠実・忠通・頼長
信範	忠通・基実・基通

摂関家嫡流系図

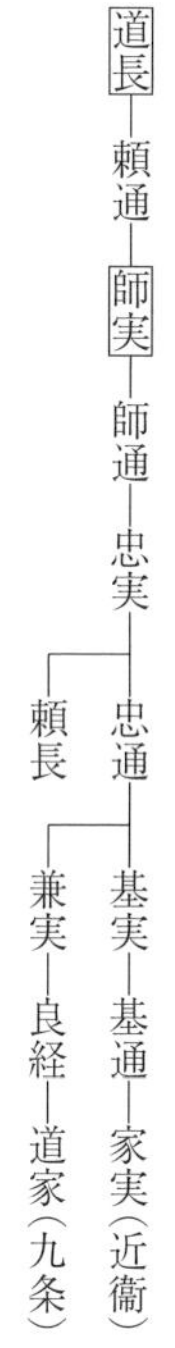

『御堂関白記』写本系統図

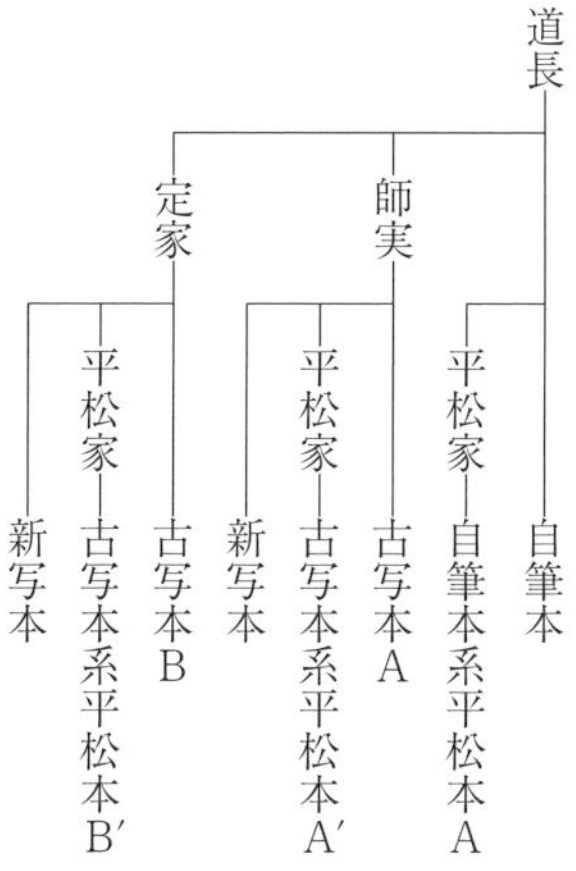

年頃に古写本の書写を「某」に命じたのかを推定すると、定家の官人としての官歴が一段落し、家司に専念した治暦四年、特に師実が藤氏長者となって『御堂関白記』自筆本に接することができるようになった承保二年十月以降のことであろうか。前年に頼通や彰子、前月に教通が死去した直後だからこそ、師実は『御堂関白記』を使った新たな権威付けを必要としたのであろう。定家としては晩年のこととなる。

三　古写本を書写した「某」

以上の推測は、師実に命じられて『御堂関白記』古写本の書写を行なった家司「某」が、平定家である可能性を強く示唆するものである。もちろん、師実がもっと多人数の日記担当家司を抱えていて、集団で書写という作業を行なわせていた可能性も、まったく考えられないわけではない。

しかし、私はその可能性は低いであろうと考えている。師実が最初、「某」に書写を命じていて、とても一人の作業では自筆本すべての書写が進捗しないと判断した場合（当時は『御堂関白記』自筆本は三十六巻もあったのである）、日記に関わる家司が複数存在していれば、師実は「某」に加えて、さらに他の家司にも書写を命じたはずだからである。

それなのに、師実は自身が書写作業に加わることを選んだ。関白の仕事もけっこう忙しいとは思うのだが、師実は自分で祖父の日記を書写したのである。結果、道長の破格な用語や文体を踏襲した書写を行なってしまい、後世の閲覧には、あまり資するところがなかったであろうが、そこは「大殿」自らが書写した写本ということで、それなりに尊重されたようである。「某」としても、師実の書写が自分のそれとはあまりにかけ離れていることに驚きながらも、そうとも言い出せず、事業の終了に安堵したのではあるまいか。もともと用語や文体の改変を意図していなかったとすれば、なおさらである。なお、「某」の筆蹟は、素人目には一筆に見える。

摂関家の家司層においても、主家の日記に触れることのできる者は限定されており、だからこそ高棟流堂上平氏と勧修寺流の為房子孫が「日記の家」と社会的に認められていったという(16)。摂関家最高の重宝というより、後には〝ご神体〟のように扱われた『御堂関白記』の自筆本であってみれば、なおさらである。主家の大切な日記に触れることのできる家司というと、どうしても定家の名前が浮かんでくるのも、自然なことであろうと考えられる。

ということで、『御堂関白記』古写本の書写を行なった家司「某」が、公家平氏の定家であった可能性を提示した。本来ならば、『定家朝臣記』の用語や文体を、家司「某」書写『御堂関白記』古写本のそれと比較すれば、より正鵠に近付くことができるのであろうとは思うのだが、残念ながら私には国語学の素養がないので、それを行なうことができない。ここに一案として提示し、大方の叱正を仰ぎたいと思う。

註

（1）松薗斉「文車考」（『王朝日記論』法政大学出版局、二〇〇六年、初出二〇〇五年）。
（2）阿部秋生「藤原道長の日記の諸本について」（『日本學士院紀要』八―二・三、一九五〇年）。
（3）東京大学史料編纂所・陽明文庫編纂『大日本古記録　御堂関白記　下』「解題」（執筆者は不明だが、編纂は桃裕行氏を中心として行なわれた。岩波書店、一九五四年）。
（4）陽明文庫編『陽明叢書記録文書篇　御堂関白記　五』「解題」（土田直鎮氏による。思文閣出版、一九八四年）。
（5）倉本一宏「『御堂関白記』古写本の書写」（『『御堂関白記』の研究』第二部第一章、思文閣出版、二〇一八年）。
（6）峰岸明「古記録と文体」（古代学協会編『後期摂関時代史の研究』吉川弘文館、一九九〇年）。
（7）倉本一宏『平氏――公家の盛衰、武家の興亡――』（中央公論新社、二〇二二年）。
（8）松薗斉『日記の家――中世国家の記録組織――』（吉川弘文館、一九九七年）、元木泰雄・松薗斉編著『日記で読む日本中世史』（ミネルヴァ書房、二〇一一年）。
（9）松薗斉氏のご教示による。訂正しておいて欲しいとのことだったので、ここに訂正しておく。
（10）佐藤進一『日本の中世国家』（岩波書店、一九八三年）。
（11）京都大学文学部日本史研究室編『京都大学史料叢書　兵範記四　範国記・知信記』「解題にかえて」（上横手雅敬氏による。思文閣出版、二〇二〇年）。
（12）陽明文庫編『陽明叢書記録文書篇　平記　大府記　永昌記　愚昧記』「解説」（山本信吉氏による。思文閣出版、一九八八年）。
（13）陽明文庫編『陽明叢書記録文書篇　平記　大府記　永昌記　愚昧記』「解説」（前掲註（12））。
（14）国史大辞典編集委員会編『国史大辞典　第五巻』「家司」（藤木邦彦氏執筆。吉川弘文館、一九八五年）。
（15）『中右記』承徳二年（一〇九八）四月十六日条。
（16）松薗斉氏のご教示による。最近のご理解とのことである。

第四章　三条朝の公卿議定

はじめに

私はかつて、「一条朝の公卿議定」という論文を書いたことがある。(1) 一条天皇の時代の陣定や御前定などの公卿議定について、摂関政治がもっとも典型的に機能したと言われる一条朝における個別具体的な事例の考察を、権力中枢の変遷毎に集積することによって、摂関政治の権力構造に関する考察を行なったものである。

当時は古記録の読解も未熟であったので（今も未熟だが）、もっぱら一条朝における事例だけを考察の対象とした。当然ながら、続いて前後の時代やさらに長いスパンでの考察を行なうべきだったのであるが、花山天皇の時代にはまだ古記録が出揃っておらず（議定も少なそうだし）、また三条天皇の時代には『権記』の写本が残されていないのみならず、『小右記』が膨大な量で伝わっていて、それを全部読み込むことは躊躇われたのである。

しかし、『小右記』全文の訓読文をデータベース化し、現代語訳を刊行した今となっては、そんなことも言っていられない。本章では、三条朝の公卿議定について、分析を行ないたい。

一　三条朝の権力中枢と後宮情勢

まずは「一条朝の公卿議定」に準じて、三条朝の権力中枢の変遷について説明する。三条天皇は践祚した寛弘

三条天皇関係系図

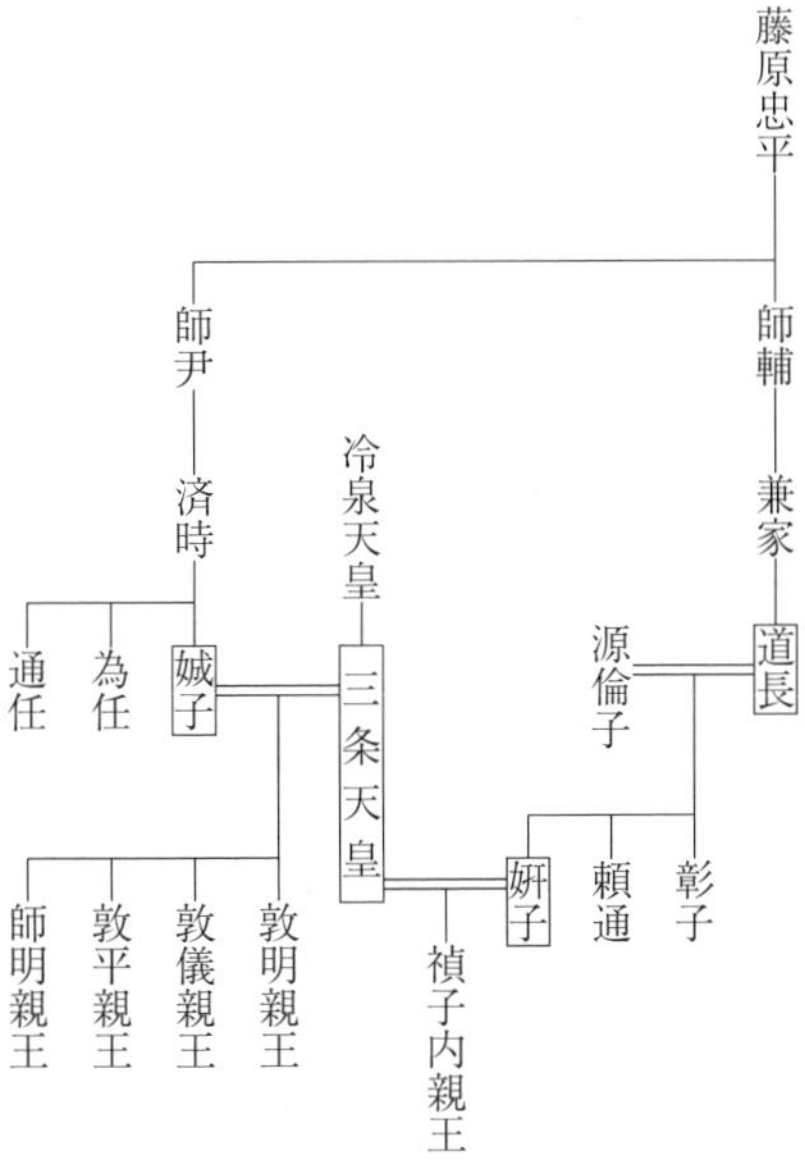

八年（一〇一一）六月の時点ですでに三十六歳と成人していた。この年の十月に父である冷泉院が死去している。もちろん三条朝には摂政は置かれず、藤原道長が一条天皇の時代に続いて左大臣兼内覧として政権を担当していた。なお、最末期の長和四年（一〇一五）十月に道長が准摂政の宣旨を下された（左大臣は元のとおり）。後宮情勢でいうと、三条天皇の東宮時代に入侍した藤原済時女の娍子と、道長女の妍子がおり、三条が即位した寛弘八年八月に二人とも女御となり、翌長和元年（一〇一二）二月に妍子が中宮に立ち、同年四月に娍子が皇后に立った。

以上を総合して、一条朝に倣って権力中枢と後宮情勢の変遷を分類してみると、以下のようになる。

第1期（寛弘八年六月二十三日～八月二十二日…三条天皇、冷泉上皇、左大臣藤原道長）

第2期（寛弘八年八月二十三日…三条天皇、冷泉上皇、左大臣兼内覧藤原道長）
第3期（寛弘八年十月二十四日～長和元年二月十三日…三条天皇、左大臣兼内覧藤原道長）
第4期（長和元年二月十四日～四月二十六日…三条天皇、左大臣兼内覧藤原道長、中宮藤原妍子）
第5期（長和元年四月二十七日～同四年十月二十六日…三条天皇、左大臣兼内覧藤原道長、中宮藤原妍子、皇后藤原娍子）
第6期（長和四年十月二十七日～同五年正月二十九日…三条天皇、左大臣兼准摂政藤原道長、中宮藤原妍子、皇后藤原娍子）

と、このように変遷を並べてみたが、一条天皇の時代と比較すると、変化の少ない時代であったことがわかる。言い換えれば、それだけ一条朝の権力中枢と後宮情勢が、めまぐるしい変遷を呈していたということであろう。

二　三条朝における公卿議定

それでは、三条朝における公卿議定を、各時期毎に一つずつ点検していこう。

第1期（寛弘八年六月二十三日…三条天皇、冷泉上皇、左大臣藤原道長）

寛弘八年（一〇一一）の六月二十三日に一条天皇が譲位し、三条天皇が受禅した、ということは、道長の内覧が停止されたことになる。ただ、かつて長徳四年（九九八）三月十二日に道長が病により上表し、一条が「大臣を辞するを許さず、先づ奏宣の文書を見ること并びに左右近衛随身を停むべし」と内覧の停止を認めた後も、一年後の長保元年（九九九）三月十六日の東三条院行幸の際に、道長に随身を元のごとく賜わった際に、おそらく内覧も復活されたであろう時までは、慣例的に道長が内覧の職務を続けたという例がある。(2)(3)

この時期、三条天皇の父院として冷泉上皇が存命していたが、ほとんど政治権力を発揮する状況にはなかったはずである。新帝として積極的に政事に立ち向かおうとする三条と、引き続き内覧の職務を続けた道長主導による政務運営が行なわれていたものと思われる。

なお、三条天皇には姻戚として娍子の兄弟である為任と通任がいたが、この時点では為任は民部大輔、通任は春宮亮から六月十三日に蔵人頭に補されたばかりであり、[4] とても天皇の後見にはなり得なかった。三条には東宮時代の正暦二年（九九一）に入侍した娍子（済時一女）と、寛弘七年（一〇一〇）に入侍した妍子（道長二女）がいた。娍子はすでに四人の皇子を産んでいた。

さて、この時期の公卿議定としては、以下のように史料に見える。

・寛弘八年七月七日　三条天皇の心喪について陣定を行なう（『小右記』）

一条天皇の崩御に伴う三条天皇の心喪について陣定が行なわれた。七日に右大臣藤原顕光から参会を命じられた藤原実資は、堅固の物忌によって不参を申したが、「御心喪等についての事か」と推測した。同母兄の藤原懐平が、「御心喪の定が有るが、前例は如何か。意見を言う趣旨を密々に示し送るように」と依頼してきた。

実資は翌八日に陣定の様子を大外記菅野敦頼に問うた。それによると、参会したのは、右内大臣（顕光・藤原公季）、参議懐平・藤原実成の四名のみ。その他はすべて、故障を申して不参であった。上卿を務めた顕光は、道長に、「諸道に命じて勘申させるべきであろうか」と問い遣わした。道長も参会していなかったのである。その返答は、「廃朝五日が定例である。そのような事は、宜しい様に申し行なわれるべきである」というものであった。

この日、敦康親王から、「挙哀・素服・葬官を停め、国忌・山陵を置いてはならない」という一条天皇の遺詔が伝えられた。顕光がこれを三条天皇に奏上すると、三条は、「遺詔によって、挙哀を停止されることを伝えるように」と命じ、今日から五箇日、廃朝するよう、宣旨を下した。

これを聞いた実資は、七日の陣定について、「昨日の諸卿の定は、はなはだ不当である。その定によって行なわれるものであろうか」と非難し、「禅位の例を調べると、心喪の限が有るべきである。御本服は七日。この間に御心喪が行なわれるべきであろうか。諸卿の僉議は、私は感心しない。後代の賢哲は、必ず定めるところが有るであろう」と記し、これらを陣定で議定しようとしたことを非難している。

・寛弘八年八月十五日　陣定で即位式・大嘗会雑事を議す（『小右記』『御堂関白記』『権記』『日本紀略』）

この年の十一月に行なう予定であった大嘗会について、陣定で議定している。この日、道長は、実資と藤原公任は必ず参入するよう、別に督促することを命じているが、実資は物忌で参らなかった。それで道長は不快になったという（『小右記』）。

陣定の様子は、『小右記』『権記』の翌十六日条、および『御堂関白記』の当日条に記されている。『御堂関白記』では、まず即位式の日時を勘申させ、大嘗会の悠紀・主基郡を卜定させたうえで、それを道長に奉り、三条天皇に奏聞した後、検校の文を外記、国郡の文を弁官に下した。

『権記』は簡単な伝聞記事しか記録していないが、『小右記』の方は、大嘗会の定文と即位式の議定の結果を記録しているものの（定文は伝えられたものを貼り付けたものか）、議定の具体的な内容は記していない。

以上、第1期においては、三条天皇の即位に伴う陣定が二箇月で二回、開かれているが、あまり積極的な議論が行なわれたようには見えない。

第2期（寛弘八年八月二十三日～十月二十三日…三条天皇、冷泉上皇、左大臣兼内覧藤原道長）

三条天皇からの再三の関白就任要請を拒否した道長に対し、三条はやむなく道長に内覧宣旨を下した。道長としては、引き続き太政官を把握したいという政治意思もあったであろうし、自分が関白となって陣定から離れたら、右大臣顕光・内大臣公季といった公事の執行に向かない（あるいは、熱意がない）人たちに陣定や除目・官奏を任せなければならないといった責任感もあったのであろう。

この時期の公卿議定としては、以下のものが見える。

・寛弘八年九月十日　御即位擬侍従及び五節について陣定で議す（『小右記』『権記』『御堂関白記』）

これも即位式と大嘗会についての議定。『御堂関白記』は、「左仗座に着した。御即位式の擬侍従を定めた」としか記していないが、『小右記』と『権記』には詳しい記事がある。

道長が陣定の上卿を務め、内大臣公季、大納言実資、権大納言藤原斉信、中納言藤原隆家・藤原時光、権中納言源俊賢・藤原行成、参議源経房・実成の計十名で議定を行なった（『権記』では隆家については記述がない）。即位式の擬侍従の名については列挙しているものの、議定の経緯は記されておらず、「左大臣が即位の擬侍従を定め申した」とのみある。その結果を経房が定文に書き載せたことは記している。どうも道長が、ほとんど単独で定めたようである。その際、擬侍従に定められた花山院の昭登親王・清仁親王は無品であったので、道長がこれを三条天皇に奏上し、三条は二人に四品を授けるよう命じている。『権記』では、道長が敦明王に奉仕させるべきかと奏上したところ、三条が昭登・清仁に四品を授けて奉仕させるよう命じている。

なお、『権記』では、道長は、「直廬において内覧することにする」と言って席を立ち、行成はこれに疑義を感じている。

・寛弘八年九月十五日　陣定で大嘗会御禊装束司及び前後次第使を議す（『小右記』『権記』『御堂関白記』『日本紀略』）

この日は道長が陣定で大嘗会御禊装束司と前後次第使を議した。『御堂関白記』は、「大嘗会御禊の日の装束司、および前後の次第使を定めた」という簡略な記事しかない（『日本紀略』も同様）。

『小右記』当日条にはこれに関する記述はないが、翌十六日条に、公任から届いた書状として、「昨日、左相府

（道長）が大嘗会御禊の装束司・次第司・供奉人を定めて奏上した」と、これも簡略な記事を載せる。

『権記』は、道長、権大納言斉信・公任、権中納言俊賢・行成の五名で定めたことが見える。装束司・次第司の人名を列挙しているが、議定の経緯は記していない。また、斉信が夾名の奏聞について、行成と議論したことを記している。

以上、第2期においては、これも三条天皇の即位に伴う陣定が二箇月で二回、開かれているが、淡々と結論の提示を承認したようで、積極的な議論が行なわれたようには見えない。


第3期（寛弘八年十月二十四日〜長和元年二月十三日…三条天皇、左大臣兼内覧藤原道長）

三条天皇の即位式の直後、十月二十四日に冷泉院が死去したが、権力構造にはさしたる影響はなかった。大嘗会が翌年に延期されたことで、その議事が先送りになったことくらいである。

この時期の公卿議定としては、以下のものが見える。
・寛弘八年十月二十五日　陣定を行ない、冷泉院死去によって大嘗会斎場所を破却すべきか否かを議す（『権記』）
この日は道長は故冷泉院の入棺、実資は子である観薬の元服日時勘申や一条院御念仏で忙しかったらしく、この陣定について記録しているのは行成の『権記』のみである（行成は冷泉院の入棺についても書いている）。

陣座には大納言たちや実成が参入したのだが、上卿を務めるべき顕光は急に病悩の気が起こって反吐をつき、退出してしまった。そこで実資が勅命によって、諸卿と大嘗会の斎場所の小忌殿を壊却すべきか否かについて定めた。諸卿が議定して申したことには、「壊却すべきではない。ただし稲実翁たちは、しばらく返し遣わさせるべきである。斎場所を、国司たちに命じて、たしかに守護させるべきである」ということであった。これを三条天皇に奏上して定めた後、行事の左中弁に命じた。

以上、第3期においては、冷泉院の死去に伴う大嘗会斎場所の破却に関する陣定が四箇月で一回、開かれているのみである。これも『小右記』や『御堂関白記』には記録されず、積極的な議論が行なわれたわけではない。

第4期（長和元年二月十四日〜四月二十六日…三条天皇、左大臣兼内覧藤原道長、中宮藤原妍子）

道長二女の妍子が二月十四日に中宮に立ち、三条天皇との関係が深まるかに見えたが、三月に入ると、今度は三条の方から、娍子を皇后に立てよとの提案が道長に下った。公卿社会の常識を無視した三条の提案によって、道長と三条の関係は決定的に悪化した。

この時期の公卿議定としては、以下のものが見える。なお、『権記』は長和元年以降、まとまった写本が残されていない。

・長和元年（一〇一二）三月十四日　御前定を行ない、諸司及び諸寺の検校を定め、僧綱を任ず（『御堂関白記』）

この三月は『小右記』の写本も残っておらず、『御堂関白記』のみを基にして考えなければならない。この日の議定は、大日本史料の綱文では「陣定」としているが、「内裏に参った。陣座に着した。天皇の御前に参上し、諸司の所々や諸寺の検校と別当を定めた」とあるので、御前定であろう。これだけの記事しかないので、公卿が議定したものではないのであろう。

・長和元年四月十三日　新任国司申請の雑事、僧綱を定む（『小右記』『御堂関白記』『日本紀略』）

この日、即位後はじめての官奏が行なわれ、次いで新任国司の申請した雑事を議定した。『小右記』には、藤原資平からの伝聞として、道長、権大納言斉信、中納言隆家、権中納言俊賢・藤原頼通・行成、参議経房・源頼定の八人が参入したことが記されているが、議定の詳細については記されていない。

以上、第4期においては、ようやく通常の政務に関わる陣定が二箇月で二回、開かれている。これも積極的な議論が行なわれたわけではなかろう。

第5期（長和元年四月二十七日〜同四年十月二十六日…三条天皇、左大臣兼内覧藤原道長、中宮藤原妍子、皇后藤原娍子）

四月二十六日の娍子立后の日に妍子の内裏参入をかち合わせて、三条天皇に公卿の支持がないことを示した道長であったが、それでも通常の政務は行なわなければならない。長和二年（一〇一三）七月に妍子が産んだのは、後に禎子と名付けられる皇女であった。それに加えて、三条は長和三年（一〇一四）二月ごろから眼病を患い、政務の総攬に支障を来たすようになった(5)。

この時期の公卿議定としては、以下のものが見える。

・長和元年八月十七日　陣定で大嘗会行事・大祓使・抜穂使のことを議す（『小右記』『御堂関白記』）

この日、大嘗会行事・大祓使・抜穂使について議定した。『御堂関白記』には、議定の結論だけを記した簡単な記事しかないが、『小右記』によると、けっこう大変だったようである。すでに内大臣公季、大納言実資、権大納言斉信、中納言隆家、権中納言俊賢が内裏に参入していたにもかかわらず、道長が陣座に向かって大嘗会について定めようとしているのに、定文を執筆するはずの参議は皆、故障を申して参入しなかったのである。

道長は実成と経房を召させたが、病悩を申してきた。あれこれの者は、「参議がいないとはいっても、主に詞で定め申したとしても、何事が有るであろうか」と言い出し、異例の陣定が始まった。実資が、諸国の申請した事項を詞で諸卿に伝え、諸卿はそれに答え、道長も実資に賛同した。後に諸卿は、「国司の申請に随って、事の決定が有るのである。事の趣旨は、式によって行なわれるべきである。僉議に及ぶことではない」と言った。それほどの軽事ということなのであろうか。

・長和元年九月二十二日　陣定において宋人来着、大和及び加賀百姓の愁訴を議す（『御堂関白記』『小記目録』）

この日は『小右記』の記事が欠けており、『小記目録』には「陣定の事」としか記されていない。『御堂関白記』によると、人々は陣定に遅参し、晩方に雨が止んでから内裏に参入した。宋人を安置するか否かについて、諸卿は、代始めであるから安置されるのが宜しいと述べ、三条天皇も安置せよとしたうえで、「交易唐物使を遣わすべきかどうかを議定せよ」と命じた。議定の結果、交易唐物使を停め、大宰府に然るべき物を召し上げさせるべきであるとの意見が出た。また、大和国の百姓が申した大和守藤原輔尹の延任と、加賀国の国司源政職と百姓の紛争について議定した。前者は、延任を許さないこと、後者は、両者をともに勘問することと決した。また、西大寺別当と法隆寺別当について議定した。

これも活発な議論が行なわれたのではなく、どうも道長か誰か特定の公卿が意見を出すと、皆がそれに賛同するといった次第が推察される。

・長和元年十月十一日　不堪佃田定（『御堂関白記』『小記目録』）

『小右記』は十月の写本がなく、『小記目録』に「陣定の事不堪の定有る事。」としか記されていない。『御堂関白記』にも、「左仗座に着し、去ぬる七年の不堪佃田の事を相定む」としか見えない。

・長和元年十二月八日　陣定を行ない、朝拝侍従及び荷前使発遣の日時を議す（『御堂関白記』『小記目録』）

これも同様に、『小記目録』に「荷前使定の事」、『御堂関白記』に「朝拝侍従・荷前使を定む」としか記されていない。

・長和元年十二月九日　陣定を行ない、加賀の百姓の愁訴を議す（『御堂関白記』）

前年の不堪佃田定と、先に問題になった加賀守政職を召問し、それに基づいた議定が行なわれた。百姓が参上しなかったというので、政職は免された。ただし諸卿は、政職の行なったところは軽々しいと盛んに云々した。

・長和元年十二月二十五日　改元定（『元秘別録』所引『小右記』、『改元部類記』所引『権記』、『御堂関白記』）

年も押しつまった十二月二十五日、長和への改元が行なわれた。『小右記』や『権記』の逸文によると、道長、大納言藤原道綱・実資、中納言時光、参議実成・藤原通任・頼定が議定し、勘申された三案のうち、「長和」がまあ宜しいということになり、三条天皇の裁可を経て決定した。あまり良い元号ではなかったが、年を越えてはならないというので、決まったとのことである。

・長和二年（一〇一三）二月二十三日　陣定において所充・不堪佃田・祈年穀奉幣使・季御読経を議す（『小右記』『御堂関白記』）

この日の陣定には実資は参入せず、翌二十四日に、「「昨日、祈年穀御幣使および季御読経の僧名を定められた」と云うことだ」と伝聞記事を記すのみである。『御堂関白記』には、「左仗座に着した。所充の文を申上させた。不堪佃田文二枚を加えて申上させた後、祈年穀奉幣使を定めた。日時勘文を添えて奏聞した〈二十七日である。〉。天皇はそれを返給された。外記に下して、弁に施行を命じた。左中弁（藤原経通）であった」とある。この時も活発な議論があったようには見えない。

・長和二年三月二十五日　陣定を行ない、大仁王会・公卿分配及び初斎宮御禊の行事を定む（『小右記』『御堂関白記』『小記目録』『本朝世紀』）

『御堂関白記』『小記目録』『本朝世紀』には簡単な記事しかないが、『小右記』の翌二十六日条には、実資が前日の仁王会定を、大外記菅野敦頼に問い遣わしたところ、すぐに書き送ってきた。実資は議定の結果のみを、おそらくは具注暦に貼り継いでいる。議定の様子はわからない。

・長和二年四月二十七日　陣定を行ない、諸司申請雑事及び諸国交替使を議す（『御堂関白記』）

『小右記』はこの日の記事を欠き、『御堂関白記』には、諸司申請雑事と、河内・越前・石見国の交替使を定めたことが記されている。また、三条天皇は、薩摩守大江清言の辞表を納《い》れるかどうかを議定せよと命が来て、諸卿は辞表を納れるべきであると定めた。

・長和二年五月二十七日　陣定を行ない、賑給使を議す（『御堂関白記』）

これも『御堂関白記』に、「左仗座に着して、賑給使を定めた」としか記されていない。

・長和二年九月十七日　陣定を行ない、諸社行幸行事及び季御読経僧名を議す（『小右記』『御堂関白記』）

『小右記』『御堂関白記』ともに、石清水行幸の行事と秋季御読経の僧名を定めたとしか記していない。『小右記』では翌十八日条に、行事に定められた人々の名を列挙している。

・長和二年十月十日　陣定を行ない、諸国検交替使を議す（『御堂関白記』）

これも『御堂関白記』に、左仗座で尾張・三河・信濃国の検交替使を定めたことが記されているだけである。

・長和二年十二月七日　不堪佃田定（『御堂関白記』）

『小右記』は十二月の記事をすべて欠いている。『御堂関白記』は、不堪佃田を定めたことを記すだけである。

・長和二年十二月二十日　擬侍従、荷前使を定む（『御堂関白記』『小記目録』）

『小記目録』は「陣定の事」と、『御堂関白記』は「朝拝侍従と荷前使を定めた」と記すだけである。

・長和三年五月二十四日　内裏造営定（『小右記』『小記目録』）

『御堂関白記』は長和三年の記事をすべて欠いている。三条天皇に退位を迫ったこの年の巻を、道長は「破却」させたのであろう。なお、翌長和四年（一〇一五）の巻が残っているのは、准摂政となった記事を残しておきたかったためであろうか。

四月六日に予定されていた内裏造営定は、道長は針を踏み立てて参内できず、実資も参っていないことから、五月二十四日まで延期された。これほどのんびりしているのは、内裏造営を急ぎたい三条天皇に対し、それを邪魔したい道長の思惑を公卿たちが忖度しているためであろう。

『小右記』によれば、道長の直廬にいた斉信・公任、および他の公卿が陣座に来て、顕光と公季もやって来て、議定が始まった。参入したのは、道長・顕光・公季、権大納言斉信・公任、権中納言俊賢・行成・懐平・藤原教通、参議経房・藤原兼隆・道方・通任・藤原公信の一四名であった。

その結果、造宮別当と行事の人々が定められ、懐平を別当としたいという三条天皇の希望を無視して、道長の申請によって教通以下が定められた。内裏造営を引き延ばすためであろう。実資はこれを激しく非難している。なお、五月二十八日の議定が延期されているが、陣定は十月二十三日まで開かれていない。三条天皇の眼病が発症し、官奏も行なわれず、道長による退位要求が続いていて、それどころではなかったのであろう。

・長和三年十月二十三日　陣定において式部省試の判定を議す（『小右記』）

八月二十一日に行なわれた式部省試の判定が、陣頭において行なわれた。前日の督促に対して、実資は、公卿中には儒者がおらず、また貢士もいないと疑念を示し、翌二十三日の省試陣頭判には参らなかった。「左相国（道長）および作文の卿相が定めるのであろうか。必ず後の非難が有るであろう。また、勅定することも難しいであろう」ということで不参したものである。二十四日に結果を聞いた実資は、「今日の定は、ただ相府（道長）の意向による」と記している。

・長和四年（一〇一五）正月十六日　受領功過定（『御堂関白記』『小記目録』）

受領功過定が行なわれたが、『御堂関白記』『小記目録』ともに簡単な記事しか記していない。

・長和四年四月十三日　賀茂斎院御禊前駆定・位禄定（『小右記』『御堂関白記』）

この日、『御堂関白記』によると、御禊前駆と位禄の国充を定めたものの、三条天皇の眼の具合が悪かったので、官奏は奉仕しなかったと記されている。

しかし、『小右記』によると、三条天皇は扇の絵を覧ていたのであるが、参内してきた隆家に対し、「今日は心神の具合が宜しい。目は、まだ不快である。左大臣（道長）が、今日、参入してきたが、機嫌は宜しくなかった。これは、私の心地が頗る宜しいのを見て、むつかった（不愉快になった）のである」と語った。それを聞いた実資は、道長を「大不忠の人」と罵倒している。

・長和四年閏六月五日　陣定において相撲の可否、上総・下総の検交替使を定む（『小右記』『御堂関白記』）

六月一日に三条天皇は実資に改元の可否を諮問し、実資は「改元を行なわれるのが、もっとも宜しい事です」と奉答した。閏六月四日に道長は翌五日に改元定を行なおうとしたが、結局は行なわれなかった。

五日の陣定で道長、権大納言斉信・頼通、権中納言俊賢・懐平、参議経房・公信・藤原朝経によって議定されたのは、相撲節会の可否、施米勘文、上総・下総両国の交替使であった。議定の様子は記されていない。

なお、閏六月十四日、三条天皇は、内裏造営の遅延の処罰を定めるよう、道長に命じた（『御堂関白記』）。翌十五日になって、道長は渋々これを十六日に定めようと実資以下の諸卿に督促した。十六日に道長から、これを定めることの可否を問われた実資は、「今日は（凶事を避けなければならない）復日です」と答え、道長も「そうあるべき事である」ということで、後日に定めることが決まった。もちろん、後に陣定で議されることはなかった。

・長和四年八月二十七日　諸国申請雑事定（『小右記』『御堂関白記』）

『御堂関白記』は諸国申請雑事定が行なわれたこと、朝経が公卿になってはじめて議定に参加したことを記すのみであるが（実は閏六月五日に参加している）、『小右記』には、資平からの報告として、新任の国の国司が申請した雑事を定めたものの、受領の功過は定められなかったとのことが記録されている。

以上、第5期においては、三条天皇の病状が徐々に重くなっていったこと、年が下るにつれて道長だけでなく公卿層からの退位要求も強くなっていたこともあって、陣定は三年半、四十二箇月で二十回しか開かれていない。

これまで月に一回のペースで開かれていた陣定が、半分のペースになってしまったことは特徴的である。もっとも、第1期や第2期に月に一回のペースで開かれていた陣定も、三条天皇の即位儀礼に伴う陣定であったわけであり、総じて三条の時代には、陣定をはじめとする公卿議定は低調であったと言えるであろう。もちろん、積極的な議論が行なわれた史料は存在しない。

第6期（長和四年十月二十七日～同五年正月二十九日…三条天皇、左大臣兼准摂政藤原道長、中宮藤原妍子、皇后藤原娍子）

長和四年十月二十七日に道長を准摂政として政務を委ねた三条天皇は、「政務を左大臣に譲ることとする。もし左大臣の行なうところに非が有ったならば、必ず天譴に当たるであろう。これはうまく考えて思い付いたところであって、かえって道長にはよくない結果となって、我の息災となるであろう」などと実資に語るのであった。(6)この時期の公卿議定としては、以下のものが見える。道長は准摂政となっても一上を務めていたから、陣定が開かれれば参加していたのであろう。

・長和四年十二月二十一日　不堪佃田及び公卿分配を定む（『小右記』『小記目録』）

この日に行なわれた不堪佃田定には、実資は「所労」を称して参らなかった。資平に問い遣わしたところ、「不堪佃田定は、他の事が無いわけではありません。諸卿が多く参りました」ということであった。多くといっても、どれほどだったのであろう。なお、道長は、「御仏名会始に参入した」と記すのみで、不参だったのであろう。

・長和四年十二月二十七日　内裏造営定（『小右記』『御堂関白記』）

新帝敦成親王（後の後一条天皇）が入るべき内裏の造営定は、道長にとってそれまでのものとは異なる意味を持っていたことであろう。『御堂関白記』にも、内裏を造営する国充について記している。なお、この日、道長は三条天皇の譲位日時を勘申させているが、もちろん、そちらの方をより詳しく記している。実資の方は、腰下に病悩があって、この陣定に参入しなかったが、議定の結果を資平に問い遣わし、また公任からも書状が届いている。翌二十八日条には、造営定の結果のみを簡略に記している。

以上、第6期においては、三条天皇の譲位が政治日程に上るという状況のなかで、陣定は三箇月で二回しか開かれていない。道長としても、三条譲位や、敦成親王の践祚にともなう新東宮の選定に神経を使い、他のことにはなかなか気持ちが向かなかったのであろう。

おわりに

これまで三条天皇の治世における公卿議定について見てきた。四年半五十七箇月において行なわれた議定は合計二十九回（うち、御前定は一回のみ）。平均すると一・九七箇月に一回というペースになる。しかも、即位に伴う議定が五回あり、それを除く一般政務に関わるものとなると、五十七箇月で二十四回、二・三八箇月に一回となる。

一条天皇の時代、特に長保、寛弘年間は『小右記』の残存状態が悪いこと、三条朝には『権記』の写本が残っていないことを考え併せると、この差は実質的にはさらに大きいものだったであろう。

さらに目を引くのは、一条天皇の時代に目立った、どの公卿がどういった意見を述べたかという議定の経緯を明記した史料がないことである。これは偶然の史料の残り方の問題ではないだろう。三条天皇に頼りにされた実資の『小右記』がこの時期の主な史料であることを勘案すると、一条の時代のように、各公卿が積極的に意見を述べる雰囲気がなくなったことを意味しているものと思われる。

これは三条天皇と公卿との関係の問題なのか、あるいは道長の権力の問題なのか、今はわからないが、いずれにしても、それぞれの公卿（や実務官人）にとって、時代の変遷を実感したことであろう。

　また、政権構造や後宮情勢の変遷によって六期に分類したが、そのような歴史条件による変遷も、あまり感じ取れなかった。むしろそれよりも、三条天皇自身の健康状態で時期を分けた方がよさそうである。

　各参画者が活発に意見（「懐う所の理」）を述べることのできる時代、そして天皇と執政者と公卿が意見を戦わせ、すり合わせて最終的な政治決定にたどり着く時代。一条朝から引き続いて三条朝の議定に参加した公卿たちは、「理想的な摂関政治」が機能した時代として、一条天皇の時代を回顧したであろうことが、公卿議定の側面からも窺えるのである。

　そしてその先に待っていたのは、道長が摂政として天皇権力を代行する時代、また関白頼通による長期政権であった。

註

（1）倉本一宏「一条朝の公卿議定」（『摂関政治と王朝貴族』二〇〇〇年、吉川弘文館、初出一九八七年。原題は「一条朝における陣定について――摂関政治像再構築のための一試論――」）。
（2）『権記』長徳四年三月十二日条（伏見宮本）。
（3）『日本紀略』長保元年三月十六日条、『御堂関白記』長保元年三月十六日条（古写本〈平定家筆〉）。
（4）『御堂関白記』寛弘八年六月十三日条（自筆本）。
（5）倉本一宏『三条天皇――心にもあらでうき世に長らへば――』（ミネルヴァ書房、二〇一〇年）。
（6）『小右記』長和四年十月二十六日条（広本・A系、前田本甲）。

第五章　『権記』に見える配偶者の表記

はじめに

自分の配偶者をどのように呼称するかというのは、時代相を反映して、なかなか興味深い問題である。私は先に、「『御堂関白記』に見える「女方」」という一文を草し[1]、『御堂関白記』において、藤原道長が配偶者である源倫子と源明子をどのように呼称しているかを述べた。

その集計結果を簡単に示すと、倫子は「女方《にょうぼう》」三〇七回、「女房《にょうぼう》」五回、「内方《ないほう》」六回、「女」が四回、「三位」が一回、「家女」が二回、「産婦」が二回、「源倫（子）」が一回、「母（母々・波々）」が一七回、「土御門」が一回、「家北政所」が一回、「女一位」が一回、「一位」が一回、「倫子」が一回といったところ、一方の明子は「堀河辺」が二回、「近衛御門」が三〇回、「母（母々）」が三回、「女方」が一回となる。

本来は宮仕え女房を指す語である「女房」や、その簡略化した表記である「女方」、また本来は他人の妻を示す語である「内方」でもって、自分より年長で天皇家に連なる倫子を呼称している点（位階は道長よりも上である）、まさに道長の面目躍如といったところである。なお、明子の許（「近衛御門」）に赴いている際には、倫子のことを「土御門」と居住地で記している（寛弘六年〈一〇〇九〉三月二十七日条〈古写本（平定家筆）〉）ことを申し添えておく。

なお、現存『御堂関白記』において、四六一回見られた「女方」という語の内訳は、倫子を示すものが三〇七回、宮仕え女房を示すものが一五一回、源明子が一回、藤原教通室（藤原公任女）が二回であった。

この「女方」という表記は、ほぼ『御堂関白記』独自のものである。『九暦』『左経記』『殿暦』に宮仕え女房の意味でそれぞれ一回出てくる以外は、『貞信公記』『小右記』『春記』『土右記』『中右記』『民経記』『後二条師通記』など他の古記録には、まったくこの表記は見られなかった。

一方、「女房」という表記は、『御堂関白記』では倫子を示すものが五回、宮仕え女房を示すものが八回である。『小右記』においては、一九九例のうち、一五例ほどが婉子女王以外の配偶者を「女房」と記しているが、いずれも比較的身分の低い配偶者であり（元婉子女王の女房で、後に実資の女房となり、子を産んだ女性など）、基本的には「内方」「女人」「母」などの表記が多い。詳しくは次章で述べる。

一　最初の配偶者をめぐる表記

いくつかの古記録は、東京大学史料編纂所の「古記録フルテキストデータベース」や大日本古記録[2]の索引を使えば、簡単に検索できてしまうのであるが、藤原行成が記した『権記』については、いまだ活字本の定本が完成しておらず[3]、また索引やデータベースも存在しなかったことから、集計に困難を来たしていた。

私は先般、『御堂関白記』に続いて、逸文も含めた『権記』、そして『小右記』の訓読文と現代語訳を完成させ、訓読文については勤務先のウェブサイトでの公開、現代語訳については書籍での刊行を行なった[4]。

この訓読文と現代語訳という二つのツールを使えば、様々な検索が可能になるのであるが、取りあえずここでは、何年も前から興味を持っている配偶者表記について、『権記』における例を考えてみることにしよう。現代語訳を作る過程において、その妻に対する行成の思いに、いささか感慨深いものがあったことにもよる。

藤原行成配偶者系図

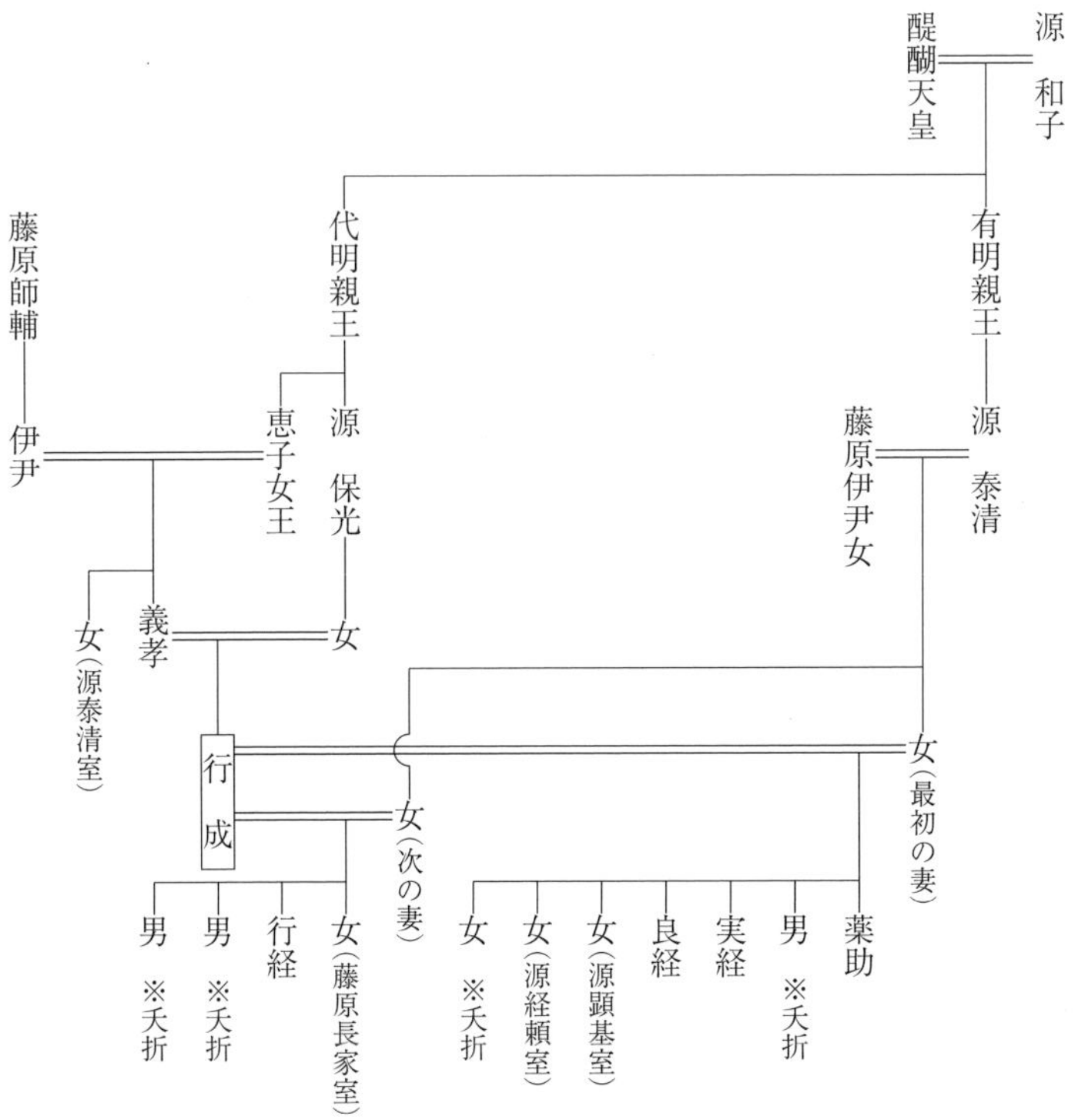
源　和子
醍醐天皇
有明親王
代明親王
源　泰清
藤原伊尹女
源　保光
恵子女王
藤原師輔
伊尹
義孝
女（源泰清室）
女
女（最初の妻）
行成
女（次の妻）
薬助
男　※夭折
実経
良経
女（源顕基室）
女（源経頼室）
女　※夭折
女（藤原長家室）
行経
男　※夭折
男　※夭折

『権記』においては、『御堂関白記』のように自分の妻を「女方」と記述した例はないが、「女房」であれば、何回か記述に使用している。そしてその表記の事情は、かなり興味深いものであった。

それは行成が道長とは異なり、嫡妻の死去にともなって次の嫡妻を儲けていることによる。道長の場合、初婚の倫子が一貫して嫡妻の地位にあり、明子は相対的には低い地位に置かれていたが(5)、行成は嫡妻が死去すると、その同母妹と結婚し、やがてその女性が嫡妻の地位を継いだようなのである。

まず、行成は、永祚元年（九八九）八月、源泰清女と結婚した。行成は十八歳で従五位上左兵衛権佐、この妻は十三歳であった。泰清というのは、醍醐天皇第七皇子である有明親王の三男である。この泰清と藤原伊尹女との間に生まれたのが、行成の妻となった女性である。伊尹女の方も、醍醐天皇第三皇子である代明親王の長女である恵子女王と伊尹との間に生まれたのであり、父方・母方共に醍醐皇統の血を引く、名門の女性である。

ちなみに行成は、恵子女王と伊尹との間に生まれた義孝と、これも代明親王の次男である源保光女との間の子である。要するに行成とこの妻とは、行成の父方を通じても母方を通じても親族ということになる。

『権記』にこの妻（泰清女、姉の方）が登場するのは、結婚から九年後の長徳四年（九九八）以降のことである。最初は形ばかりの幼な妻であったものが、この頃までに、名実ともに「夫婦」と呼べる関係になっていたのであろう。なお、この年の十二月、彼女は、はじめて成人に至るまで成長することのできた実経を産んでいる（出産としては三回目）。

行成は長徳四年七月十六日条（伏見宮本）に、彼女のことを「孟光」と二回、記している。なお、「孟光」とは、自分の妻をへりくだっていう語である。後漢の梁鴻の妻で醜女であったとされる孟光の、『後漢書』「梁鴻伝」や『古列女伝』の故事からきている。つねに荊釵（いばらのかんざし）を付け、布裙（木綿のもすそ）を着て、おのが身を卑しくし、梁鴻の事をのみ重く思っていたと言われる。孟光が食膳を捧げる際には、その高さを眉と等しくして、夫を深く尊敬して仕えたという。「荊妻」(愚妻の意)という謙称の語源となった女性である。この梁鴻という人は、博学にして高潔、仕官を望まず、醜女孟光を娶って、覇陵の山中に隠栖したという。

以降、年毎にこの妻をどのように記述しているかを並べてみよう。

長徳四年　孟光(二例)・女人(二例)・母氏(二例)・室家
長保元年　母氏
長保二年　家女・母氏
長保三年　孟光・産婦・女人
長保四年(十月十五日まで)　室女・女人(二例)・孟光

基本的に、「女」「母」「室」という語が中心となっていることが読み取れよう。なお、長徳四年十月十八日条(伏見宮本)は、この妻が産んだ男子が死去した記事である。いささか感慨深い記事であるので、現代語訳を挙げてみよう。

未剋、去年に誕生した男児が亡歿した。嬰児であるとはいっても、容貌は甚だ美しかった。何日か熱瘡を煩っていた。今日、瘡気が少しおさまった。力気が無いのを見たので、母氏がいて擁抱していた。愛憫が甚しかったのである。幼少の児は気力が頼り無かった。そこで穢に触れない為に、私は東庭に下り立った。しばらくして、母氏が悲泣した。すぐに児が死亡したのを知った。この夜、(源)為文朝臣の宅に宿した。

そして長保四年(一〇〇二)初頭、この妻が最後の懐妊をした。二月九日条(伏見宮本)には、「今夜、室女は、私と共に明月を見る夢を見た」という記述がある。出産にともなう生命の危機を、妻は感じ取ったのであろうか。

九月二十六日条(伏見宮本)には、今度は行成が、次のような夢想を記している。

前夜の夢想で、淫事を行なったことは、甚だ不浄であった。これは先日、桃園(世尊寺)において祈り申し

図1　『権記』長保四年十月十日条（伏見宮本）（宮内庁書陵部所蔵）

たものである。今、この夢は最も感応が有った。

衰えいく妻に対して、いま一度、情を交わしたいという願いであったのだろうか。十月十日条（伏見宮本）は、この妻を「孟光」と記述した最後の記事である（図1）。

そして十月十六日、この妻女は臨終出家を遂げたうえで、生まれた女児と共に最期の時を迎える。この日の呼称は、「産婦」、「病者」（二例）、「尼」（三例）、「母」というものである。死亡の記事は、次のようなものである。

丑剋、気はだんだんと絶えた（年は二十七歳である。）。悲慟の極まりは、何事がこのようであろうか。臨終を示した頃には、心神は乱れていなかった。去る永延三年八月十一日以後、今まで十四年。母子の命は、一日で急に没した。松蘿の契りは千年だが、変わってしまった。生んだ子は合わせて七人である。三人がすでに夭逝した。

この時代、結婚記念日を覚えている人は、どのくらいいたのであろうか。その後は、主に法事の記事に、次のように記述されている。

長保四年　亡者・亡室
長保五年　亡室（二例）
寛弘元年　小児等の母
寛弘三年　児等の母

全部を合わせると、「女人」五例、「母氏」四例、「尼」三例、「孟光」四例、「産婦」二例、「病者」二例、「室家」「家女」「室女」が各一例、そして死去の後に「亡室」三例、「母」「亡者」「小児等の母」「児等の母」が各一例、全部で三〇例ということになる。そしてその後は、法事も含め、この妻のことは『権記』から消えるのである。

二　二人目、そして最後の配偶者をめぐる表記

最初の妻が死去した、おそらくは翌年、行成はその同母妹と結婚する。行成は三十二歳、従三位参議兼侍従になっていた。

この二番目の妻が最初に登場するのは長保五年（一〇〇三）十一月九日条（伏見宮本）で、その呼称は「女房」である。そしてその後の呼称の変遷は、以下のとおりである。

長保五年　女房
寛弘元年　女房（六例）・女人（二例）・家母（二例）
寛弘二年　家母（三例）
寛弘三年　孟光・女房（二例）・家母（三例）・女人（四例）・室家
寛弘四年　女人（四例）・室女・内方・家母
寛弘五年　女人（四例）・母氏
寛弘六年　母
寛弘七年　孟光
寛弘八年　女房

大まかに見て、「女房」から「家母」、そして「女人」へと推移し、ついにこの妻のことをも「孟光」と呼称す

るようになったと言えようか。

特に最初の妻に対しては一度も使うことはなかったのに、次の妻に対しては、最初から「女房」という呼称で記述しているという点は、この妻との初期の関係が反映しているのであろうか。はじめは、それこそ「女房」のような立場で行成と接し、やがて遺された子供たちの母代わりを勤めて「家母」と呼ばれ、後に「女人」と呼ぶような関係となり、ついには先の妻と同じく「孟光」とも記述するようになった、といったところか。

これも全部を合わせると、「女人」一四例、「女房」一〇例、「家母」九例、「孟光」二例、「室家」「室女」「内方」「母氏」「母」が各一例、全部で四〇例ということになる。

なお、この妻が長和元年に産んだ行経が、行成の息男の中でただ一人、公卿に昇進し（とはいえ、三十九歳で死去したため、従二位参議で終わっているが）、書の世界でも世尊寺流を継ぐことになる。

しかし、もっとも特徴的なのは、寛弘五年（一〇〇八）を境として、妻に関する記述が、『権記』にはほとんど見られなくなるという点である。長和元年（一〇一二）以降は、『権記』は儀式書や部類記といった諸書に引載された逸文としてしか残っていないため、家族に関する記述が引かれることがなかったのは、当然である。ただ、伏見宮本『行成卿記』としてまとまって残っている寛弘六、七、八年に、各一例ずつしか見られないというのは、行成の意識が、家族から他の場に向いていっていたことの証であろう。

行成が妻の記述をしなくなったことの機縁として、もしかしたら次のことが影響しているのではないかとも思われる出来事がある。寛弘五年九月十一日に、道長の女である彰子が敦成親王を出産したのに続いて、二十五日と二十六日、行成の家にも男子の双生児が生まれた。しかし、この子たちは二十七日と二十八日に相次いで死去してしまい、浄土信仰を奉じていた行成は、その遺体を鴨川に遺棄するのである。

この間の二十五日から二十七日にかけては、行成は妻のことを「女人」とか「母氏」と記述しているのであるが、道長家の栄華と裏表のこの悲劇には、行成もよほどこたえたのであろう、一条天皇の土御門第行幸も行なわれた十月には、行成は『権記』の記事を、ほとんど記録することができないでいる。そしてこれ以降、行成はほとんど家族のことを日記に記すことはなくなるのである。

おわりに

行成がはじめて妻のことを「女房」と呼称したのは、長保五年十一月九日条（伏見宮本）であった。この女性が実際に女房的な存在であったことも事実かも知れないが、道長が自己の配偶者を「女方」と呼称していることの影響も、多少はあったのであろうか。日常的な会話において、道長が倫子のことを「にょうぼう」と呼称していることがあり（発音は「女方」も「女房」も、どちらも「にょうぼう」である）、行成に多少なりとも影響を与えた可能性も、あながち否定できないのである。かつて考察したところであるが[6]、道長が儀式の違例を「猿楽の如し」とはじめて称するや、実資が『小右記』で同じく違例を「散楽の如し」と記述し始めたことと、軌を一にしているのであろうか。

以上、『権記』に見える行成の配偶者表記について考えてきた。このような様々な「考察」を、訓読文のデータベースや現代語訳のファイルを使えば、簡単にできてしまうということである。

基本的に自身の妻を「女人」と記述していた点、行成の感覚が垣間見られて興味深いが、一方では『権記』には、どう見てもこれまで述べた二人の妻とは思えない「女人」も、二回ほど登場する。まず、長保元年（九九九）十二月二日条（伏見宮本）では、

（藤原）輔公と同車して紅梅宅に到り、女人と逢った。

と見える。最初の妻を「女人」と呼称する表記が見られない長保元年において、行成は紅梅宅にいる女性を「女

人」と記述している。次いで長保三年（一〇〇一）九月五日条（伏見宮本）では、次のように見える。

帰宅した。途中で或る女人に逢った。

行成にとって「女人」とは、このような女性を指したのであるが、裏返せば、同居している妻のことも、同じように「女人」と記述している点、その女性観が窺えて、あれこれ様々なことを考えてしまう。

註

（1）倉本一宏「『御堂関白記』に見える「女方」」（『御堂関白記』の研究』第三部第三章、二〇一八年、思文閣出版、初出二〇一〇年）。国際日本文化研究センター「摂関期古記録データベース」によって、集計ミスを訂正した。

（2）東京大学史料編纂所・陽明文庫編纂『大日本古記録　御堂関白記』（岩波書店、一九五二～五四年）。

（3）史料纂集（渡辺直彦・厚谷和雄校訂、続群書類従完成会→八木書店、一九七八～九六年）本が三冊刊行されているが、寛弘八年と逸文を収めているはずの第四巻が、渡辺氏のご逝去もあって、なかなか刊行されないでいる。「摂関期古記録データベース」と『藤原行成「権記」全現代語訳』では、もちろん伏見宮本『行成卿記』や、逸文を引載した史料の原本調査を行なった。

（4）訓読文は「摂関期古記録データベース」（https://rakusai.nichibun.ac.jp/kokiroku/）、現代語訳は倉本一宏『藤原行成「権記」全現代語訳』（全三冊、講談社、二〇一一～一二年）、同『現代語訳　小右記』（全一六冊、吉川弘文館、二〇一五～二三年）。

（5）明子の地位の低さについては、先述の拙稿の他、梅村恵子「摂関家の正妻」（青木和夫先生還暦記念会編『日本古代の政治と文化』吉川弘文館、一九八七年）、野口孝子「平安貴族社会の邸宅伝領――藤原道長子女の伝領をめぐって――」（『平安貴族の空間と時間――藤原道長の妻女と邸宅の伝領――』二〇二四年、清文堂出版、初出二〇〇五年）を参照されたい。

（6）倉本一宏「摂関期古記録に見える「散楽の如し」」（『摂関政治と王朝貴族』二〇〇〇年、吉川弘文館、初出一九九八年）。

第六章　『小右記』に見える藤原実資の配偶者と表記

かつて「『御堂関白記』に見える「女方」」[1]、および「『権記』に見える配偶者の表記」[2]という小文を書いたことがあった。それぞれ、『御堂関白記』と『権記』の現代語訳を執筆した際に気付いた点を論じたものである。そのまま『小右記』に見える配偶者表記についても書いてもよさそうなものであったが、当時はその膨大な分量に気《け》圧《お》されて、とても考える余裕はなかった。

しかし、今般、『小右記』の現代語訳全一六巻を完結させ[3]、シンポジウムを基にした論集『『小右記』と王朝時代』[4]の校正を行なった結果、おぼろげながら『小右記』の全体像が見えてきた、ような気がする。今にして思えば、『御堂関白記』と『権記』の現代語訳を完結させた際にも、きっとそんな気分になっていたのであろう。以下、吉田早苗氏の論文「藤原実資の家族」[5]にも導かれながら、藤原実資の配偶者とその表記について整理してみたい。

さて、『小右記』を記録した実資の最初の妻は、十七歳のときの天延元年（九七三）に結婚した源惟正女であった。惟正は四世の文徳源氏で、右大弁相職の三男。従三位参議に上っている。実資は惟正の二条第に婿入りしたことになる。

惟正女は寛和元年（九八五）四月二十八日に女児を産んだ。しかし、薬延と名付けられたこの女子は、正暦元年（九九〇）七月十一日に死去してしまった。十三日に遺骸を東山の「今八坂の東方の平山」に置かせたが、十

藤原実資配偶者系図

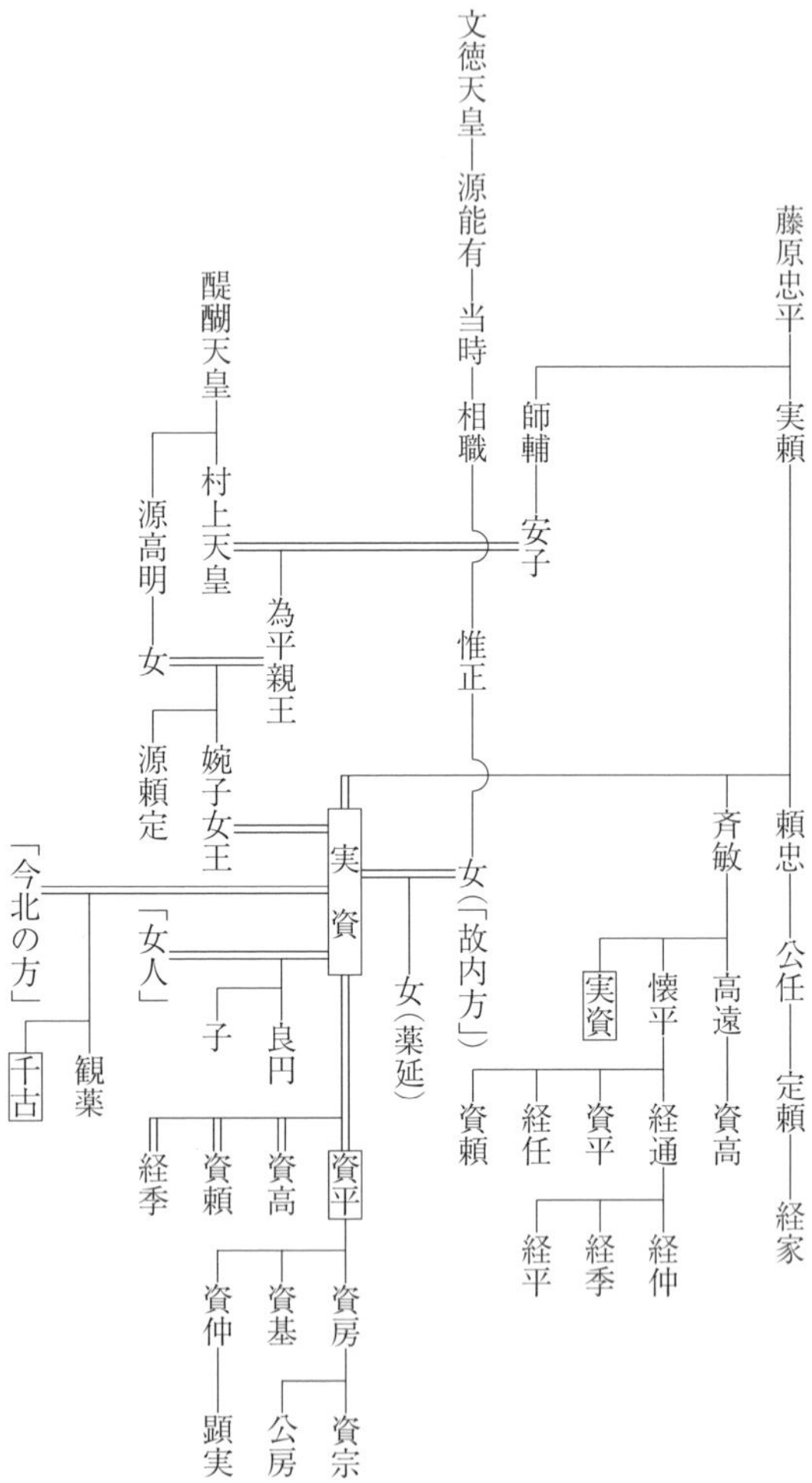

四日にはその遺骸はすでに形がなかった。

この妻は寛和二年（九八六）五月八日に死去してしまっていた。当年、実資は三十歳。『小右記』は寛和二年の写本がまったく残っておらず、実資が妻の死をどのように記録したかはわからない。わずかにそれが窺えるのは、翌永延元年（九八七）二月二十一日に法事定を行なった記事である。次いで五月三日に一周忌の法事を行なうために比叡山に登り、四日に周忌法事を盛大に行なっている。これらの記事では「故者」とか「故内方」と表記しているのが特徴である。生前にどのように表記していたかは、定かではない。

この後、『小右記』の写本は残りが悪く、次にこの亡妻のことが記録されているのは、正暦四年（九九三）五月八日条（広本・A系、九条本）に見える周忌法会の記事である。ただし、その後、『小右記』に亡妻のことが見えるのは、寛弘二年（一〇〇五）五月八日条（広本・A系、前田本甲）の遠忌の記事、そして下って万寿四年（一〇二七）五月八日条（広本・A系、東山御文庫本）の遠忌の記事のみとなる。前者では「亡室」、後者では「亡者」と表記されている。

なお、永観元年（九八三）に男子が誕生しているが、その母は「宮仕人」とされている（『大鏡』）。はじめは実資姉のいる室町殿に住み、後に小野宮に引き取られ、妾（または召人）となった。『小右記』には、「室町」を訪れている記事がしばしば見えるが、これは姉を訪ねているのではなく、この女性と逢っているのである。この女性は、正暦の終わりか長徳のはじめに死去したものと思われる。生母の関係から、生まれた男子は実資の後継者とはされずに出家した（法名は良円）。

面白い記事としては、永祚元年（九八九）六月十八日条（広本・A系、九条本）に、

今朝、小児が帰ってきた。穢であったので、清水寺に参らなかった。「内方は、今夜、室町から帰ってきた。迎え取られる所で、頗る怨むことが有った」と云うことだ。まったく拠るところが無い、拠るところが無い。

とある。「内方」は他人の妻への敬称に使うことが多いが、ここは誰かが実資室を敬って使っている。良円を産んだ女性のことであろう。その室が室町から小野宮に帰ってきた際に、実資を怨んでいたという記事である。この女性は自分の扱い、あるいは実資の迎えについて怒っているのに対し、実資は何で怒っているのかがわかっていないようである。実は実資はこの日、穢に触れていたのである。

なお、正暦三年（九九二）に「女人」が妊娠し、翌正暦四年二月九日に生まれたものの、児は夭逝してしまった。今度はその遺骸は、船岡の蓮台寺の南辺りに棄て置かせている。この女性のことは、一貫して「女人」と表記している。正式な妻ではなかったことによるもので、これも良円を産んだ女性のことであろう。

実資は正暦四年の秋に花山天皇の女御であった婉子女王と再婚した。二人目の妻である。実資は三十七歳、婉子女王は二十二歳の年のことであった。

婉子女王は村上天皇第四皇子為平親王の一女で、母は源高明女。寛和元年十二月に十四歳で花山天皇の後宮に入内し、女御となったものの、半年後の寛和二年六月に花山が出家してしまった。後に藤原道信と実資とが婉子女王を争ったとされるが（『大鏡』）、結局、実資の室となった。実資は小野宮と婉子女王のいる染殿との二重生活を続けたようである。なお、すでに二条第は売却し、それで小野宮東町を購入しようとしている。

ところが、この婉子女王も、長徳四年（九九八）七月十三日に二十七歳で死去してしまった。この年も『小右記』の写本はまったく残っておらず、実資の悲嘆を知ることはできない。長保元年（九九九）七月三日条（広本・A系、前田本甲）は、婉子女王の一周忌法事についてのもので、実資は婉子女王のことを「故女御」と表記している。高貴な身分によるものであろう。

婉子女王が死去した後は、実資は結婚することはなかった。そのなかで、はじめ婉子女王の女房となり、婉子女王の死後、実資の妾（または召人）となり、『栄花物語』で「今北の方」と称された女性（『大鏡』には婉子女王の同母弟である源頼定の乳母子とある）が、寛弘末年から長和初年の間に千古を産んでいる。

「今北の方」は貞元二年（九七七）の生まれである。実資よりも二十歳、若いことになる。長和二年（一〇一三）四月十九日に新造の網代車に実資や千古とともに試乗した際には「女房」、万寿二年（一〇二五）二月四日に千古たちとともに河臨祓を行なった際には「母」、三月八日に四十九歳の厄のため等身薬師如来像を造顕させた際と二十日から不動息災法を修させた際には「小女の母」と表記されている。

なお、寛弘二年二月十日条（広本・A系、前田本甲）に、「弁腹の小童」としてはじめて見え、童名観薬と称された男子がおり、寛弘八年十一月二十五日に明年正月の元服が定められている。ただし、この子の記事はその後は見えなくなる。その母も「今北の方」だったのであろう。この「今北の方」は、実資の死後に出家して「角殿の尼上」と称された(6)。

興味深い記事としては、寛仁元年（一〇一七）七月十一日条（広本・A系、前田本甲）がある。

左府（藤原顕光）の室家（藤原遠量女）の書状を伝えて云ったことには、「世間は無常です。旦暮は期し難いものです。一人の女子がおります。思うところは万端です〈この女子は、故右大臣（藤原）道兼の息女である。〉。汝（実資）に与えようと思います」ということだ。答えて云ったことには、「染殿女御（婉子女王）が亡没した後は、深く室家を儲けてはならないという事を戒め念っております。高貴な人々の御書状が有るとはいっても、承従しないものです」と。

この日、顕光の後妻（最初の妻は盛子内親王）から、道兼女との再婚を勧められたのだが、実資はもちろん、断わっている。この後妻は、顕光と結婚する前は道兼の嫡妻であったから、ここで勧められた女子は、この後妻の連れ子（道兼の二女。一女は藤原繁子が産んだ一条天皇女御の尊子）であった。道兼は長徳元年（九九五）に死去しているから、この女性は二十代後半くらいであろうか。六十一歳の実資としても面食らったであろうし、何より顕光の姻戚になることは躊躇われたのであろう。

以上、実資の配偶者とその表記について眺めてみた。複雑な婚姻関係を簡単に整理できるのも、現代語訳や訓読文の文書ファイルを検索できるおかげであると、これは意外な副産物であった。

註

（1）倉本一宏「『御堂関白記』に見える「女方」」（『御堂関白記』の研究』第三部第三章、思文閣出版、二〇一八年、初出二〇一〇年）。
（2）倉本一宏「『権記』に見える配偶者の表記」（本書第二部第五章、初出二〇一一年）。
（3）倉本一宏『現代語訳　小右記』（全一六冊、吉川弘文館、二〇一五〜二三年）。
（4）倉本一宏・加藤友康・小倉慈司編『『小右記』と王朝時代』（吉川弘文館、二〇二三年）。
（5）吉田早苗「藤原実資の家族」（『日本歴史』三三〇、一九七五年）。
（6）吉田早苗「藤原実資の家族」（前掲註（5））。

第三部

古記録と貴族社会

第一章　藤原兼通の政権獲得過程

はじめに――「前宮遺命」をめぐって――

円融天皇の摂政であった藤原伊尹が天禄三年（九七二）十一月に薨去すると、次の執政の座に就いたのは、当時の序列で九番目、その年の閏二月に参議から権中納言に任じられたばかりの藤原兼通であった。

この時の兼通政権の誕生をめぐっては、『大鏡』地「太政大臣兼通　忠義公」の流布本系諸本に、以下のような「説話」が見える。(1)

円融院の御母后、このおとどの妹におはしますぞかし。この后、村上の御時、康保元年四月二十九日にうせたまひにしぞかし。この后のいまだおはしましし時に、このおとどいかが思しけむ、「関白は、次第のままにせさせたまへ」と書かせたてまつりて、取りたまひたりける御文を、守のやうに首にかけて、年頃、持ちたりけり。御弟の東三条殿は、冷泉院の御時の蔵人頭にて、この殿よりも先に三位して、中納言にもなりたまひにしに、この殿は、はつかに宰相ばかりにておはせしかば、世の中すさまじがりて、内にもつねにまゐりたまはねば、帝も、うとく思し召したり。

その時に、兄の一条摂政、天禄三年十月に、うせたまひぬるに、この御文を内に持てまゐりたまひて、御覧ぜさせむと思すほどに、上、鬼の間におはしますほどなりけり。折よしと思し召すに、御舅たちの中に、う

天禄三年十月時点における公卿構成と系譜

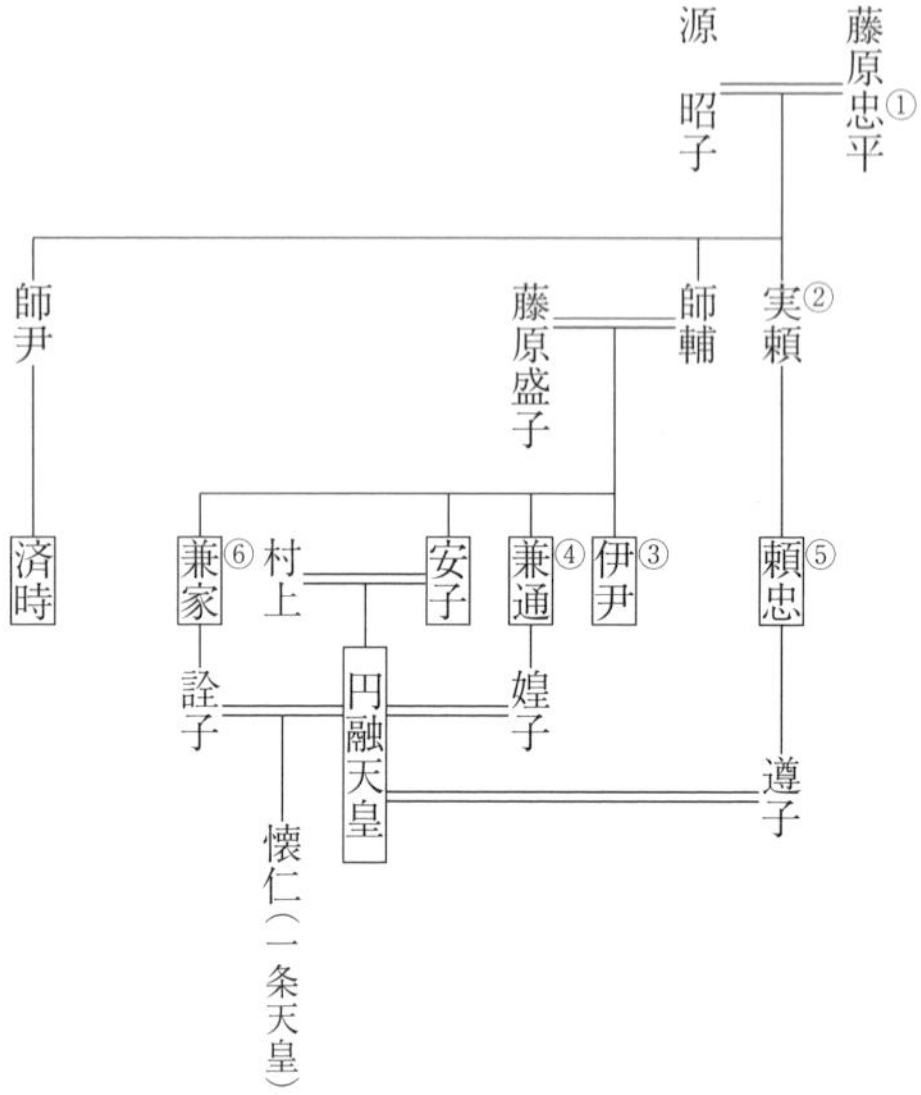

（丸付数字は、摂関任命順）

摂政・太政大臣	藤原伊尹	四十九歳
左大臣	源　兼明	五十九歳
右大臣	藤原頼忠	四十九歳
大納言	源　雅信	五十三歳
大納言	藤原兼家	四十四歳
中納言	藤原朝成	五十六歳
中納言	源　延光	四十六歳
中納言	藤原文範	六十四歳
権中納言	源　重信	五十一歳
権中納言	藤原兼通	四十八歳
参議	源　重光	五十歳
参議	藤原済時	三十二歳

（以下、略）

とくおはします人なれば、うち御覧じて入らせたまひき。さし寄りて、「奏すべきこと」と申したまへば、立ち帰らせたまへるに、この文を引き出でてまゐらせたまへれば、取りて御覧ずれば、紫の薄様一重に故宮の御手にて、「関白をば、次第のままにせさせたまへ。ゆめゆめ違へさせたまふな」と書かせたまへる。御覧ずるままに、いとあはれげに思し召したる御気色にて、「故宮の御手よな」と仰せられ、御文をば取りて入らせたまひにけりとこそは。さてかく出でたまへるとこそは聞こえはべりしか。いと心かしこく思しける

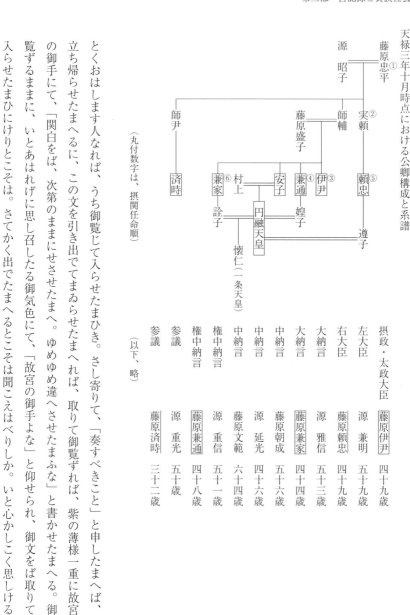

ことにて、さるべき御宿世とは申しながら、円融院孝養の心深くおはしまして、母宮の御遺言違へじとて、なしたてまつらせたまへりける、いとあはれなることなり。その時、頼忠のおとど、右大臣にておはしましかば、道理のままならば、このおとどのしたまふべきにてありしに、この文にてかくありけるとこそは聞こえはべりしか。東三条殿も、この堀河殿よりは上臈にておはしましかば、いみじう思し召しよりたることぞかし。

藤原兼通が、村上天皇中宮で円融天皇の生母であった同母妹の藤原安子に、生前、「関白は兄弟順に任ぜよ」という「御文」を書かせて首に懸け、これを円融に見せることによって、上位にあった藤原頼忠や弟の藤原兼家を超越して関白に任じられた、というものである。この有名な「説話」は、その写本の性格から、国文学界ではあまり顧みられていない(2)にもかかわらず、どういうわけか、ほとんどすべての日本史の概説書に記述されている(3)。この「説話」に関連して、当時蔵人であった平親信の記した『親信卿記』には、兼通が内大臣に任じられた理由として、

……其次被仰内大臣事。依外戚之重・前宮遺命也。奉仰退下。「有召仰事」云々。

という記述が見える(4)。外戚としての重みと、「前宮の遺命」による、というのである。この「前宮」を「前官」の誤りとし、伊尹の遺命と解している考えも見られるが(5)、陽明文庫所蔵『親信卿記』の原本調査を行なった結果、長承二年(一一三三)に平信範が書写した古写本では、明らかに「前宮遺命」と記している(6)。

いったい、「前官」という語は、「辞任するまで任じられていた官職」と考えるのが普通であろう(7)。「前官の遺命」となると、兼通の前官である権中納言の遺命ということになり、意味が通らない。仮に「前官＝前任者」と理解したとしても、これは兼通の内大臣任命について述べている語であり、その前任者となると、七十年以上も前に薨去している藤原高藤ということになってしまう。やはりここは、「前宮である安子の遺命」と考えるべき

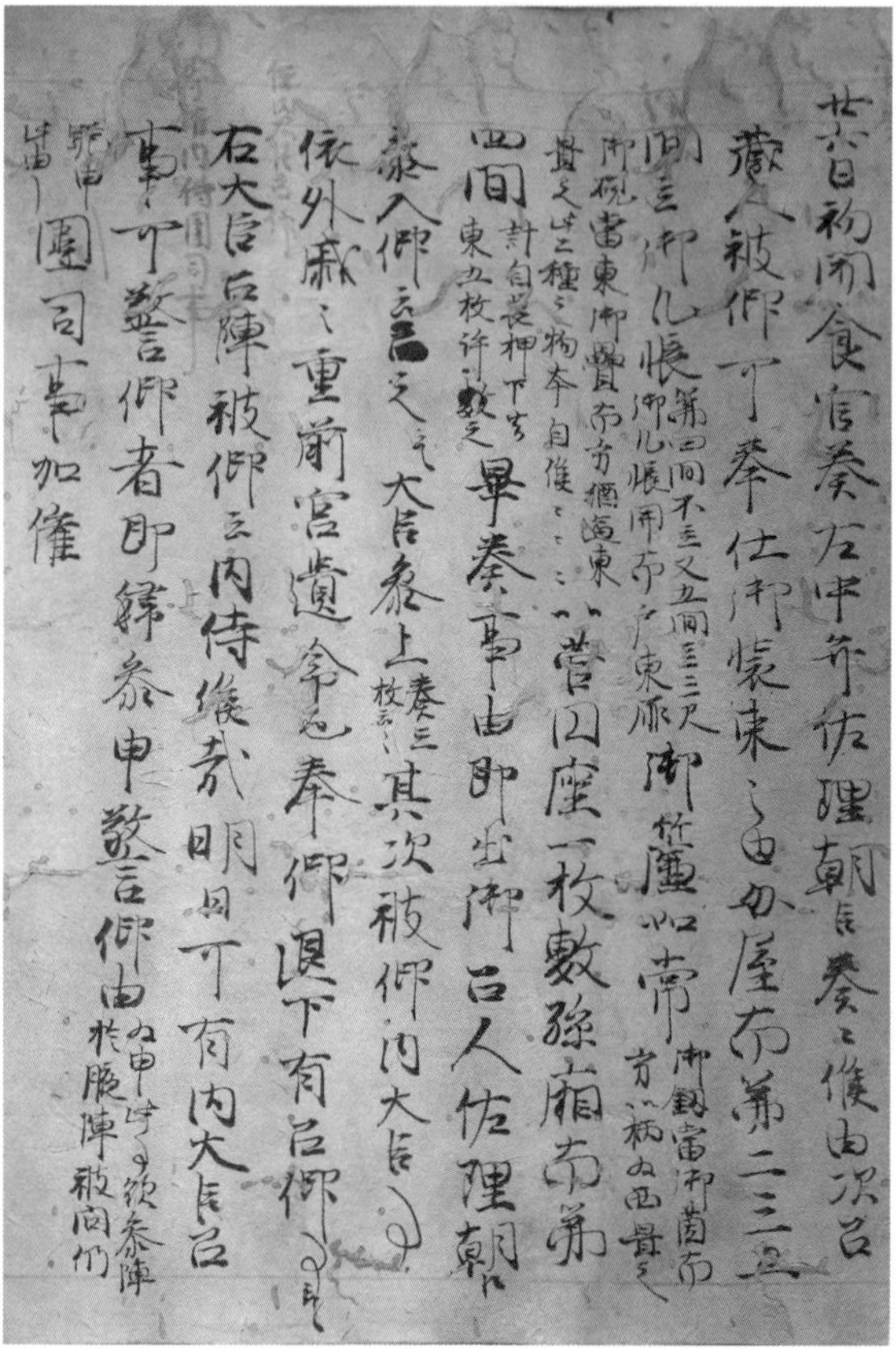

図1　『親信卿記』天禄三年十一月二十六日条（古写本）（陽明文庫所蔵）

であろう。

ちなみに、古記録における「前官」「前宮」の用例を国際日本文化研究センター「摂関期古記録データベース」によって検索すると、「前官」は『吏部王記』に一例（延長七年〈九二九〉正月十四日条、「前官権脱釼振靴」）、「前宮」としては、前述の『親信卿記』のほか、『権記』長保元年（九九九）十二月五日条（「前宮亮景斉朝臣」）、『小右記』長保元年十二月十二日条、『小右記』寛仁三年（一〇一九）四月二十五日条（「筥前宮」）、『左経記』寛仁四年（一〇二〇）六月五日条（「斎院前宮主仲遠」）に見えた。『権記』と『小右記』寛仁三年条、『左経記』は関係ないとして、『小右記』長保元年十二月十二日条（広本・A系、前田本甲）は、次のような記事である。

権大進道貞朝臣を以て、左府、命せて云はく、「前宮の七々の法事、若しくは奉仕すべき事有りや」てへり。然るべき事無き由を申さしむ。三条宮に於いて、今日より七个日を限り、阿闍梨證空を以て大威徳法を行なはしむ。阿闍梨鎮慧を以て金剛薬叉法を修せしむ。御存生の御願なり。

これは藤原道長の発言の中に出てくる語であるが、「前宮」はこの月の一日に亡くなったばかりの冷泉天皇中宮であった昌子内親王のことを指すものであり、『親信卿記』に類似する用例と言えよう。[8]ただし、この『親信卿記』の記事によって、流布本系『大鏡』の「説話」の史実性が証明されるわけでもない。何らかの「安子の遺命」が存在したことは確かなようであるが（その内容については、後に推測する）、むしろ、『親信卿記』（や、同じような内容を記した古記録）のこのような記述を見て、それに尾鰭を付けた流布本系『大鏡』の「説話」が創作されたと考える方が自然であろう。このような政権交代に関する秘事（たとえば、道長政権成立時における一条天皇への詮子の談判）を書きたがる東松本『大鏡』にこの記事がないということは、原『大鏡』の成立時点では、作者は『親信卿記』などを見ていなかったと考えられるのである。[9]

前置きが長くなったが、本章においては、このような「説話」が形成される基となった藤原兼通政権の成立過程を解明し、その成立の要因を推定することによって、摂関期の権力構造の本質に関わる問題に触れたい。

一　藤原兼通の政権獲得過程

従来、いわゆる「一般書」においては、天禄三年十一月一日の伊尹の死、もしくは天禄三年十一月二十七日の兼通の内大臣就任の時点において、すでに兼通が関白詔を蒙った、とする記述が一般的であった。[10]しかし、兼通が関白詔を蒙ったのが、その一年半後の天延二年（九七四）三月二十六日であったことは、明らかである。

兼通政権の成立については、諸史料が錯綜・矛盾しており、なかなかその経緯を確定できないでいるという状況であるが、これまでにこの問題に関して専論を著わされているのは、山本信吉[11]・米田雄介[12]・春名宏昭[13]の三氏である。この三氏の所論も、なかなかに複雑であるので、以下に年表風に整理して引用してみる。

・山本信吉氏説

天禄三年十月二十七日　円融天皇は兼通より申請のあった内覧宣下および内大臣就任のことについて直接許可を与え宣旨を下された。

次いで同日円融天皇は兼通を御前に召して前の宣旨の趣きを改め、伊尹の代りに政務を補佐すべきことを命ぜられた。

その後　　　　　内大臣のことについては召仰の儀が一向に進展しなかった。

天禄三年十一月二十五日　天皇は右大臣藤原頼忠にその促進方を催促された。これに対して頼忠は中納言より内大臣昇任のことは先例がなく、大納言あるいは内臣より進む例であること、更に又その後天皇よりの仰せがなかったことを理由にその準備を保留していたが、天皇の再度の命によって召仰のことを承諾した。

天禄三年十一月二十六日　官奏の次いでに内大臣召仰が行われ、その理由は外戚の重臣であること、並びに母后中宮安子の遺命に基づくものとされた。

天延二年三月まで　　　　内覧として諸政を執行する傍、内大臣としても太政官諸政の公事を奉行していたらしい。

天延二年二月二十八日　太政大臣に進んで太政官の筆頭となった。

天延二年三月二十六日　　待望の関白の地位についた。

・**米田雄介氏説**

天禄三年十月二十七日　　兼通は伊尹が政務を行えない間という限定付きではあれ太政大臣の公務代行を命じられた。

ついで天皇みずから補弼を命ずるという手続きをとった。

天禄三年十一月一日以降　伊尹の薨去後も引続き内覧の任を勤めていたようである。恐らくそれは前掲宣旨が下されたとき、円融天皇から補弼を命ぜられたことに基づくのであろう。

一年五ヶ月後　　関白太政大臣に昇りつめ、文字どおり官位第一の人となって朝廷内外に君臨することになる。

・**春名宏昭氏説**

天禄三年十月二十七日　　兼通は、安子の遺言を盾に、伊尹病臥の間に権中納言のまま内覧となった。

天禄三年十一月一日　　伊尹の死去によって兼通の内覧も停止された。

天禄三年十一月一日以降　兼通は、内大臣として太政官の政務を行うことによって摂関たりうる能力を持っていることを示さなければならなかった。

天延二年二月二十八日　　太政大臣正二位となって太政官首座に位置した。

天延二年三月二十六日　　晴れて関白の詔を受けた。

以上、兼通政権の成立に関する三氏の説を整理してみた。三氏の兼通政権成立過程に関する考えは、特に天禄三年十一月一日の伊尹薨去後の兼通の地位に関して、それぞれ微妙な相違が見られることが読み取れよう。以下、兼通の政権獲得過程を、日付を追って整理・解読し、この問題を明らかにしたい。

なお、その際、従来は何故かほとんど利用されることのなかった、師尹男で当時参議であった藤原済時の記した『済時記』[14]を、重要な史料として使用する。また、『親信卿記』天禄三年十一月二十五日条（古写本）は、叙述の時間相が錯綜している。これを時間順に並べ替えて、時間の座標軸に正しく振り分ける。

天禄三年（九七二）

十月二十一日　摂政太政大臣伊尹は、病に依って上表した[15]。

十月二十二日　兼家と兼通は、円融天皇の御前において、伊尹の摂政辞職を奏上した後、新執政就任について争論し、口汚く罵り合った。『済時記』天禄三年十月二十二日条には、

蔵人為長、来たりて云はく、「太相府の辞表の事、右大将・藤納言、共に竜顔に候じ、皆、停めらるべき由を奏す。然る後、互ひに此の事を承り行なふべきを争ひ、執論する間、已に罵詈に及ぶ」と云々。

とある[16]。ここに見える、兼家と兼通が伊尹の辞任を要請したうえで、円融天皇の御前で「承り行なふ」ことを争った「此の事」とは、何だったのであろうか。大納言や権中納言に過ぎない両者とも、摂政や関白への就任は不可能と知っていたはずであるし、当時は左右大臣も塞がっており、それへの就任も無理であった。しからば、この時点で、「内覧」という地位が、すでに選択肢として浮上していた可能性もある。

十月二十三日　伊尹の上表を承け、摂政のみが停められた。『親信卿記』天禄三年十月二十三日条（古写本）に、

勅答有り。其の詞に云はく、「只、摂政を停め、自余を行なふこと、故のごとし」と云々。召しに依り、御前に参る。表を給はりて、右大将に奉る〈便ち侍に於いて之を奉る。〉。右大将、成業内記并びに弁等、候ぜざるに依り、事の由を奏す。蔵人近江権大掾藤原惟成を以て、勅答を作らしむ〈惟成の父雅材、蔵人たりて多く勅答を作る」と云々。〉。大将、草を奏せしむ〈侍に於いて召す所の柳筥に之を入れ、奏せしむ。先例を聞くべし。但し、古人、云はく、「猶ほ陣に於いて作者、此の文書を奉るべし。内記、候ぜば、草を持た

しめて、奏せらるべきか」と云々。〉。返給する後、清書せしめ、弓場に参りて奏せしむ〈内記、之を持ち候ず。黄紙二枚を請ふ。〉。清書を御所に留む。左近少将高遠を召し、里亭に遣はす。本の筥に入れ、本のごとく之を裹む。

私、案ずるに、若しくは表を給はる時、入れながら蔵人に下し給ひ、蔵人、表を取り出だす。勅答の時、仰せを承り、本のごとく筥に入れ、次将に給ふべきか。

「高遠、丑時ばかり、帰り参り、返事を奏す」と云々。

と、また『済時記』天禄三年十月二十三日条に、

伝へ聞く、「右大将、仰せを奉り、勅答を太政大臣に給ひて曰はく、「摂籙、請ひに依りて停めよ。自余、本のごとし」てへり。内記、候ぜざるに依り、蔵人惟成をして、之を作らしむ」と。臣下の上表、蓋し数度に及ぶと雖も、百王の恒典、輙く請ふ所を許さざるなり。而るに丞相、病の後、始めて此の表を上り、即ち摂行を停むるは、甚だ旧典に乖く。誠に人主の前鑑に暗しと雖も、亦、是れ相国の不忠の致す所なり。去春以来、世の云々、街衢に盈満す。蓋し此の故に依るか。

と、それぞれ見える。注目すべきは、兼家（「右大将」）がつねに円融天皇に近侍し、勅答草を奏聞したり、勅答を伊尹に宣下したりしていることである。ここには、伊尹政権に幕を引き、自分が取って代わって執政の座に就こうとする兼家の強い意志が窺えるが、この強引な態度が円融の心証にどのように影響することになったかは、また別問題である。

それにしても、済時の政治的立場もまた、特筆すべきであろう。伊尹の上表が一度で認められたことに対して、「相国の不忠の致す所なり」と言ったのは、九条流と対立する小一条家の惣領として、また、この年の閏二月まで兼通の次席に位置していた人物として、理解できなくもないが、「誠に人主の前鑑に暗しと雖も」とは、痛烈

な天皇批判である。これは『済時記』十一月二十七日条にも、済時はほぼ同文に記しているが（後掲）、この時期のものとしては、特異な例であろう。また、「去春以来、世の云々、街衢に盈満」していたというのも、公卿社会は何を云々していたのであろうか。

十月二十六日　この日、右大臣頼忠は、済時と時勢について会談している。『済時記』天禄三年十月二十六日条に、

　　早旦、右府に参り、世事の報を諧す。良久《やや》しく言談す。

と見えるのがそれである。この会談の内容が伊尹後の政権担当に及んでいたであろうことは、容易に想像できる。後に済時が「殊に亦、右府、諍はざるの致す所なり」（天禄三年十一月二十七日条）と慨嘆しているのは、この時の頼忠の態度も指しているのであろう。

十月二十七日　頼忠は、官奏に候じた。[17]藤原氏ただ一人の大臣としての職務執行であろう。

そしてこの日、円融天皇は兼通に内覧代行を命じた。『公卿補任』天禄三年に、

　　権中納言 従三位 藤兼通 四十八　……十月二十七日、宣す、「太政大臣、事に従はざる間、宜しく公務を勤行すべし」てへり。即日、又、御前に召して曰はく、「朕、未だ其の事に堪へず。汝、輔佐すべし」てへり。……

と見えるものがそれであるが、[18]どうもこの宣下は、二段階にわたっていたようである。

まず円融天皇は、「太政大臣（伊尹）、事に従はざる間、宜しく公務を勤行すべし」との内覧宣旨を兼通に下した。

次いで円融天皇は、兼通を御前に召し、「朕、未だ其の事に堪へず。汝、輔佐すべし」という仰せを口頭で伝えた。この口頭宣下は、『親信卿記』天禄三年十一月二十五日条（古写本）にも、

……又、権中納言藤原朝臣、申す所の事、去ぬる月二十七日、面前に仰せ了んぬ。

と見えるものであるが、これによると、兼通もまた、兼家と同様に執政への就任を円融に奏請していたのである。「安子の遺命」が兼通から円融に伝えられたとすると、この時期がまず想定し得る。

前者の宣旨（文書による補任）に見える「勤行公務」と円融天皇の仰せ（口頭による宣下）に見える「輔佐」とは、同じ内容を指していると考えるべきであろう。山本氏は後者について、「前の宣旨の趣きを改め、伊尹の代りに政務を補佐すべきことを命ぜられた」と考えられたが、この二者は一連の、文書の発給と口頭による宣下と考えるべきである。

ただし、宣旨の「勤行公務」は、伊尹病中という期間限定付きだが、円融天皇の仰せの「輔佐」は、「朕、未だ其の事に堪へ」ざる間ということになる。兼通の内覧がいつまで続くのか、両者の関係は曖昧であった（具体的には、伊尹病中という事態が消滅した時点、つまり伊尹が回復するか、薨去した時、兼通は内覧であり続けるのか否か）。しかも、兼通の手許に証拠品として残るのは、文書としての期間限定付き内覧宣旨のみであって（この時の口頭宣下を、はたして何人の者が聞いていたのであろうか）、これが後日の解釈に影響を及ぼすことになった[19]。

十一月一日　太政大臣伊尹が薨去した[20]。春名氏は、「伊尹の死去によって兼通の内覧も停止された」と理解されているが、はたしてそうなのであろうか。

たとえば、後年のことにわたるが、『小右記』長徳元年（九九五）五月十一日条（略本・B系、前田本甲）には、

「大納言道長卿、関白詔を蒙る由」と云々。仍りて案内を取るに、頭弁、示し送りて云はく、「関白詔に非ず。官中の雑事、堀川大臣の例に准へ、行なふべきなり」てへり。

と見える。権大納言藤原道長に「官中の雑事を堀川大臣（兼通）の例に准じて行なふべし」という宣旨が下った、というのであるが、兼通の例に准じてとあるのは、「病の間」という限定を付したものではないはずである。こ

の時点では、すでに兄の関白藤原道兼は薨去しており、道長に「（誰かの）病の間」という限定事項が付いたとは考えられない。「兼通の例」とは、兼通が天禄三年十月二十七日に、（大臣ではない）権中納言として内覧を命じられたことを指すと見なければならず、それは伊尹の薨去後にも継続していたと、長徳元年の段階では考えられていたはずである。

なお、長徳元年三月九日に藤原伊周が「関白（藤原道隆）の病の間」という期限付きで内覧を命じられた際には、兼通の例にはまったく言及されていない（『小右記』『日本紀略』『公卿補任』『百練抄』）。

この天禄三年十一月一日の時点では、兼通の内覧が自動的に停められたという解釈（文書に基く）と、引き続き内覧の地位に留まっているという解釈（口頭宣下に基く）とが併存し、それぞれの支持勢力によって主張されていたと考えるべきであろう。

十一月一日以降　兼通は、伊尹が薨去して以来、大臣就任に加えて、伊尹の薨去後も内覧の地位が継続していると正式に表明することを、円融天皇に奏請していたものと思われる。

『親信卿記』天禄三年十一月二十五日条（古写本）には、「権中納言藤原朝臣、申す所の事」という語が二回見える。一つは「去月二十七日、面前に仰せ了」ったこと、つまり十月二十七日に宣下された内覧を指すが、いま一つは十一月十五日以降、円融天皇が頼忠にその先例を問い、十一月二十七日に兼通の就いた「此の職」を指す。後に述べるように、「此の職」は内大臣を指すとは考えられず、これも内覧であると考えるべきである。十月二十七日時点における曖昧な期限設定を勘案すると、兼通が、伊尹の薨去後も、（円融天皇が十月二十七日に口頭で宣したとおり）内覧の地位に留まっているということの確認、そして権中納言のままでは執政者として相応しくないとの見地から、大臣への任官を、共に円融に要求していたと考えるべきであろう。

なお、大臣について付言しておく。左右大臣が塞がっているという当時の情勢では、兼通が左右どちらかの大臣に就くとなると、左右大臣のうちの一人を太政大臣に上げねばならず、それは藤原氏の頼忠しかいなかったはずである。それこそまだ当時は摂関と連関した地位である太政大臣に頼忠を就けるわけにはいかず、兼通に残された道は、天皇権力と結び付いた権臣の証しである内大臣という地位しかなかったのである[21]。

十一月十五日　円融天皇は、官奏御覧のことを頼忠に命じた次いでに、兼通の内大臣就任、および内覧継続の確認を行なうよう、頼忠に命じた。頼忠は、それを兼通に伝えることを返奏した。『親信卿記』天禄三年十一月二十五日条（古写本）に、

　仰せに依り、右府に参る。其の仰せに云はく、「……其の後、今月十五日、佐理朝臣を以て、具さなる由を仰せしむ。其の返奏に云はく、「具さに聞食し了んぬ」と。抑も権中納言藤原朝臣に相逢ふ次いで、「行なふべき由を申さる」と云々。仍りて重ねて仰せ事を給はらず。……」と。

と見えるのが、それである。まず円融天皇が頼忠に「具さなる由」を伝え、頼忠はいったんそれを了承し、それを兼通に逢った際に伝えることを返奏したのであるが、故意か偶然か、頼忠はそれを兼通にはなかなか伝えなかった。一方、円融の方は、すでに事は決着したものと考え、重ねての仰せ事はなかったのである。

　この「具さなる由」の具体的内容が何であったかは、推測するしかないが、前後の事情から見て、内大臣就任のみにとどまるものではなかったであろう。

十一月十五日以降　円融天皇は、兼通（「権中納言藤原朝臣」）の「申す所の事」（すなわち、「此の職」）に関する先例について、頼忠に下問した。『親信卿記』天禄三年十一月二十五日条（古写本）の、

　……又、権中納言藤原朝臣、申す所の事、御前に候ずる日、只、其の例を問はる。即ち勘見を奏すべき由を奏す。其の後、左中弁佐理朝臣に仰せ事を伝へ仰す。其の返奏に云はく、「中納言より此の職に成る例、近代、見えず。大納言幷びに内大臣より、此の職に喬る。但し御前に候じ、一定を承るべし」と。而るに、

「重ねて此の仰せを給はらる。先日、御前に候ずべき由を申す後、今に仰せ無し。仍りて其の用意無し。又、内大臣に任ずる時の例を勘ぜしめず。末臣たりて、仰せ事を固辞すべからず。只、仰せに随ひて行なふべし。明朝、奏に候ずべし。其の次いでに、若しくは仰せらるるか」と云々。帰り参り、此の旨を奏聞す。

という部分が、これにあたる。下問を受けた頼忠は、すぐには答えられず、先例を勘見して返奏することを約した。後日、頼忠は再度の下問に対して、次のように返奏した。

・中納言から「此の職」に就く例は、「近代」では見えない。大納言幷びに内大臣から「此の職」に喬《のぼ》るのである。
・先日（十五日）から今に到るまで仰せが無かったので、召仰の用意をしなかった。
・また、内大臣に任じる時の例は勘申させなかった。
・自分は（円融天皇の）仰せ事を固辞することはできず、ただ仰せに随って行なう。

これらのうち、兼通の「申す所の事」＝「此の職」が問題となる。山本氏は、「内大臣」の「大」を衍字として（つまり「内臣」）、「此の職」を内大臣と考え、「中納言より内大臣昇任のことは先例がなく、大納言あるいは内臣より進む例（藤原高藤、藤原魚名の例をいっているのであろう）であること」と解されている。しかし、「内大臣」は古写本で見る限り、「内臣」ではなく、あくまで「内大臣」である。また、後文で「内大臣に任じる時の例は勘申させなかった」と言っているのであるから、「此の職」とは内大臣のことではなく、内大臣（や大納言）から昇る地位でなければならない[22]。だいたい、内大臣は職ではなく官である。やはり、内覧という地位を考えるべきであろう。

十一月二十五日　円融天皇は、明日、官奏御覧があること、官奏の次いでに兼通の内大臣召仰を行なうことを命じた。『親信卿記』天禄三年十一月二十五日条（古写本）のうち、仰せに依り、右府に参る。其の仰せに云はく、「明日の官奏の事、如何。必ず有るべきか……今に至りては、必ず行なふべきなり。件の事、今日、召仰無し。若しくは当日、行なふべきか。案内を慥かに奏すべし」てへり。即ち里第に参る。御前に召す。仰する旨を伝宣す。返奏に云はく、「官奏の事、定むる日の前日、奏せしめよ。日来、咳病を煩ひ侍ると雖も、相扶けて必ず候ずべし」と。……「……明朝、奏に候ずべし。其の次いでに、若しくは仰せらるるか」と云々。帰り参り、此の旨を奏聞す。

という部分が、この日の出来事にあたる。このうち、内大臣召仰の当日、一緒に行なうべきこと（もちろん、内大臣召仰とは別個のことである）、しかも、「今となっては必ず行なうべきである」と頼忠が命じた「件の事」が問題となる。内大臣召仰とは別個のことである以上、これも内覧に関することと考えるべきであろう。

十一月二十六日　官奏の次いでに兼通の内大臣召仰が行なわれた。『親信卿記』天禄三年十一月二十六日条（古写本）に、

……其の次いでに、内大臣の事を仰せらる。外戚の重き、前宮の遺命に依るなり。仰せを奉り、退下す。「召仰の事有り」と云々。右大臣を陣に召し、仰せられて云はく、「内侍、候ずるか。明日、内大臣召の事有るべし。警め仰すべし」てへり。即ち帰り参り、警め仰する由を申す〈此の事を申さんが為、陣に参らんと欲す。掖の陣に於いて、問はる。仍りて跪きて此の由を申し了んぬ。〉。闈司の事を加へ催す。

と見える。本章冒頭に挙げた「依外戚之重・前宮遺命也（外戚の重き・前宮の遺命に依るなり）」という語は、ここに出てくるのである。なお、『扶桑略記』天禄三年十一月二十六日条には、

中納言藤原朝臣兼通、関白宣旨を蒙る。即日、内大臣に任ず。大納言を経ず。年四十八。右大臣師輔の二男なり。大納言兼右近大将藤原兼家卿等を超ゆ。忽ち不次の朝恩を蒙る。是れ母后の遺書に依るなり。万機巨細、偏へに関白に委ぬ。

とある。「是れ母后の遺書に依るなり」という語を含め、『親信卿記』もしくはそれに類する古記録を原史料としているのであろうが、この日のこととして、兼通が関白宣旨を蒙ったと記している点が注目される。兼通の執政（実際には関白ではなく内覧であるが）に関する、この日に起こったとする何らかの記述が伝えられていたのであろう（『扶桑略記』が十月二十七日の内覧宣旨には言及していないところにも注目すべきである）。

十一月二十七日　この日、兼通が内大臣に任じられたのであるが、併せて内覧留任の確認が行なわれたものと考えられる。『親信卿記』天禄三年十一月二十七日条は、内大臣召のことしか語っていないが、『済時記』天禄三年十一月二十七日条には、

伝へ聞く、「今日、権中納言兼通朝臣を以て内大臣に任じ、播磨守義朝臣を以て参議と為す。冊命の儀、一に任大臣儀に同じ」と云ふ。天応以来の公卿の任例を検見するに、未だ大納言を経ず内（大）臣に及び、此の職に昇進せる者は有らず。誠に人主、前鑑に暗しと雖も、殊に亦、右府、諍はざるの致す所なり。上下の人庶、驚き奇しまざるは莫し。

とある。ここにも、「此の職」という語が見えるのである。このうち、「内臣」は「内大臣」の「大」を抜かしたものと見て[23]、「未だ大納言を経ず内大臣に及び、此の職に昇進せる者は有らず」と訓んだ。内大臣と「此の職」を別個のものと考えたわけである。

山本氏はここも、「未だ大納言及び内臣を経ず、此の職に昇進せる者は有らず」と訓み、「此の職」を内大臣と解されている。しかし、「天応以来の公卿の任例」となると、天応元年（七八一）に魚名が内大臣から左大臣に転じて以来ということになるが、兼通以前の内大臣は、藤原鎌足（元内臣）、藤原良継（元内臣）、藤原魚名（元忠臣）、藤原高藤（元大納言）の四人のみであり、天応以降は内大臣は高藤しかおらず、しかも、内臣など任じられた例はない（「大納言及び内臣」、つまりこの両方の官を経た者となると、天応以前に魚名があるのみである）。

前に掲げた『親信卿記』天禄三年十一月二十五日条（古写本）の「中納言より此の職に成る例、近代、見えず。大納言幷びに内大臣より、此の職に喬る」と、この『済時記』天禄三年十一月二十七日条の「未だ大納言を経ず内大臣に及び、此の職に昇進せる者は有らず」とは、関連するものと思われる。公卿社会のあちこちで、兼通の地位に関する先例の勘申が行なわれ、互いに語られていたのであろう。

さて、大納言から昇る官とは、天応以来で見ると、左大臣二例（源信・源融）、右大臣三十三例、内大臣一例（高藤）である。高藤などは例外であり、ほとんどは右大臣のことを指す。また、内大臣から昇る官とは、四人の内大臣のうち、魚名の左大臣のみで、他は内大臣で薨去している（すなわち、「近代」には内大臣から何らかの官に昇った者はいないことになる）。なお、山本氏の考えられたような、内臣から昇る官というと、鎌足の内大臣、藤原房前の参議、良継の内大臣、魚名の忠臣のみであるが、ここでは「近代」とか「天応以来」と言っているのであるから、この四人を先例とするとは思えない。

やはり、「此の職」を内大臣と考えるのは無理があることになろう。だいたい、「安子の遺命」まで持ち出して、内大臣に進むなどということがあり得るだろうか。大臣だけなら、兼通くらいになれば、黙っていてもそのうちに昇れるはずであるし、この時点で他を差し措いて昇る必要もないはずである。しかも、兼通が「此の職」に就いたのは、「殊に亦、右府、諍はざるの致す所なり」とあるように、頼忠が争わなかったことによる、と済時が言っているが、内大臣任命だけだったら、頼忠が争う云々という視点が出てくるはずはない。やはりここは、「内大臣に及」ぶことと、「此の職に昇進」することを、別個に述べていると考えるべきであろう。

また、摂政関白の先例は、この時点では、藤原良房（太政大臣）、藤原基経（右大臣）、藤原忠平（左大臣）、藤原実頼（太政大臣）、そして伊尹（右大臣）のみであり、権中納言の兼通が内大臣になってようやく就いた「此の職」が摂政関白ではないことも、明らかである。ただし、右大臣で関白になる資格のあった頼忠が争わなかった地位となると、関白に准じる地位と考えざるを得ない。

この場合、円融天皇がようやくこの年正月に元服して摂政を必要としなかったことも、大きく影響している。いくら何でも兼通を一挙に摂政の座に就けるわけにはいかないからである。

一方、内覧の先例は、この時点では、寛平九年（八九七）の藤原時平（大納言）、菅原道真（権大納言）しか存在していないものの、権中納言や内大臣が宣せられる地位としては、まことに相応しいものである。兼通が伊尹の上表以来、要求し続け、前述の十月二十七日に宣せられた「権中納言藤原朝臣、申す所の事」が内覧を指す以上、兼通が伊尹の薨去後に要求し続けた「権中納言藤原朝臣、申す所の」「此の職」も、内覧に関することと考えるべきであろう。兼通は、内大臣に昇進するとともに、伊尹の薨去によって自動的に停められたという解釈も存在した内覧の地位が継続していることを宣してくれるよう、円融天皇に要請していたのであろう。

『公卿補任』天禄三年には、この日のこととして、

関白 従三位 同兼通 四十八　十一月二十七日、詔して関白と為す。今日、内大臣に任ず。
中納言より大臣に任ずる例。
内大臣 従三位 同兼通　十一月二十七日、任ず。元権中納言。大納言を歴ず、上首数輩を超ゆ。同日、関白と為す。
執政人、大将を経ざる初例。

と見える。ここで「関白」としているのは、この内覧の確認をそう解釈したものであろうか。いったん天禄三年十月二十七日に内覧宣旨を載せてしまった以上、再び内覧の確認が行なわれたとは考えず、「関白詔」が宣せられたとしてしまったものであろう。

十月二十七日の段階でいったん内覧宣旨が下されており、この日はその継続を確認しただけなので、あらためて文書が発給されることはなく、（おそらくは任内大臣宣命の中に盛り込まれた）口頭による確認のみだったものと考えられる。したがって、諸記録にはこの事実が残らず、一方、「関白詔」や「関白宣旨」という誤った史料も

残ることになったのであろう。(24)

先に見たように、ここでも済時は、「誠に人主、前鑑に暗しと雖も」と円融天皇を批判している。「上下の人庶、驚き奇しまざるは莫し」というのは、兼通の内覧が伊尹の薨去によって停止されていた、と考えていた人々の間における、兼通政権が正式に発足したことに対する憤慨を記したものであろう。

内大臣任官後の兼通は、十二月十九日に、召仰の際に諸衛に過失があったことを問責するなど、(25)ことさらに事を荒立てようとする姿が目立つ。不自然な政権獲得過程と、不安定な政権基盤（安子はすでに薨去しており、頼忠や兼家も存在する）を確立しようとする動きであろうか。

十二月二十五日　内大臣兼内覧兼通は、はじめて着陣した。(26)この日以来、頼忠主導から兼通主導への政局の転換が顕著になったのである。この日以前には、天禄三年十二月十日の官奏も頼忠が奉仕していた(27)のに対し、この日以降は、兼通の主導によって政務が運営されている。(28)しかも、兼通が上卿を勤める場合、左右大臣は出仕せず、兼通が一人伺候していた可能性も窺える。(29)また、頼忠は出仕せず、かえって兼家が関与している例もある。(30)

これらの事実は、春名氏の述べられたように、兼通が「内大臣として太政官の政務を行うことによって摂関たりうる能力を持っていることを示」していたと考えるよりも、すでに内覧としての勤めを果たしていたと考えた方が妥当なのではないであろうか。

天延二年（九七四）

二月八日　右大臣頼忠の藤氏長者が停められ、兼通が藤氏長者となった。(31)ただの内大臣に過ぎない兼通を、右大臣頼忠の氏長者を停めてまで氏長者にするとは考えられず、ここは執政者としての措置であると考えざるを得ない。

二月二十八日　兼通が太政大臣に任じられた。(32)

三月二十六日　太政大臣兼通をして「万機を関白せしめ、随身兵仗を賜ふ」という詔が下った[33]。ここにはじめて、兼通は正式な関白となったのである。

以上、兼通の政権獲得過程を辿ってきた。天禄三年十一月一日の伊尹薨去後の動きが焦点となるが、十月二十七日の内覧の継続いかんが問題となっていたことを解明した。次に私見を整理してみたい。

天禄三年十月二十一日　摂政太政大臣藤原伊尹が、病に依って上表する。

天禄三年十月二十二日　藤原兼家・藤原兼通が、円融天皇の御前において、伊尹の摂政辞職を奏し、執政就任について争論し、罵詈に及ぶ。

天禄三年十月二十三日　伊尹の摂政を停める。

兼家は、円融天皇の側に近侍し、執政就任を奏請する。

兼通もまた、「安子の遺命」を持ち出し、円融に執政就任を奏請する。

天禄三年十月二十七日　円融天皇は、兼通に「(伊尹の)事に従はざる間、宜しく公務を勤行すべし」との内覧宣旨を下す。次いで円融は、兼通を御前に召し、「朕、未だ其の事に堪へず。汝、輔佐すべし」という仰せを口頭で伝える。

天禄三年十一月一日　太政大臣伊尹が薨去する。

兼通の内覧が自動的に停められたという解釈と、引き続き内覧の地位に留まっているという解釈とが併存していた。

天禄三年十一月一日以降　兼通は、伊尹の薨去後も内覧の地位が継続していることを正式に表明することを、円融天皇に要求する。

天禄三年十一月十五日　円融天皇は、兼通の内大臣就任、および内覧継続の確認を行なうよう、藤原頼忠に命じる。頼忠は、それを兼通に伝えることを返奏する。
天禄三年十一月十五日以降　円融天皇は、兼通の奏請している事について、頼忠に先例を問う。
その数日後　頼忠は、「近代」に先例の無いことを申し、兼通の内覧継続に難色を示す。
天禄三年十一月二十五日　円融天皇は、翌日の官奏御覧、その次いでに兼通の内大臣召仰、および内覧継続の確認を行なうことを、頼忠に命じる。
天禄三年十一月二十六日　兼通の内大臣召仰が行なわれる。
天禄三年十一月二十七日　兼通が内大臣に任じられ、内覧継続の確認が行なわれる。
天禄三年十二月二十五日　内大臣兼内覧兼通が着陣し、内覧としての執務を始める。
天延二年二月八日　兼通が、内覧として氏長者の地位に就く。
天延二年二月二十八日　内大臣兼内覧兼通が太政大臣に任じられ、正二位に叙される（『公卿補任』）。
天延二年三月二十六日　円融天皇は、兼通をして「万機を関白せしめ、随身兵仗を賜ふ」という詔を下す。

二　ミウチ論について

最後に、兼通政権の成立に関する三氏の説のうち、春名氏の所説に一言触れておきたい。春名氏は、「外戚であれば無条件で摂関になれたわけではなく、摂関としての能力を有していることを明示し、また太政官首座たる地位を獲得しなければならなかったのである。……兼通も短期間に権中納言から内大臣を経て太政大臣に昇りつめ関白となったが、兼通は内大臣としての実績を認められてはじめて関白太政大臣となったのであり、この時点ではまだ官僚としての能力が関白就任の前提条件とされている」と述べられている。政権の座に就くには、天皇とのミウチ関係は第一義的な要件ではなく、政権担当能力やその実績が優先された、との考えを示されたわけである。

しかし、そもそも、「外戚であれば無条件で摂関になれた」などと考えている論者など、今どきいるとは思えない。「外戚であれば無条件で摂関になれたわけではな」いのは、言わば当然であるが、逆に、「摂関としての能力を有している」官人が、「無条件で摂関になれた」わけではないことも、菅原道真や源高明の例を見れば、また自明なことである。問題は、外戚・能力という二つの条件のうち、いずれが摂関期における執政就任の第一義的な要件であったかということである。

兼通が官僚としての能力ゆえに関白になれたのか、はたまた外戚であったからこそ関白になれたのか、また伊尹の薨去後に「摂関たりうる能力を持っていることを示」していたのか、それとも他の方法で摂関となる道を選んでいたのか、を慎重に判断する必要があろう。

ただ、ミウチ関係ではなく、大臣の経験によって摂関に任じられるというのであれば、左大臣源兼明と右大臣頼忠の間で政権が争われてもよさそうなものである。兼通のごとき権中納言から政権を獲得した前例はないのであるし、兼家にしても大納言に過ぎず、関白就任は無理であった。兼明や筆頭大納言の源雅信のような源氏の執政は難しいとなると、関白就任の可能性があるのは頼忠のみであったはずである。

しかし、実際に政権を争ったのは、当時の序列で四番目、第二席の大納言に過ぎなかった兼家と、同じく九番目で第二席の権中納言に過ぎなかった兼通（しかも、この年の初頭には参議）であった。この二人が何故政権担当者候補となったのかは、安子を介した円融天皇とのミウチ関係を抜きにしては考えられない。

また、先に述べたように、官歴や系譜からは関白になる資格十分の頼忠が摂関の座を争わなかったとすれば、何故辞退したのかは、これまた天皇家とのミウチ関係を抜きにしては考えられない。薨去した摂政伊尹に兼通・

兼家の二人を加えた三人は、かつて「揚名関白」藤原実頼が「外戚不善之輩」と称した連中である[34]。父実頼の轍を踏むことなく、兼通に恩を売っておくという頼忠の手法は、この時点では賢明な選択であった（やがてこの功績によって、兼通の薨去後に頼忠も「揚名関白」の座に就くことになる）。

では何故、二人の候補者のうちで、兼家ではなく、兼通が選ばれたのであろうか。冷泉・円融天皇との姻戚関係を考えると、冷泉には兼通女は入っておらず、兼家女の超子が安和元年（九六八）に入内しているのみである（居貞親王〈後の三条天皇〉を出産するのは、貞元元年〈九七六〉と先のことである）。円融には兼通政権の成立後、兼通女の媓子が天延元年（九七三）に入内し、皇后となるが、この時点ではキサキはいない（頼忠女の遵子と兼家女の詮子が入内するのは天元元年〈九七八〉のこと）。つまり、天皇家との姻戚関係で見る限り、伊尹の薨去した天禄三年（九七二）の段階では、兼家が超子を擁し先行しているものの、いまだ決定打は出ていない、という状態であったことがわかる。兼通政権の成立に関しては、他の要因を考えた方がよいであろう。

今のところ考えられるのは、一つには、伊尹―兼通―安子―兼家、という出生順である。「安子の遺命」が、兄弟の地位に関わる事項であったとしたら、安子にとって兄である兼通を差し措いて、先に弟である兼家の政権担当を望むとは、よほど特別な事情がない限り考えられない[35]。先に兼通政権が誕生しても、その次に兼家が政権の座に就くことは、十分に考えられたであろうが、この時点で兼家政権ができてしまうと、その次に兼通の可能性はなくなるからである。それに、八年前に安子が崩じた際、その臨終に立ち会って、崩御後も遺体に候じ、蘇生の疑いを村上天皇に奏したのは、伊尹と兼通であったことを想起すると[36]、安子にとって、より強いミウチ意識を抱いていたのは、弟の兼家よりも、兄の伊尹・兼通であったことが窺える。口頭による表明であったに過ぎないと考えられるにせよ、兼通と兼家の地位に関する「安子の遺命」は、確かに存在したと考えたい[37]。

ただし、安子が崩じた康保元年（九六四）の段階では、伊尹が正四位下参議、兼通が従四位下春宮亮、兼家が従四位下左京大夫に過ぎず、まだ公卿の一員でもなかった兼通や兼家の「兄弟順の政権担当」を遺言するというのも不自然である。兼家に官位を逆転されそうな兼通に対して、それを憂慮する言辞でも語ったといったところが真相ではなかろうか。それを巧みに持ち出して、兼通は円融天皇の情に訴えたのであろう。

また、いま一つには、円融天皇と兼家との関係、円融天皇と兼通との関係に注目すべきであろう。後年の後宮情勢をめぐる円融と兼家との確執（それは一条朝にまで引き継がれる）や、兼家の冷泉系皇統への接近に象徴されるような二人の冷えた関係が、天禄三年の時点ですでに萌芽していたかどうかは、不明と言わざるを得ないが、少なくとも円融にとって、兼通との関係の方が、兼家との関係よりも円満だったということは、十分に推察し得るところである。

『小右記』永祚元年（九八九）十二月二十六日条（広本・B系、九条本）に、円融天皇が地獄で苦しむ兼通の夢を見、その苦しみを除こうとして俄かに法華経の書写を始めた、という記事が見えるが、円融にとって、兼通との関係は、その薨去後にも追憶の対象となるべきものだったのである。

以上、兼通が政権担当者に選ばれた理由については、確定できないのが何とも残念であるが、少なくとも、摂関期の政権獲得過程において、后妃を介した天皇とのミウチ意識という偶然の歴史的要因が、最優先に考えるべき政権担当者就任の要件であったことを確認した。

註

（1）橘健二・加藤静子校注／訳『新編日本古典文学全集　大鏡』（小学館、一九九六年）による。異本系諸本（両本ともに増補本系）にも、ほぼ同様に見える。

（2）たとえば、加納重文「兼通伝の周辺」（『歴史物語の思想』京都女子大学、一九九二年、初出一九八八年）、松本治久「「兼通伝」における記事増補」（『大鏡の研究』おうふう、一九九三年、初出一九八四年）など。松村博司校注『日本古

典文学大系　大鏡』（岩波書店、一九六〇年）、石川徹校注『新潮日本古典集成　大鏡』（新潮社、一九八九年）では、本文にも入っていない。

（3）土田直鎮『日本の歴史5　王朝の貴族』（中央公論社、一九六五年）、村井康彦『平安貴族の世界』（徳間書店、一九六八年）、橋本義彦『日本歴史全集5　貴族の世紀』（講談社、一九六九年）、北山茂夫『王朝政治史論』（岩波書店、一九七〇年）、坂本賞三『日本の歴史6　摂関時代』（小学館、一九七四年）、山中裕「藤原兼家」（『平安人物志』東京大学出版会、一九七四年、初出一九七二年）、阿部猛『摂関政治』（教育社、一九七七年）、棚橋光男『大系日本の歴史4　王朝の社会』（小学館、一九八八年）、朧谷寿『集英社版日本の歴史6　王朝と貴族』（集英社、一九九一年）、保立道久『平安王朝』（岩波書店、一九九六年）など、枚挙に遑がない。

（4）『親信卿記』天禄三年十一月二十六日条（古写本）。『扶桑略記』天禄三年十一月二十六日条には、「……忽蒙不次朝恩。是依母后之遺書也。万機巨細、偏委関白」と見える。

（5）東京大学史料編纂所編纂『大日本史料　第一編之十四』（東京大学出版会、一九六五年）天禄三年十一月二十七日には、「外戚ノ権威及ビ藤原伊尹ノ遺命ニ依ル」という表出が付されている。

（6）陽明文庫所蔵古写本を模写した東京大学史料編纂所所蔵影写本では、明治十七年（一八八四）の書写で「前官」としているものの、昭和十七年（一九四二）の校合では「前宮」と訂正している。なお、宮内庁書陵部所蔵新写本（弘化四年〈一八四七〉書写）では「前宮」とし、宮内庁書陵部所蔵新々写本（明治期書写）では「前官」としている。また、江戸中期に写された陽明文庫所蔵予楽院本（ただし、名和修氏によると、近衛家熙の筆跡ではないとのことである）でも、「前官」としている。一般的に、時代の降る写本ほど「前官」と写す傾向が強いようである。

（7）『日本国語大辞典　第十二巻』（小学館、一九七四年）では、「辞任するまで任じられていた官職。また、その人。退官前の官職。先官」を第一義として挙げて『愚管抄』『源平盛衰記』『実隆公記』『書言字考節用集』『高等官等俸禄令』を例示し、「現在その官職にある人の以前に任じられていた人。前任者」を第二義として挙げて『宋史』刑法志を例示している（『日本国語大辞典　第二版　第八巻』〈小学館、二〇〇一年〉も同文）。日本では第一義が一般的であろう。

（8）『権記』寛弘五年五月二十五日条（伏見宮本）に藤原定子のことを「前皇后宮」と記しているのも、これに類似した表現であろう。

(9) 稲垣智花氏のご教示による。なお、『古事談』第二・臣節に「取出先后御書令覧、件状云、「関白者次第ノマ、爾可候」云々」と、『愚管抄』巻第三に「仮名ノフミヲ持テマイリテ、……「摂籙ハ次第ノマ、ニ候ベシ」トカ、レタリケリ」とそれぞれ見えるのは、流布本系『大鏡』を見て書いたものか。

(10) 註(3)に挙げたすべての書。たとえば、土田直鎮『日本の歴史5　王朝の貴族』では、

関白の命は兄兼通に下り、かれは弟兼家を含めて上級者九人を抜き、いちやく関白内大臣に飛び上がってしまい、……

とあり、また橋本義彦『日本歴史全集5　貴族の世紀』では、

ところが意外にも、関白の命は兼通にくだり、兼通は、権中納言からひととびに、内大臣になったのである。

と説明されている。何故に先学の泰斗がこのような記述をされたかは、別個に考えねばならない。

(11) 山本信吉「平安中期の内覧について」(『摂関政治史論考』吉川弘文館、二〇〇三年、初出一九七二年)。以下、山本氏の所論は、すべてこの論文による。

(12) 米田雄介「内覧について――補任を中心にして――」(『書陵部紀要』三五、一九八三年)。以下、米田氏の所論は、すべてこの論文による。

(13) 春名宏昭「草創期の内覧について」(『律令国家官制の研究』吉川弘文館、一九九七年)。以下、春名氏の所論は、すべてこの論文による。なお、この春名説を承けた大津透『日本の歴史06　道長と宮廷社会』(講談社、二〇〇一年)では、

実際には一カ月後に、安子の遺書、伊尹の遺命、外戚としての権威によって大納言を飛びこして内大臣に任ぜられただけで(大日本史料もこのように解釈している)、おそらく内覧の機能が与えられたのだろう。そして内大臣として太政官政務を統轄することにより摂関となりうる能力を示し、翌々年天延二年(九七四)二月二十八日に太政大臣に任ぜられ正二位となり太政官の首座につき、三月二十六日にようやく関白の詔をうけたのである。

と説明されている(「安子の遺書、伊尹の遺命、外戚としての権威」は、「依外戚之重・前宮(あるいは「官」)遺命也」のことなのであろうか)。

(14) 『済時記』は、飯倉晴武「済時記」(『書陵部紀要』二三、一九七一年)に紹介されている。今回、宮内庁書陵部所蔵『済時記』の写真帳と原本の調査を行ない、本文を確定した。なお、飯倉氏は、この『済時記』は『愚管抄』の編述と

関連する九条道家による抜書と推測されている。

(15)『親信卿記』天禄三年十月二十一日条（古写本）、『済時記』天禄三年十月二十一日条、『公卿補任』天禄三年など。『日本紀略』では、十月十日のこととしている。

(16)飯倉氏の指摘されたところであるが、『愚管抄』巻第三に、「大方ハ一条摂政病ノアヒダ、御前ニアニヲト、二人候テ、コノツギノ摂籙ヲコトバヲイダシツ、イサカヒ論ゼラレケル。済時大将ガ日記ニハ、「各放言ニヲヨブ」ナドカキタルトカヤ」と見えるのは、『済時記』のこの記事を見て記したものであろう。

(17)『親信卿記』天禄三年十月二十七日条（古写本）。

(18)『尊卑分脈』摂家相続孫・兼通公伝、『一代要記』第六十四・円融天皇にも、ほぼ同文に見える（『一代要記』は次の通り）。

内藤兼通　……去十月二十七日宣、「太政大臣不従事之間宜勤行公務」者。即日又召御前「朕未堪其事、汝可輔佐」者。

(19)加えて、「朕、未だ其の事に堪へざる間」というのは、「自分は未だ其の事に堪えないので」という意味にも解釈することができ、事態をより複雑にしていたであろう。なお、後年、藤原道隆はこれを利用して、嫡男の伊周を関白に据えようとしたのであるが、皮肉なことに、「兼通の例」に准じることとなったのは、逆に弟の道長の方であった。

(20)『親信卿記』天禄三年十一月一日条（古写本）、『済時記』天禄三年十一月一日条、『蜻蛉日記』下巻・天禄三年十一月一日。

(21)左大臣の源兼明を親王に復するなどという詐術は、この時には思いも寄らなかったであろう。なお、内大臣については、倉本一宏「内大臣沿革考」（『摂関政治と王朝貴族』吉川弘文館、二〇〇〇年、初出一九九一年）を参照されたい。

(22)奈良時代の魚名のことを、摂関期の貴族が「近代」と認識するとは思えない。だいたい、魚名は内臣からではなく、忠臣から内大臣となっているのである。

(23)『済時記』の原本調査の結果では、明らかに「内臣」と書かれていた。内大臣を「内臣」と書く例は、『小右記』寛弘八年二月十二日条（略本・B系、秘閣本）など、ないわけではない。

(24)『平家物語』巻第三「大臣流罪」や『源平盛衰記』十二「高博稲荷社琵琶事」は、この日、兼通が「内覧宣旨」を蒙った、としている。これらも、何らかの書承に基づくかのような書きぶりである。

(25)『親信卿記』天禄三年十二月十九日条（古写本）。

(26)『親信卿記』天禄三年十二月二十五日条（古写本）。

(27)『親信卿記』天禄三年十二月十日条（古写本）。春名氏は、天禄三年十一月二十五日・二十六日の官奏を頼忠が行なっている例を以て、兼通の内覧が「まったく機能していない」と考えられたが、それは兼通の内覧再確認と着陣以前の例だったことによるのである。

(28)『親信卿記』天禄三年十二月二十五日条（古写本、殿上人定）、『勘例』賭弓之事（天延元年正月十八日、賭弓）、『局中宝』内覧後令奉行公事給例（天延元年正月二十六日、受領功過定）、『親信卿記』天延元年二月四日条（古写本、後院別当補任）、『親信卿記』天延元年四月十四日条（古写本、賀茂祭）、『親信卿記』天延元年四月二十五日条（古写本、大索）、『親信卿記』天延元年五月二十日条（古写本、宇佐使発遣）、『親信卿記』天延元年五月二十二日条（古写本、内裏御修法・奉幣使発遣）、『西宮記』臨時十一・停止著釱後決杖事（天延元年五月二十三日、著釱）、『類聚符宣抄』一・被奉公郡於神社事（天延元年九月十一日、神郡寄進）、『西宮記』十・官中事（天延元年九月十三日、蔵人所牒）、『改元部類記』所引『外記』（天延元年十二月二十日、改元）、『親信卿記』天延二年正月十八日条（古写本、御厨子所別当定）、『親信卿記』天延二年二月八日条（古写本、蔵人頭及び殿上人定）、『親信卿記』天延二年二月十三日条（古写本、行幸）など。

(29)『親信卿記』天禄三年十二月二十五日条（古写本）。

(30)『親信卿記』天延元年二月四日条（古写本）。

(31)『公卿補任』天延二年・藤原頼忠、『公卿補任』天延二年・藤原兼通。

(32)『親信卿記』天延二年二月二十八日条（古写本）。

(33)『日本紀略』天延二年三月二十六日条。

(34)『源語秘訣』所引『水心記（『清慎公記』）』康保四年七月二十二日条。

(35)一世代下の道隆—道兼—詮子—道長という関係との類似が興味深いところである。

(36)『大鏡裏書』所引『村上天皇御記』康保元年四月二十九日条。兼通は、安子が立后して以来、中宮亮、次いで中宮権大夫と、その薨去まで安子に奉仕していた。

(37)「安子の遺命」は流布本系『大鏡』の「説話」が語るような「遺書」などではなく、あくまで口頭によって誰かに伝えた意向であろう。ちなみに、「遺命」という語は、自分の厚葬を戒め薄葬を命じた皇后、女院、東宮などの遺言を指す遺令(長保元年〈九九九〉の昌子内親王〈『小右記』長保元年十二月五日条に具体的な詞が見える〉、長保二年〈一〇〇〇〉の藤原定子〈『権記』長保二年十二月二十一日条〉、万寿四年〈一〇二七〉の藤原妍子〈『小右記』万寿四年九月十七日条〉など)と同義に用いられており、長保二年の藤原定子(『権記』長保二年十二月二十一日条)、寛仁二年(一〇一八)の藤原遵子(『小右記』寛仁二年六月十六日条)、永長元年(一〇九六)の媞子内親王(『後二条師通記』永長元年八月十六日条)の例などが見えるが、いずれも「素服・挙哀事可止之。又葬官不可任」(定子の例)といった形式的なものである。安子の例は、以上のような公式な「遺命」とは異なる場において、異なる人々に対して(もしかすると兼通だけに)、語られたものだったのであろう。

第二章　「コノ話ハ蓋シ小右記ニ出シナラン」考

――『小右記』と説話との間に――

はじめに

いったいに説話文学というものは、どのようにして形成されたのであろうか。内容がまったくの創作でない限り、何らかの出来事が起こって、それが口承〔記憶と伝承〕もしくは文字史料〔記録〕によって留められ、それがいくたびかの変遷を経て、説話集に編修されたものと考えるべきであろう。

ここで様々な可能性について、そのおおまかなパターンを示してみると、

ⓐ 出来事 ↓ 口承説話 ↓ 説話集
ⓑ 出来事 ↓ 口承説話 ↓ 説話集 ↓ 説話集
ⓒ 出来事 ↓ 口承説話 ↓ 仮名文献 ↓ 説話集
ⓓ 出来事 ↓ 古記録 ↓ 説話集
ⓔ 出来事 ↓ 古記録 ↓ 漢文文献 ↓ 説話集
ⓕ 出来事 ↓ 古記録 ↓ 漢文文献 ↓ 仮名文献 ↓ 説話集
ⓖ 出来事 ↓ 古記録 ↓ 仮名文献 ↓ 説話集

といったところであろうか。もちろん、実際にはさらに複雑な経緯を経て、説話集に定着したものであろう。こ

れらの判断については、それぞれの説話研究者に委ねることとしたい。一例として、池上洵一氏が考察された一連の説話のうち、興福寺再建の霊験譚が説話として定着した経緯を示すと、

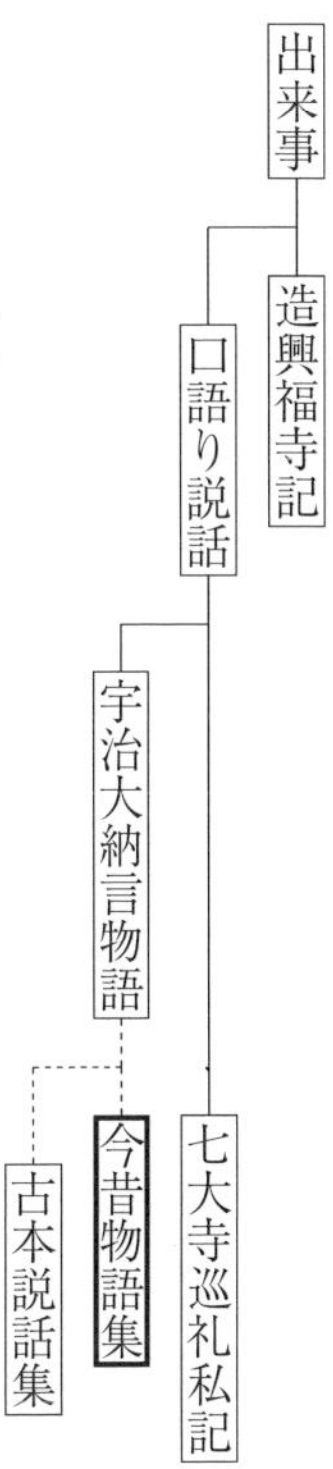

ということになる。[1]これは『今昔物語集』や『古本説話集』でいうと、先ほどのパターンのⓒにあてはまり、『七大寺巡礼私記』でいうとⓐということになる。

ここで視点を逆転させてみよう。『小右記』という、摂関期に藤原実資によって記録された日記（古記録）がある。『小右記』は宮廷社会の共有財産であって、実資の生前から多くの貴族に貸借され、部類記などに引用された日記なのであるが、子孫が没落してしまったために、自筆原本は早く失われ、古写本が散逸してしまった巻も多い。

しかし、当該期の研究のためには最重要史料であるため、諸書に引用された逸文を蒐集することが、古くから行なわれてきた。現在では、大日本古記録の『小右記』第十一巻に、まとめて収められている。

それら、『小右記』の逸文を引載しているのは、大きく分けると、

・後年の『小右記』
・他の古記録
・部類記
・説話集

ということになる。

Ⅰ『小右記』→後年の『小右記』

Ⅱ『小右記』→漢文文献（部類記、他の古記録）

Ⅲ『小右記』→説話集

本章で問題とするのは、このうちで説話集に引かれたとされている『小右記』の逸文Ⅲである。しかし、説話集は他の漢文文献Ⅱのように、「『野府記』（『小右記』のこと）に云はく、……」などと、その出典を明示することはない。となると、何をもって説話集の編者が『小右記』の記事を見て、それを自己の説話集に採り入れたと判断できるのであろうか。

一般に、『古事談』は六国史、漢文の日記・記録、往生伝、打聞などから「書承」（書物から話を選んで、それを書き写すこと）した記事が多く、なかには『小右記』などの古記録を参照して、それを抄出した説話もあると考えられているので、(2) 特に説話を本格的に研究しているわけではない日本史研究者の間では、他の説話集、たとえば『今昔物語集』なども、なんとなく古記録を原史料としているかのような感覚が、まかり通ってきた観がある（そもそも、説話集がどうやって編修されたかなどという問題を真面目に考える日本史研究者は、管見の限りでは存在しない）。

本章では、説話が『小右記』を抄出したとされるもの、言い換えれば、説話が『小右記』の逸文であると考えられているもの、つまり大日本古記録が「コノ話ハ蓋シ小右記ニ出シナラン」と判断しているものについて検討を加え、はたしてそれが本当に『小右記』の逸文なのかどうかを考えてみたい。

この考察は、『小右記』の逸文研究に関わるのみならず、説話の形成に関する研究にも、多少なりとも資するものであると考える。

一　「コノ話ハ蓋シ小右記ニ出シナラン」

大日本古記録『小右記』逸文例言

まずは大日本古記録『小右記』第十一巻（小右記逸文）の例言(3)を示す。旧字は新字（常用字）に直した。

小右記逸文には、今日までに知ることのできた逸文を集成した。ここでの逸文には、狭義の逸文のほかに、小右記諸本の字句の闕脱を補ふもの、錯簡誤入によつて諸本に年紀を誤つて掲げられてゐるもの、記の存在だけを示し本文そのものの形は伝へないもの、更に、小右記諸本の内にありながら、特定の主題による抜書きであつて、小右記諸本一般とは性質を異にするものなどをも含む。また、小右記の文とは確認できぬもので、内容上小右記と何等かの関聯を持つてゐる可能性のあるもの、小右記の文でないにも拘らず誤つて小右記として諸書に引かれてゐるもの、小右記と紛らはしい書名を冠して現れてゐるものなど、参考資料として扱ふべきものをも、それぞれその旨を註して、便宜あはせ掲げた。

これだと、掲示されたものが「狭義の逸文」なのかどうか判別できないのであるが、掲示に際して、次のような符号を用いることによって、判断しやすくしてくれている。

逸文の範囲を示すために、左の符号を用ゐ、その範囲の文に限つて人名その他に関する説明註を施した。

▼▲　その内容が専ら小右記から出ていると認められる記述

▽△　その内容が専ら小右記から出ているか否かが疑はしい記述

つまり、▼▲で囲まれた範囲にある文は、『小右記』の逸文であることが確実であるというのである。なお、それぞれ掲示した文の後に、「○」以下、その文に関するコメントが付されている。たとえば、「○コノ記、小右記ノ文ニ非ザルベシ」といった類のものである。

『小右記』逸文と七つの説話

それでは、以下に大日本古記録が『小右記』の逸文であると判断した説話と、関連する可能性のある『小右記』の記事を例示してみよう。関連するか否かの判断を付けやすいように、『小右記』は訓読文で例示する。説話と『小右記』に関連がある可能性のある箇所には傍線を付した。

・天元四年（九八一）九月四日

『今昔物語集』巻第三十一―第二十九「蔵人式部拯貞高於殿上俄死語」

今昔、円融院ノ天皇ノ御時ニ、▽内裏焼ニケレバ、（後）院ニナム御ケル。而ル間、殿上ノ夕サリノ大盤ニ、殿上人・蔵人数着テ物食ケル間ニ、式部丞ノ蔵人藤原ノ貞高ト云ケル人モ着タリケルニ、其ノ貞高ガ俄ニ低シテ、大盤ニ顔ヲ宛テ、喉ヲククツメカス様ニ鳴シテ有ケレバ、極テ見苦カリケルヲ、小野ノ宮ノ実資ノ右ノ大臣、其ノ時ニ頭ノ中将ニテ御ケルガ、其レモ大盤ニ着テ御ケレバ、主殿司ヲ呼テ、「其ノ式部ノ丞ガ居様ヲ極ク不心得ネ。其レ寄テ捜レ」ト宣ケレバ、主殿司寄テ捜テ、「早ウ死給ヒニタリ。極キ態カナ。此ハ何ガ可為キ」ト云ケルヲ聞テ、大盤ニ着タル、有ト有ル殿上人・蔵人、皆立走テ、向タル方ニ走リ散ニケリ。頭ノ中将ハ、「然リトテ此テ可有キ事ニモ非ズ」ト云テ、「此ヲ奏司ノ下部召シテ、掻出ヨ」ト被仰ケレバ、「何方ノ陣ヨリカ可将出キ」ト申ケレバ、頭ノ中将、「東ノ陣ヨリ可出キゾ」ト被仰ケルヲ聞テ、蔵人所ノ衆・滝口・出納・御蔵女官・主殿司下部共ニ至マデ、東ノ陣ヨリ将出サムヲ見ムトテ、競ヒ集タル程ニ、頭ノ中将違ヘテ、俄ニ、「西ノ陣ヨリ将出ヨ」ト有ケレバ、殿上ノ畳乍ラ、西ノ陣ヨリ掻出テ将行ヌレバ、見ムトシツル若干ノ者共ハ、否不見ズ成ヌ。陣ノ外ニ掻出ケル程ニ、父ノ□□ノ三位来テ迎ヘ取テ去ニケリ。然バ、「賢ク此レヲ人ノ不見ズ成ヌルゾ」ト人云ケル。此レハ、頭中将ノ哀ビノ心ノ御シテ、前ニハ、「東ヨリ出セ」ト行ヒテ、俄ニ違ヘテ、「西ヨリ将出ヨ」ト被俸テタリケルハ、此レヲ哀ビテ、恥ヲ不見セジトテ構タリケル事也。其ノ後、十日許有テ、頭ノ中将ノ夢ニ、「有シ式部ノ丞ノ蔵人、内ニテ会ヌ。寄来タルヲ見レバ、極ク泣テ物ヲ云フ。聞ケバ、「死ノ恥ヲ隠サセ給タル事、世々ニモ難忘ク候フ。然許人ノ多ク見ムトテ、集テ候ヒシニ、西ヨリ出サセ不給ザラマシカバ、多ノ人ニ被見繚テ、極タル死ノ恥ニテコソハ候ハマシカ」ト云テ、泣ゝク手ヲ摺テ喜ブ」トナム見エテ、夢覚ニケル。△然レバ、人ノ為ニハ専ニ情可有キ事也。此ヲ思フニ、頭ノ中将、然ル止事無キ人ナレバ、然モ急ト思ヒ寄テ被俸ケル也、トナム此ヲ聞テ人皆頭ノ中将ヲ讃ケルトナム語リ伝ヘタルトヤ。

これに対して大日本古記録は、

○コノ説話、材ヲ小右記ニ採リタルコト蓋シ誤リナカラン、

というコメントを付しているが、はたしてそう断言できるものであろうか（「▽　△」の符号は、「その内容が専ら小右記から出ているか否かが疑はしい記述」のはずなのだが）。この説話は、実資賢人説話と夢説話が交ったものであるが、関連しそうな『小右記』の記事が存在するのかどうかは、この天元四年九月には『小右記』の写本が残っていないので、何とも言えない。

『小記目録』第二十・頓死事、天元四年九月四日には、

蔵人貞孝、殿上に於いて頓死する事

とあり、三十七年後の『小右記』寛仁二年（一〇一八）五月十二日条（広本・A系、前田本甲）には、

……前々、希有に禁中に於いて死者有り。而るに蔵人貞孝の外、御在所の最近処に於いては、未だ聞かざる事なり。怪と謂ふべきか。

と見えるので、天元四年九月四日にも貞孝の頓死に関わる記事が存在したことは窺えるのであるが、それと『今昔物語集』との関連は不明と言うほかはないであろう。殿上の大盤で何人もが食事をしていた最中に頓死したの

ならば、多くの官人が目撃していたはずであり、『小右記』以外にも日記を記録した者がいた可能性が高い。

実資の取った臨機応変の処置に対して、人が「賢くも人に見られずにすんだことだ」と誉め称えたと自分で書くとは思えないし、死んだ本人が夢に出て来て、恥をかかずにすんだと泣く泣く喜んだというのも、往生伝風で、とても『小右記』の本文にあったとは思えない。

『小右記』の記事を見て、それに尾鰭を付け、仮名文にして説話化した可能性はまったくないわけではなかろうが、「蓋シ誤リナカラン」と断言できるほどのものではない。

・寛和二年（九八六）十月十五日

『古事談』巻第一―一六（一六）

▽円融院法皇の大井川逍遥寛和二年十月十四日の時、御舟に御して都那瀬に到り給ふ。管絃詩歌、各其の舟を異にす。公任、三舟に乗る度なり。先づ和歌の船に乗る、と云々。又た摂政大入道殿、管絃の船を召して、大蔵卿時中致仕大納言なり。右大臣雅信男、母は右大弁源公忠女、参議を拝する由を仰せらる、と云々。主上の御前に非ずして法皇の仰せを奉じて参議を任ずるは如何の由、人々多く之れを傾き奇しむ△、と云々。

円融院の大井川逍遥の際、有名な藤原公任の「三舟の誉れ」の話の後、円融院の宣で源時中を参議に任じたことを非難した話が続く。これもこの年の『小右記』はまとまって残っておらず、『玉葉』寿永二年（一一八三）七月三十日条（九条本）に、

▼円融院、太井川に逍遥す。舞の賞に依りて、参議に任ずる由を仰せらる。後日、除目に載せらる。▲此の事、『小野宮記』に見ゆ。彼の記の意、▽上皇の宣を以て参議に任ぜらるる条、甚だ之を難ず。△

と、『小右記』本文の引用と趣意文があり（こちらは確実に逸文であろう）、それと『古事談』との間に関連があることから、大日本古記録は、

〇玉葉ニヨルニ、コノ話ハ蓋シ小右記ニ出シナラン、

というコメントを付している。時中の任参議に関しては、たしかに『小右記』逸文である可能性もあるが、「三舟の誉れ」については如何であろうか。この話題については他の人の記した日記を参照した可能性も高かろう。「コノ話」というのが公任説話も含むとしたら、少し無理があるように思える。

・永延元年（九八七）七月一日

『続古事談』巻第四―九（一〇三）

一条院の御時、▼六月つごもりに、風吹、雷おどろ〳〵しくなりけるほどに、母后の御方に藤典侍と云人に、北野天神つき給てのたまひける、「我家やぶれたり。修理せらるべし」。又、摂政、上達部ひきぐして、賀茂にまうでて、十列・音楽たてまつる、うらやましきよし、託宣ありて、うたをよみたまひける、

うらやみにまよひしむねのかきくもりふるは泪のさまをみてしれ

このあひだ、殿上の殿もり司一人、鬼間にてしに入たりけり。陣の外に昇出て、いきいでにけり。そののち摂政、人々をぐして北野にまうでて、作文・和歌ありけりとぞ。▲

一条朝初年、菅原道真の処遇について、主に道真への贈位贈官と北野天満宮の処置をめぐって、様々な議論が交わされた。この説話はその一環で、藤典侍（藤原繁子）という女房に託宣があり、和歌を詠んだというものである。これについては、

『百練抄』四に、

今年、北野の宝殿を改造す月日、勘ずべし。▼七月一日▲小右記、▼昨日、暴風雷雨の間、北野天神、皇太后宮に於いて、藤典侍に寄託す。「北野宮、破損の事」と云々。哥有り。▲

とあり、『小右記』を引いている。この年の『小右記』も写本が残っておらず、

『小記目録』第八・神社託宣事、永延元年七月一日に、

天満天神御託宣の事

とあるように、『小右記』の本文にも、天満天神の託宣についての記事があったことがわかる。

しかし、それをもって、大日本古記録のように、

○小記目録・百錬抄ニヨルニ、コノ話ハ蓋シ小右記ニ出シナラン、

と言い切れるものなのであろうか（「▼　▲」の符号は、「その内容が専ら小右記から出ていると認められる記述」とのことである）。託宣についての記事はあったのであろうが、それに続く和歌まで、『小右記』が載せるのであろうか。日ごろ、『小右記』を読んでいる身としては、何とも得心がいかないのである。その後、藤原兼家が人々を引き連れて北野に参り、作文・和歌会を催したという部分についても同様である。

・正暦元年（九九〇）正月十一日

『続古事談』一―一九（一九）

▽一条院、円融寺へ行幸ありけるに、御拝はてて御対面し給時に、御くだもの・いもがゆなどまいらせて後、主上、釣殿に出給て、上達部をめしてついがさね給ふ。おほせありて、母后の女房車二十両、池の東にたてらる。船楽しきりに奏して、盃酌たび〳〵めぐる。主上、御盃を左大臣にたまふ。庭におりて拝せらる。院御盃は、摂政、給て、堂上にて拝せられけり。仁和寺別当済信を召て、かはらけとらしめて、律師になされけり。御遊の時、主上御笛ふき給ふに、其音めでたくたへなりければ、院かんじて、御笛の師右兵衛督高遠朝臣をめして、三位ゆるされければ、高遠、舞踏して上達部の座にくはゝりつきたり。内裏より、院の御をくりものには、瑠璃の香呂、金の御硯箱、銀の紅梅の枝にうぐひすのゐたるに被付たりけり。院よりのをくりものは、御手本、御帯、御笛也。△

一条天皇の円融寺朝覲行幸に際しての、御拝・御対面・果物等・衝重・船楽・御盃・任律師・御笛・藤原高遠叙三位・天皇贈物・院贈物について述べた説話である。

この行幸については、『小右記』本文は残っていないが、二つの逸文が残っている。

『御遊抄』二・朝覲行幸には、

▼正暦元年正月十一日、▲小右記

▼円融寺。贈物・禄。

御遊。

主上、御笛を吹かしめ給ふ御年、十一。

御笛の師右兵衛督高遠朝臣を従三位に叙す。▲

とある。笛を吹いたということと、高遠の叙位が共通する。

また、『朝覲行幸部類』には、

▼正暦元年正月十一日、▲円融寺に幸す皇后、同輿す。。『小右記』に云はく、▼「主上、瑠璃の香炉・純金の御念珠筥御念珠を納む。見ず。紅梅に付す。枝を作り、鶯を居う。皆、銀。を奉る。又、院、御帯筥に納む。・御手本・御笛赤笛と号す。陽成院の物。故三条殿より伝ふ。頭中将、奉る所。を奉らる。」▲

とある。『続古事談』とは、天皇贈物と院贈物について共通する内容である。

これら二者の『小右記』逸文と、『続古事談』の文言の異同をまとめると、次のようになる。

『御遊抄』→『続古事談』では、

「円融寺。」→「円融寺へ行幸ありけるに、」

「御遊。」→「御遊の時、」

「主上、御笛を吹かしめ給ふ御年、十一。」→「主上御笛ふき給ふに、」

「御笛の師右兵衛督高遠朝臣を従三位に叙す。」
→「御笛の師右兵衛督高遠朝臣をめして、三位ゆるされければ、高遠、舞踏して上達部の座にくはゝりつきたり。」

一条天皇が十一歳で見事な笛を吹いた点がポイントとなるはずであるが、『続古事談』ではそれについては触れられていない。また、高遠が舞踏して公卿の座に加わったことは、『御遊抄』には見えない。

『朝覲行幸部類』→『続古事談』では、

「円融寺に幸す皇后、同輿す。。」→「円融寺へ行幸ありけるに、」
「主上、瑠璃の香炉・純金の御念珠筥御念珠を納む。見ず。紅梅に付す。枝を作り、鶯を居う。皆、銀。を奉る」
→「内裏より、院の御をくりものには、瑠璃の香呂、金の御硯筥、銀の紅梅の枝にうぐひすのゐたるに被付たりけり。」
「又、院、御帯筥に納む。・御手本・御笛赤笛と号す。陽成院の物。故三条殿より伝ふ。頭中将、奉る所。」
→「院よりのをくりものは、御手本、御帯、御笛也。」

となる。母后である詮子の同輿が問題となったはずであるが、『続古事談』では触れられていない。一条天皇から円融院への贈物は、念珠を納めた純金の念珠筥を金の硯筥とするなど、微妙に物品が異なる。円融院から一条天皇への贈物は、物品は同じであるが、順番が異なる。贈物の際には物の名を問答する儀式があり、順番が重要なのである。また、『朝覲行幸部類』には物品の来歴が記されているが（問答の際の答を記したものであろう）、『続古事談』ではすべて省略されている。

大日本古記録は、これらをもって、

○朝覲行幸部類・御遊抄ニヨルニ、コノ話ハ蓋シ小右記ニ出シナラン、と解釈しているが（「▽　△」は「疑はしい記述」のはずなのだが）、はたして『続古事談』の説話は『小右記』以外の、他の日記から採られた可能性はないのであろうか。この行幸には多くの廷臣が供奉していたはずであり、日記を記録した者は多かったであろう。『続古事談』が語るくらいの内容であれば、どの日記を参照しても、記されている単語と一致するに違いない。

・正暦五年（九九四）二月

『江談抄』第四―六五

　太政大臣を贈られし後の託宣　正暦五年四月

▽昨は北闕に悲しみを蒙ぶる士と為り　今は西都に恥を雪ぐ尸と作る

生を恨み死を歓ぶ我をいかんせん　今すべからく望み足りて皇基を護るべし△

吾は希ふ段干木の優息して魏君に藩たりしを　吾は希ふ魯仲連の談咲して秦軍を却けしを

この詩は、天満天神詠ぜしむる人のために、毎日七度護らんと誓はしめ給ひし詩なり。

菅原道真が太政大臣を贈られた後に、託宣があり、その中で詩を詠じたという説話である。これについては、『百練抄』四・正暦四年閏十月二十日条に、

　菅丞相に太政大臣を贈る。内大臣の夢に依るなり『小右記』に云はく、▼五年二月四日、「安楽寺の勅使、帰りて云はく、「託宣の詩有り」と云々」と。▲

という『小右記』逸文が残されており、実資は託宣の詩が有ったという勅使の言葉を記しているが、詩自体を記しているわけではない。

だいたい、実資が漢詩を『小右記』に記す例はなく、たしかに大日本古記録が、

○右ノ詩、蓋シ百練抄所引小右記ニイフ託宣詩ナラン、小右記トノ関聯明ラカナラザレドモ、参考トシテココニ掲グ、

と記しているように、『小右記』自体との関連は不明と言わざるを得ず、『江談抄』が『小右記』を引いた可能性はきわめて低いと考えるべきであろう。

以上は『小右記』としてはごく初期のものであるが、この後、何故か説話と関連があるとされる記事は見られず、次に大日本古記録において関連が云々されるのは、三十一年後の記事である。

説話と関連のある可能性がある『小右記』の逸文に、『小右記』の初期の時期のものが多いというのは、何やら示唆的である。説話集の編者が、このあたりまで『小右記』の本文を読んで、説話になりそうな記事を探したものの、段々と記事の多くなる年の巻（儀式の次第が詳しくなるのである）を前にして、断念してしまった可能性も、まったく考えられないわけではないのである（『小右記』の現代語訳を途中で諦めたくなる心境と同じか）。

・万寿二年（一〇二五）正月

『古今著聞集』巻第十八・飲食二十八・六一五「関白以下大后へ参り盃酌の事」

▼万寿二年正月三日、関白以下大后へまいり給ひて、盃酌の事ありける。人〳〵酔てのち、相引て皇太后宮へまいられたりけるに、又酒をすゝめられけり。関白よりはじめて、みな酔て歌舞に及にけり。殿下いでさせたまひけるに、春宮大夫頼宗・大納言能信、続松をとりてをくりたてまつり給けり。中納言道方、御車の簾かゝげられけり。▲いみじかりける事也。『小野宮の記』にみえたり。

正月三日の拝礼に関する説話が『古今著聞集』に収められている。「『小野宮の記』にみえたり」とあることから、『小右記』を見ているかのような書きぶりである。この月の『小右記』の写本は残っていないが、逸文としては、次のものがある。

『三条西家重書古文書』一・舎弟大納言取続松送関白退出事

『野略抄』

「万寿二年正月四日、淵酔あり。次いで相引きて皇太后宮に参る。又、酒事有り。行成卿、早く出づ。両大納言頼宗・能信已下、続松を執りて関白の退出を送る」と云々。

『野略抄』というのは『小右記』のいわゆる広本ではなく、何らかの略本のことである。

日付は『野略抄』が四日、『古今著聞集』が三日であるが、これは三日が正しい。『古今著聞集』は冒頭の部分では「大后」とあり、これでは藤原彰子のことになるが、後文では「皇太后宮」と藤原妍子であることを示している。『古今著聞集』では、藤原行成の早退については記さず、代わりに淵酔と歌舞について記している。続く関白藤原頼通の退出に舎弟の藤原頼宗・能信が続松を執って送ったことは両書に共通するものの、『古今著聞集』ではその後に、源道方が頼通の車の簾をかかげたことを記すが、これは『野略抄』には見えない。

両書はかなり近いが、はたして『小右記』が直接の典拠かどうか、判断に困るところである。『野略抄』には見えない部分が、『古今著聞集』には記されているからである。それらの部分は、他の史料を見て記したものか、編者の創作か、または略本ではない広本の『小右記』を見て記したのであろうか。

なお、この説話については、何故か大日本古記録は何も判断のコメントを記していない。

・万寿二年（一〇二五）五月・六月

『古事談』巻第五―三八（三七〇）

▼万寿二年五月の比、関寺に材木を引く牛有り。此の牛、大津の住人等の夢に多く迦葉仏の化身の由を見る。此の事披露の間、貴賤上下、首を挙げて彼の寺に参詣し、此の牛を礼拝す、と云々。而るに件の牛、両三日病気有りて、六月二日、太だ重し。入滅の期近かるべきか。然る間件の牛、牛屋より出でて、漸く歩みて御堂の正面に登る。御堂を廻ること二匝、道俗、涕泣す。其の後仏前に臥し、寺僧等念仏す。又た更に起ちて、相ひ扶けて廻ること一匝なり。本の所に帰りて臥す、と云々。幾程を経ずして入滅す、と云々。実に化身と

謂ふべきか、▲と云々。

これは有名な関寺の霊牛の説話である。関寺というのは、逢坂関の手前の東海道沿いにあった古寺で、創建年次は不詳である。貞元元年（九七六）に大地震で倒壊したものの、源信が弟子延鏡に復興を命じ、万寿二年に再興させた。この間、寛仁四年（一〇二〇）十二月には、菅原孝標女が、上総からの上京の途上で、「丈六の仏の、いまだ荒造りにおはする」を横目で眺めている（『更級日記』。実際には下向の途上）。

そして再興が成った時に、檮葉仏（迦葉仏。過去七仏〈釈尊を含めて前世の七人の仏〉の第六の仏）の化現との夢告のあった「霊牛」が出現したのである。藤原道長をはじめ多くが参詣してこの牛に結縁（人が仏法に触れることによって未来の成仏・得道の可能性を得ること）したが、牛は夢告で示された日時に入滅した(4)。さて、『三条西家重書古文書』一に、『小右記』の逸文が、次のように残されている。

『野略抄』

関寺牛事

万寿二年五月十六日、関白、関寺に参らる。近日、上下、参詣す。其の由緒を尋ぬるに、「彼の寺の材木を引く牛、大津に住む者の夢、此の牛、迦葉なり」と云々。

同年同月二十三日、関寺に参り、諷誦を修す。次いで牛に向かふ。繋がずして閑かに立つ。気色、柔奕。心底に祈念し、退帰す。

同牛入滅事

同年六月一日、関寺の牛、其の病、太だ重し。入滅の期、近かるべきか。彼の在所より出でて、漸く歩き、御堂の前に登る。御堂を廻ること二匝。道俗、涕泣す。其の後、仏前に臥す。僧等、念仏す。又、更に牛を相扶け、又、一匝し、本の所に帰る。誠に化身と申すべし。「入滅、若しくは今夜か」と云々。

画同牛事

同年同月四日、或いは云はく、「関寺の牛、即ち掘り埋む。又、其の像を画き、堂中に懸く」と。件の牛を見ざる上達部、大納言行成、参議広業病後の灸治。・朝任妻の産穢。。

五月十六日条と六月一日条には、傍線部分のように、両書に共通する部分が存在する。大日本古記録はこれをもって、

○三条西家重書古文書ニヨルニ、コノ話ノ全ク小右記ニ出シコト、疑ヒナカルベシ、

と断定しているが、本当にすべてが『小右記』を引いたものであることは、疑いのないところなのであろうか。

たとえば、『左経記』にも、

（五月）十六日、丁酉。天晴る。「関寺に牛有り。年来、我、造堂料の材木を運び用ゐしむ。而るに近曽、大津の住人等、迦葉仏の化身の由を夢見る。此の夢、洛下に披露す。仍りて大相国禅閤・関白左大臣を始め奉り、下民に至るまで、首を挙げて参り、牛と結縁す」と云々。「此の堂幷びに仏、横川の源信僧都の在日の語に依り、僧延慶、諸人に進めて造立せる所なり。造作、終功せんと欲する間、此の事有り。誠に牛に化し、此の界と別れんと欲する期か」と云々。

（六月）二日、壬子。晴る。早旦、関寺に参り向かふ。未剋に及び、寺に到る。先づ牛を見る。聖人、云はく、「日ごろ、悩気有り。而るに去ぬる晦日、漸く興き立ち、御堂を廻る。三匝、了りて、本所に帰る間、中路に於いて臥し、起ち興くるに堪へず。仍りて人々、合力して興き立て、本所に持ち来たりて臥す後、已に興き立たず。斃去せんと欲するなり」てへり。余、此の事を聞き、感祈の念を成す。即ち両三度、頭を挙げ、余を見る。頗る涕泣す。酉剋に及び、頭を北面し、西の空に帰る。即ち堂の後ろの山に埋め、帰洛す。

三日、癸丑。陰る。終日、降雨。或る人、云はく、「関寺の迦葉仏の化牛、已に入滅す。即ち堂の後ろの山

を穿ちて埋む」と云々。三井僧都、寺僧等を率ゐて念仏す。

という記事がある。上下の貴賤がこぞって見物に訪れたというのであるから、他の人もこれを日記に記録したはずである。『小右記』（『野略抄』）には六月二日条がなく、二日の牛の入滅は記されていないが、『左経記』と『古事談』には六月二日という日付とともに牛の入滅が記されているのである。『古事談』の説話も、他の日記から採った可能性が高いのではないだろうか。

たとえば、この直後に菅原師長は『関寺縁起』を書いた。また、『栄花物語』にもこの説話が収められている。それら複数のものから、『小右記』に限定して『古事談』の原史料となったと考えるのは、いささか早計ではないかと考えられよう。

以上、大日本古記録が収めた七つの説話について、『小右記』との関連を考えてきた。いずれの説話も、「コノ話ハ蓋シ小右記ニ出シナラン」とか「コノ話ノ全ク小右記ニ出シコト、疑ヒナカルベシ」とか断定できるようなものではないことは明らかであろう。これらの説話を『小右記』の逸文と考えるのには、あくまで慎重でなければならない。

国文学全集にみる「説話」の典拠

新編日本古典文学全集『今昔物語集』(5)には、「出典・関連資料一覧」が付いているが、「出典」に『小右記』とある説話はなく、「同話・関連資料」として、

巻第十二―第二十二「於法成寺絵像大日供養語」『小右記』治安元年条

巻第十二―第二十三「於法成寺薬師堂始例時日現瑞相語」『小右記』治安四年条

巻第二十三―第十三「平維衡同致頼合戦蒙咎語」『小右記』長保元年七月・十一月・十二月条

巻第二十四―第三十三「公任大納言読屏風和歌語」『小右記』長保元年十月条
巻第二十五―第九「源頼信朝臣責平忠恒語」『小右記』長元元年・四年・五年条
巻第二十八―第三「円融院御子日参曾禰吉忠語」『小右記』永観三（寛和元）年二月十三日条
巻第二十九―第十七「左大臣御読経所僧酔茸死語」『小右記』寛弘二年四月八日条
巻第二十九―第六「放免共為強盗入人家被捕語」『小右記』長徳二年六月十四日・寛仁三年四月十二日条
巻第二十九―第八「下野守為元家入強盗語」『小右記』万寿元年十二月八日・万寿二年三月十七日・七月二十五日・七月二十八日条
巻第三十一―第二十九「蔵人式部拯貞高於殿上俄死語」『小記目録』天元四年九月四日条

が挙げられ、「類話・その他」として、

巻第十九―第十七「村上天皇御子大斉院出語」『小右記』長元四年条
巻第二十四―第三十三「公任大納言読屏風和歌語」『小右記』寛仁二年正月二十一日条
巻第二十六―第二十三「鎮西人打双六擬殺敵被打殺下女等語」『小右記』寛仁三年八月十一日条
巻第二十八―第五「越前守為盛付六衛府官人語」『小右記』長和四年七月五日条

が挙げられているに過ぎない。

旧版の日本古典文学全集『今昔物語集』(6)にも、それぞれの説話に「典拠」が説明されているが、古記録と関わりそうなものはすべて、「本話の典拠は未詳」と記されていて、内容について、以下のように古記録との関連が説明されている。

巻第二十三―第十三「平維衡同致頼合戦蒙咎語」

本話の典拠は未詳。……『権記』『小右記』『御堂関白記』以下にしるすところとほぼ一致し、本話は事実の概要を伝えたものに近い。

巻第二十四―第十一「忠明治値竜者語」

本話の典拠は未詳。……同一事件が『祈雨日記』〈後朱雀院御宇の項〉に「江帥記云々」として簡記されているほか、……

巻第二十四―第三十三「公任大納言読屛風和歌語」

本話の典拠は未詳。……ここにしるす屛風和歌詠進は史実で、……（『小右記』『権記』）。関連記事は『小右記』……、『権記』……などにみえる。なお、本伝承とは別に、類似の席への公任遅参を伝える記録がある。それは『小右記』寛仁二年正月二十一日の記事で、……本話はあるいはこの時の事件を誤り伝えたものか、それとも公任は二度類似の遅参をくり返したものか。

巻第二十五―第八「源頼親朝臣令罰清原□□語」

本話は表題だけをとどめる本文欠話。……事件の顚末については、『御堂関白記』に「……」と見え、『扶桑略記』に……と見える。

巻第二十八―第三「円融院御子日参曾禰吉忠語」

本話の典拠は未詳ながら、史実に基づく説話で、当日の模様は『小右記』（『古事談』にも転載）に詳しく、……

巻第二十八―第十七「左大臣御読経所僧酔茸死語」

本話の典拠は未詳。本話は一表題のもとにまとめられてはいるが、本来は第一・二段と第三・四・五の二話から成る。……前者は史実が説話化したもの、後者はそれに関連した後日譚である。後者については徴すべき資料を知らないが、前者については『小右記』に「……」、『日本紀略』に「……」と見え、その史実性が裏付けられる。『小右記』の記事によるに、本話はどうやら道長の談を一根元として貴族社会に伝播し、しだいに説話的成長を遂げたものらしい。

巻第二十八―第二十四「穀断聖人持米被咲語」

本話の典拠は未詳。……本話は史実の説話化したもので、源流となった史実は、『文徳実録』に「……」と見える。

巻第二十八―第二十六「安房守文室清忠落冠被咲語」

本話の典拠は未詳ながら、史実の説話化したもので、事件の概要は『御堂関白記』に「……」と所見。

巻第二十九―第八「下野守為元家入強盗語」

本話の直接的典拠は未詳ながら、史実譚で、万寿元年（一〇二四）十二月六日の深夜に発生した花山院の女王殺害事件の顚末が説話化したもの。……関連記事は『小右記』や『左経記』などに散見し、それらと本話との比較は、史実の説話化をたどる上にきわめて有益な示唆を与えるとともに、『今昔物語集』の作者考や成立論にも関連するところなしとしない。

巻第三十一―第三「湛慶阿闍梨還俗為高向公輔語」

本話の典拠は未詳。……前半の還俗にふれる話は『三代実録』『玉葉』にもみえ、……

巻第三十一―第二十九「蔵人式部拯貞高於殿上俄死語」

本話の典拠は未詳。……貞高頓死は『日本紀略』『小右記』にもみえる。

いずれも、古記録と説話は同じ話（事実）を語ることもあるが、説話が漢文史料を典拠としていると断定しているものではない。もちろん、日本古典文学大系『今昔物語集』(7)でも、「説話構成の直接の典拠は未だ詳かでない」とされ、新日本古典文学大系『今昔物語集』(8)でも、「出典未詳」とされているなど、同様の態度である。

要するに、大日本古記録よりも国文学の全集の方が、出典に関しては慎重にして禁欲的なのである。どういった経緯で大日本古記録がこれらの説話を『小右記』の逸文と断定されたかは知る由もないが、同じ事実を語っているからといって、説話の典拠が『小右記』と断定するのは早計と言わざるを得ない。

二　『小右記』と説話との間

それならば、『小右記』と説話との間に、まったく関係がなかったかというと、これまた軽々には断言できない問題である。ここでは、いくつかの関係付けられる説話について、『小右記』との間の「距離」を推測してみることにする。その過程において、『小右記』をはじめとする古記録から説話が生成される過程を考える際のヒントが見えてくるものと期待している。

・花山天皇、即位式で馬内侍を犯す

『小右記』永観二年（九八四）十月十日条（広本・不明、秘閣本）

……主上、須く列を引く後、着し御すべし。而るに吉時に依りて、早く着し給ふ。仰せられて云はく、「玉冠、甚だ重し。已に気上すべし。仍りて□御冠を脱ぐべし」と。次々の次第、云々。式のごとし。執翳の女孀、座に着す十八人なり。而るに十四人、之に候ずること、如何。行事の蔵人、慥かならざるか。相次いで褰帳二人左、弾正尹章明親王の女、右、前上総太守盛明親王の女。・威儀命婦四人、相分かれて座に着す。次いで威儀侍従……侍従佐芸、忽ち玉冠無き由を申す。仍りて右衛門佐武永の冠を召し、之を給ふ。……褰帳二人、座を起ち、東西の階を登り、帷を褰ぐ。女蔵人四人、御帳の内に入り、左右に相分かれて御帳の帷を助け褰ぐ。針・糸を以て結び閉づ。褰帳、座に復す。執翳の女孀、本座に還る。頃くして、執仗、警蹕を称す頗る遅引。せるか。……

『江談抄』第一「公の事」—二一「惟成の弁、意に任せて叙位を行ふ事」

また云はく、「花山院、御即位の日に、大極殿の高座の上において、いまだ剋限をふれざる先に、馬内侍を犯さしめ給ふ間、惟成の弁は玉佩ならびに御冠の鈴の音に驚き「鈴の奏」と称ひて、叙位の申文を持参す。天皇御手をもつて帰さしめ給ふ間、意に任せて叙位を行へり」と云々。

『古事談』巻第一「王道 后宮」—一七（一七）

「花山院御即位の日、馬内侍褰帳の命婦と為りて進み参る間、天皇高御座の内に引き入れしめ給ひて、忽ち以て配偶す」と云々。

『小右記』永観二年十月十日条に見える、花山天皇が即位式で、玉冠が重いので気上せするというので、これを脱ごうとしたという記事を、おそらくは故意に曲解して、女官を犯したというような荒唐無稽の説話が作られたのであろう。(9) もちろん、側近の蔵人頭である実資の日記には、これ以外の違例は記録されていない。

あるいはまた、『小右記』に「玉冠」と見えるのを「玉茎」、「執仗」と見えるのを「執伏」と誤読してしまったとか、儀式が頗る遅引したというのを邪推したためでもあろうか。いずれにしても、花山天皇の女性関係（これとても、それほど異質なものではないが）と、側近の藤原惟成が権力を振るったという事実が混ぜ合わされて、このような話になったのであろうが、後々にまで受け継がれるところを見ると、よほど人々の興味を惹いたのであろう。

・**花山天皇、鍛冶師延正を召喚す**

『小右記』寛和元年（九八五）二月七日条（広本・A系、前田本甲）

今日、物忌。門を閉づ。銀鍛冶延正を召し、銀器を打たしむ。

『今昔物語集』巻第二十八—第十三「銀鍛冶延正蒙花山院勘当語」

今昔、銀ノ鍛治ニ□ノ延正ト云フ者有ケリ。延利ガ父、惟明ガ祖父也。

其ノ延正ヲ召シテ、庁ニ被下ニケリ。尚妬ク思食ケレバ、「吉ク誡ヨ」ト仰セ給テ、庁ニ大キナル壺ノ有ケルニ、水ヲ一物入レテ、其レニ延正ヲ入レテ、頚許ヲ指出シテ被置タリケリ。十一月ノ事ナレバ、篩ヒ迷フ事無限シ。

漸ク夜深更ル程ニ、延正ガ音ノ有ル限リ挙テ叫ブ。庁ハ院ノ御マス御所ニ糸近カリケレバ、此奴ガ叫ブ音、現ハニ聞ケリ。延正叫ムデ云フナル様、「世ノ人努々、穴賢、大汶法皇ノ御辺ニ不参入ナ。糸恐ク難堪キ事也ケリ。只下衆ニテ可有キ也ケリ。此事聞持テヤ、ヲヰ」ト叫ビケルヲ、院聞シ食テ、「此奴、痛ウ申シタリ。物云ヒニコソ有ケレ」ト被仰テ、忽ニ召出シテ、禄ヲ給テ被免ニケリ。


実資が銀鍛冶師を召したというだけの事実を、花山天皇が銀鍛冶師を召してそのまま拘禁して拷問した、そして叫んだ言葉が面白いというので赦免したという説話になっている。

これも花山天皇の異常性を強調したいという思惑によって説話が形成された例なのであろう。

・道長、藤原伊周と弓競べ

『小右記』正暦四年（九九三）三月十三日条（広本・A系、九条本）
「昨日、摂政第に於いて射有り。内大臣以下の公卿、多く会す。前日の弓の負態」と云々。藤大納言朝光、銀の弦袋を以て懸物と為す。「而るに主人、虎の皮の尻鞘を以て、相替へ懸く」と云々。「上下、以て目くばせす」と云々。中宮大夫道長、中科。

『大鏡』人「太政大臣道長」

帥殿の、南院にて人々集めて弓あそばししに、この殿わたらせたまへれば、思ひかけずあやしと、中関白殿思しおどろきて、いみじう饗応し申させたまうて、下臈におはしませど、前に立てたてまつりて、まづ射させたてまつらせたまひけるに、帥殿の矢数いま二つ劣りたまひぬ。中関白殿、また御前にさぶらふ人々も、「いま二度延べさせたまへ」と申して、延べさせたまひけるを、やすからず思しなりて、「さらば、延べさせたまへ」と仰せられて、また射させたまふとて、仰せらるるやう、「道長が家より帝・后立ちたまふべきものならば、この矢あたれ」と仰せらるるに、同じものを中心にはあたるものかは。次に、帥殿射たまふに、いみじう臆したまひて、御手もわななく故にや、的のあたりにだに近く寄らず、無辺世界を射たまへるに、関白殿、色青くなりぬ。また、入道殿射たまふとて、「摂政・関白すべきものならば、この矢あたれ」と仰せらるるに、はじめの同じやうに、的の破るばかり、同じところに射させたまひつ。饗応し、もてはやし聞こえさせたまひつる興もさめて、こと苦うなりぬ。父おとど、帥殿に、「なにか射る。な射そ、な射そ」と制したまひて、ことさめにけり。

道長が道隆第の射儀で「中科」（的の中央部に射当てること）であったという事実と、道長が伊周を差し措いて政権の座に着いたという事実を組み合わせて作られた説話であろう。

・東三条院石山詣における道長と伊周の確執

『小右記』長徳元年（九九五）二月二十八日条（略本・B系、前田本甲）

「女院、石山に参らる。中宮大夫道長・権大納言道頼、宰相中将道綱・左大弁惟仲、御共に候ず」と云々。内大臣、車に乗り、御共に候ず。粟田口に於いて車より下り、御車の轅に属き、帰洛の由を申す。此の間、中宮大夫、騎馬にて御牛の角の下に進み立つ。人々、目を属す。其の故有るに似る。頭弁の談説する所なり。

『大鏡』人「太政大臣道長」

また、故女院の御石山詣に、この殿は御馬にて、帥殿は車にてまゐりたまふに、障ることありて、粟田口より帰りたまふとて、院の御車のもとにまゐりたまひて、案内申したまふに、御車もとどめたれば、轅をおさへて立ちたまへるに、入道殿は、御馬をおしかへして、帥殿の御項のもとに、いと近ううち寄せさせたまひて、「とく仕うまつれ。日の暮れぬるに」と仰せられければ、あやしく思されて見返りたまへれど、おどろきたる御気色もなく、とみにも退かせたまはで、「日暮れぬ。とくとく」とそそのかせたまふを、いみじうやすからず思せど、いかがはせさせたまはむ、やはら立ち退かせたまひにけり。父おとどにも申したまひければ、「大臣軽むる人のよきやうなし」とのたまはせける。

両書の文脈はかなり近いが、この時に扈従していた卿相は多くいたのであり、『大鏡』が他の古記録を参照した可能性もある。

・「長徳の変」の発端

『三条西家重書古文書』所引『野略抄』（『小右記』の逸文）

長徳二年（九九六）正月十六日条

右府の消息に云はく、「花山法王、内大臣・中納言隆家と、故一条太政大臣の家に相遇ふ。闘乱の事有り。御童子二人、殺害す。首を取り、持ち去る」と云々。

『小記目録』第十七・闘乱事

華山法皇と隆家卿と、闘乱の事

『日本紀略』長徳二年正月十六日条

今夜、華山法皇、密かに故太政大臣恒徳公の家に幸する間、内大臣幷びに中納言隆家の従人等、法皇の御在所を射奉る。

『栄花物語』巻第四「みはてぬゆめ」

かかるほどに、花山院この四の君の御もとに御文など奉りたまひ、気色だたせたまひけれど、けしからぬこととて聞き入れたまはざりければ、たびたび御みづからおはしましつつ、今めかしうもてなさせたまひけることを、内大臣殿は、「よも四の君にはあらじ、この三の君のことならん」と推しはかり思いて、わが御はらからの中納言に、「このことこそ安からずおぼゆれ。いかがすべき」と聞えたまへば、「いで、ただ己にあづけたまへれ。いとやすきこと」とて、さるべき人二三人具したまひて、この院の、鷹司殿より月いと明きに御馬にて帰らせたまひけるを、「威しきこえん」と思し掟てけるものは、弓矢といふものしてとかくしたまひければ、御衣の袖より矢は通りにけり。さこそいみじう雄々しうおはします院なれど、事かぎりおはしませば、いかでかは恐ろしと思さざらん、いとわりなういみじと思しめして、院に帰らせたまひて、ものもおぼえさせたまはでぞおはしましける。

実際に起こったのは従者同士の闘乱であるが、諸書はこれを曲解して描いている。「法皇の御在所を射奉る」（『日本紀略』）、「花山法皇を射奉る」（後の『小右記』長徳二年四月二十四日条〈略本・B系、伏見宮本〉の配流宣命）を故意に曲解し、これを潤色することで、このような説話が生まれたのであろう。[10]

「法皇の御在所」というのは花山院の坐していた輿を指すもので、闘乱の過程で矢が放たれたという事態が起こったことを指し、花山自身を狙ったわけではあるまい。『栄花物語』は、好色にして軽はずみな花山像を描き、また道長の政敵としての伊周の皇威を怖れぬ悪行を語るが、いくら何でも太上天皇の身体そのものに矢を射かけるなどということが、実際に行なわれたとは考えられない。

・**花山院司濫行**

『小右記』長徳三年（九九七）四月十六日条（略本・B系、伏見宮本）

右衛門督、示し送りて云はく、「宰相中将と同車して左府より退出せる間、華山院の近衛面、人数十人、兵仗を具し、出で来たる。榻を持たしめながら、牛童を捕へ籠む。又、雑人等、走り来たりて、飛礫す。其の間の濫行、云ふべからず」てへり。驚き奇しむこと、極まり無し。

『小右記』長徳三年四月十七日条（略本・B系、伏見宮本）

修理大夫と同車し、見物の為に知足院の辺りに向かふ。華山法皇、其の辺りに御す。未だ見物に及ばずして、中間、還御す。未だ其の由を知らず。左府、又、彼の辺りに座す。仍りて余、左府の見物の処に進みて、車を並べて之を見る。宰相中将・勘解由長官、左府の車に在り。左府、花山院の濫吹の事を示さる。或いは云はく、「件の事、左府より奏聞せらる。院の人々を追捕すべき仰せ有り。神館に在る使の官人等を召し遣はす間、側かに漏れ聞くこと有り、法皇、車を懸け、還御す」と云々。見物、畢りて家に帰る。束帯して祭使所に詣づ。源大納言、民部卿・平中納言、大蔵卿・修理大夫、右衛門督・左大弁・右大弁・宰相中将・勘解由長官、会合す。三献の後、還禄を給ふ。申剋ばかり、各、分散す。勘解由長官・雲上の人々、来会す。蹴鞠有り。又、小食を羞む。

或る者、云はく、「検非違使等、勅に依りて華山院を囲み、去ぬる夕の濫行の下手人を申す」と云々。此の間、慥かなる説を得難し。院の奉為、太だ面目無し。「積悪の致し奉るなり」と云々。或いは云はく、「下手人等、若し遂に出ださしめ給はざらば、院内を捜検すべき由、綸旨有り。此の事、左衛門尉則光（検非違使。又、彼の院の御乳母子なり。）彼の院に通ず」と云々。嗷々の説、記すべからず。

『小右記』長徳三年四月十八日条（略本・B系、伏見宮本）

「公誠朝臣、幷びに下手者四人、去ぬる夜、華山院より出ださる。検非違使、事の由を奏聞す。公誠朝臣に至りては、候ぜしむ。又々、追捕すべし」てへり。

『大鏡』地「太政大臣伊尹　謙徳公」

あてまた、花山院の、ひととせ、祭のかへさ御覧ぜし御有様は、たれも見たてまつりたまうけむな。前の日、こと出ださせたまへりし度のことぞかし。さることあらむまたの日は、なほ御歩きなどなくてもあるべきに、いみじき一のものども、高帽頼勢をはじめとして、御車のしりに多くうちむれまゐりし気色ども、言へばおろかなり。なによりも御数珠のいと興ありしなり。小さき柑子をおほかたの玉には貫かせたまひて、達磨には大柑子をしたる御数珠、いと長く御指貫に具して出ださせたまへりしは、さる見物やはさぶらひしな。紫野にて、人々、御車に目をつけたてまつりたりしに、検非違使まゐりて、昨日、こと出だしたりし童べ捕ふべし、といふこと出できにけるものか。この頃の権大納言殿、まだその折は若くおはしましほどぞかし、人走らせて、「かうかうのことさぶらふ。とく帰らせたまひね」と申させたまへりしかば、そこらさぶらひつるものども、蜘蛛の子を風の吹き払ふごとくに逃げぬれば、ただ御車副のかぎりにてやらせて、物見車のうしろの方よりおはしましこそ、さすがにいとほしく、かたじけなくおぼえおはしましか。さて検非違使つきや、いといみじう辛う責められたまひて、太上天皇の御名はくたさせたまひてき。かかればこそ、民部卿殿の御言ひごとは、げにとおぼゆれ。

花山院の乱暴さを語る説話。長徳三年四月十六日の賀茂祭の日に、花山院の院司が藤原公任・斉信の車に濫行をはたらくという事件が起こったのだが、その翌日の祭の還《かえ》さにおける振舞を語っている。高帽を被った屈強の者を従え、柑子で数珠を作って車の外に出し、物見に出かけたものの、検非違使が来ると這々の体《てい》で帰ったというものである。

実際に十七日には道長の奏聞によって院司の追捕が行なわれ、検非違使は花山院を囲んだ。また、十八日には花山院は下手人を差し出しているのであるが(『小右記』)、もちろん、この説話に語られるような装束や還さの見物があったわけではない。

問題は最後に、源俊賢の言ったとおりであったという作者の評言が続く点である。これは『大鏡』地「太政大

臣伊尹 謙徳公」の、「冷泉院のお狂いよりも、花山院のお狂いのほうが始末に困るものだ」という言葉を指しているのであるが、この事件を素材として、それに根拠を与えているのである。

・道長御嶽詣に藤原伊周・隆家襲撃の噂

『小記目録』第十五・諸社、寛弘四年（一〇〇七）八月九日

伊周・隆家、致頼と相語らひ、左大臣を殺害せんと欲する間の事

『大鏡』地「内大臣道隆」

また、入道殿、御嶽にまゐらせたまへりし道にて、「帥殿の方より便なきことあるべし」と聞こえて、常よりも世をおそれさせたまひて、たひらかに帰らせたまへるに、かの殿も、「かかること聞こえたりけり」と人の申せば、いとかたはらいたく思されながら、さりとてあるべきならねば、まゐりたまへり。

道長が彰子の懐妊祈願のために金峯山詣に行っていた際、とんでもない噂が、都では流れていたのである。『小右記』の本文には、噂の内容が詳しく記録されていたのであろう。『小記目録』では名前の挙がっていた隆家が、『大鏡』には登場しないのも、隆家に対する好意的な思いによるものであろうか。

他にも、萩野文庫旧蔵本『大鏡』（九大本系）には、伊周がしばしば道長第を訪れて双六を打ち、故意に負けてばかりいたものの、足の裏に「道長」と書いて踏んで歩いていた、という説話も見える。

一条天皇と彰子との間に皇子の懐妊が起こりそうなこの時期、伊周周辺が再び騒がしくなったというのも、わからないではない(11)。

・彰子御産に際しての怪異

『小右記』寛弘五年（一〇〇八）八月十八日条（略本・B系、九条本）

「昨夕、左府の井屋、故無く忽然と顚倒す。昨、風雨無し。忽然と顚倒するは、怪と為す」と云々。「近曽、

中宮の御在所の塗籠の内に犬産あり。亦、怪と為す」と云々。

『江談抄』第二「雑事」—九「上東門院の御帳の内に犬出で来たる事」

「上東門院、一条院の女御たりし時、帳の中に犬の子、不慮のほかに入りてあり。見つけて大いに奇しみ恐れては入道殿(道長)に申さる。入道殿、匡衡を召して密々にこの事を語らしめ給ふに、匡衡申して云はく、「極じき御慶賀なり」と申すに、入道殿、「何故ぞや」と仰せらるるに、匡衡、申して云はく、「皇子出で来たらしめ給ふべき徴なり。犬の字は、これ点を大の字の下に付くれば、太の字なり。上に付くれば、天の字なり。これをもつて謂ふに、皇子出で来給ふべし。さて、太子に立ち、必ず天子に至り給はんか」と。入道殿大いに感ぜしめ給ふ間、御懐妊有り。後朱雀院天皇を産み奉らしむるなり。この事秘事なり。退席の後、匡衡私かに件の字を勘へしめて、家に伝へしむるなり」と云々。

道長女彰子の出産となると、様々な噂が宮廷社会を駆けめぐったであろうことは想像に難くないが、これはその一端。すわ怪異かと怖れる道長に、これは大慶の徴であると勘申した大江匡衡のことは、大江氏内部で語り継がれてきたのであろう。

実際には敦成親王(後の後一条天皇)出産の折の話であるにもかかわらず、『江談抄』では敦良親王(後の後朱雀天皇)懐妊の徴としている点、皇統を嗣いだ後朱雀の話にした方がありがたみが増すといった政治的な思惑を覗かせている。

・伊周、敦成親王御百日に序題を書く

『小右記』寛弘五年十二月二十日条(略本・B系、九条本)

……令有りて、左大弁行成卿、硯を執る。近くに進み、和歌を書かんと欲するに、帥、紙筆を乞ひ取りて序題を書く。満座、頗る傾き奇しむこと有り。帥、丞相に擬す。何ぞ輒く筆を執るや。身、亦、忌諱有り。思ひ知らざるに似る。大底、無心か。源中納言俊賢卿、同じく斯の旨を談ず。更に亦、左大弁を以て和歌を書かしむ。……

『大鏡』地「内大臣道隆」

帥殿は、この内の生まれさせたまへりし七夜に、和歌の序代書かせたまへりしぞ、なかなか心なきことやな。本体はまゐらせたまふまじきを、それに、さし出でたまふより、多くの人の目をつけたてまつりて、「いかに思すらむ」「なにせむにまゐりたまへるぞ」とのみ、まもられたまふ、いとはしたなきことにはあらずや。それに、例の入道殿はまことにすさまじからずもてなし聞こえさせたまへるかひありて、憎さは、めでたくこそ書かせたまへりけれ。当座の御面は優にて、それにぞ人々ゆるし申したまひける。

十二月二十日、彰子御在所において敦成親王の百日の儀が行なわれた。道長が公任に命じて皆に盃を勧め、和歌を詠ませた。能書の行成が、公卿たちの詠んだ歌の序題を書こうとしていた時、伊周が行成から筆を取りあげ、自作の序題を書いた。『小右記』と『大鏡』は似ているようにも思えるが、この行為は『御堂関白記』や『権記』にも記録されており（他にも多くの古記録に記されたであろう）、よほど皆の注目を惹いた行為だったのである。『大鏡』の典拠がそれらのうちのどれであったかを知ることはできない。しかも『大鏡』は、九月十七日に行なわれた七夜の産養の際のことと設定している。後半で伊周の序題を称讃しているのは、『本朝文粋』に納められるなど、文学的に評価されたことを承けてのものであろう。

以上、いくつかの例を並べてみた。いずれも『小右記』のような漢文史料（その代表的なものが古記録であることは言うまでもない）のどれかを元々の典拠としていることは想定できそうである。しかし、直接の典拠が『小右記』であると断言できるものはない。種々の古記録を抄出したり、尾鰭を付けて潤色したり整形したり、漢字仮名交じり文に直したりと、様々な加工を施して、説話を形成していることが窺えるのである。

おわりに――『小右記』と説話との間に――

小峯和明氏は、漢文資料と『今昔物語集』との間に、「十一世紀後半あたりに作られた仮名交じり文体の、比較的規模のおおきい説話集の存在」を想定され、その代表に、散逸した『宇治大納言物語』が該当する可能性が高いと推定された(12)。これは最初に挙げた池上洵一氏の推定と同様である。

しかし、実際に起こった事実を記録した漢文史料を原史料にして、現存説話集の基となった仮名交じりの説話集が作られたとするならば、その説話集は、古記録のような漢文史料から直接、引用してそれを仮名交じり化したのであろうか。そもそも、平安中期に漢文史料を仮名化した文献が、どのように、どれくらい存在したのであろうか。

また、仮名交じりの文献を間に介在させることなく、古記録のような漢文史料、または二次的な漢文史料を基として編修された説話集も存在したのであろう(13)。

ⓓ事件→古記録→説話集（『古事談』『続古事談』など）

ⓔ事件→古記録→漢文文献→説話集（『今昔物語集』など）

ⓕ事件→古記録→漢文文献→仮名文献（『俊頼髄脳』『宇治大納言物語』など）
→説話集（『今昔物語集』など）

ⓖ事件→古記録→仮名文献→説話集（『今昔物語集』など）

古記録と仮名交じり説話集の間に、古記録を仮名交じり化した文献が介在したという推測は、きわめて説得的ではあるけれども、ただ、たとえば膨大な『小右記』の記事の中から、説話になりそうな記事のみを抽出するのが、如何に困難な作業であったかは、想像に余りある。

それは、元々の『小右記』（広本）は、現存している『小右記』の写本よりも、はるかに巻の数が多く、記事も詳細であったはずだからである。しかも、ほとんどは儀式や政務の実務的な記事ばかりで、説話の材料となりそうな記事は滅多に現われないのであるし。

逆に、『小右記』を読んでいると、いかにも説話の素材となりそうな面白い出来事も、しばしば記録されている。説話集の編者（およびその基となった文献の筆者）は、それらを読むことはなかったのであろうか。

なお、池上洵一氏は、古記録の中の説話記事は単に面白いから記録されているのではなく、何らかの実用的な契機によって筆録されている、つまり情報を前にして対象の本質を理解し、それに対処する方途を探る手掛かりとして思い出された故事や逸話であると説明された。けだし慧眼と称すべきであろう(14)。

参考として挙げるが、『有職抄』三・竈神事に漢字仮名交じりで引載された『小右記』の逸文は、次のような記事である。

長和二年十一月二十九日。「采女町幷内膳屋贄殿焼亡、禁中ニ及ハス」ト云々。『後小野宮右府記』云、「「占申サシムルノ所ニ、御竈神ノ祟」ト云々。仍テ御禊ヲ奉仕ス。内膳司ノ御竈神三所也。一所ハ平野ト申。癸御祭ヲ奉仕ノ神也。一所ハ庭火、是尋常ノ御飯ヲ奉仕ノ神也。一所ハ忌火ノ神、是則十一月新嘗祭・六月神今食ノ祭、奉仕ノ神也」ト云々。

これは火災に際しての御竈神に関する記事であるが、こういった仮名交じり文献というのが、もっと大量に、広範に存在したのであろうか。

以上、古記録などの漢文史料と説話、そして説話集との間の距離について推測を重ねてきた。いずれにしても、説話形成の事情は、各説話によって様々だったのであろうし、説話集それぞれの編修事情があったのであろう。

また、少なくとも説話をもって『小右記』の逸文であると断じる態度は、著しい早計であると判断しなければならないことを確認してきた。古記録の世界は深くて複雑だが、説話の世界はさらに深く複雑であることを実感した次第である。

註

（1）池上洵一「事実から説話へ（その1）――興福寺再建の霊験――」（『『今昔物語集』の世界――中世のあけぼの――』筑摩書房、一九八三年）。
（2）「古事談」（三木紀人氏執筆、日本古典文学大辞典編集委員会編『日本古典文学大辞典　第二巻』岩波書店、一九八四年）、加藤友康「『小右記』における記録・典籍類の引用方法」（倉本一宏・加藤友康・小倉慈司編『『小右記』と王朝時代』吉川弘文館、二〇二三年）、倉本一宏『古事談　ビギナーズ・クラシックス　日本の古典』（KADOKAWA、二〇二〇年）。
（3）東京大学史料編纂所編纂『大日本古記録　小右記　十一』（岩波書店、一九八六年）。
（4）平林盛得「関寺牛仏の出現と説話・縁起・日記」（『聖と説話の史的研究』吉川弘文館、一九八一年、初出一九七〇年）。
（5）馬淵和夫・国東文麿・稲垣泰一校注／訳『新編日本古典文学全集　今昔物語集一～四』（小学館、一九九九～二〇〇二年）。
（6）馬淵和夫・国東文麿・今野達校注／訳『日本古典文学全集　今昔物語集一～四』（小学館、一九七六～七八年）。
（7）山田孝雄・山田忠雄・山田英雄・山田俊雄校注『日本古典文学大系　今昔物語集　一～五』（岩波書店、一九五九～六三年）。
（8）今野達・小峯和明・池上洵一・森正人・佐竹昭広校注『新日本古典文学大系　今昔物語集　一～五』（岩波書店、一九九三～九九年）。
（9）倉本一宏『敗者たちの平安王朝――皇位継承の闇――』（KADOKAWA、二〇二三年。初刊『平安朝――皇位継承の闇――』〈角川学芸出版、二〇一四年〉）。ちなみに、「天暦聖帝」と称された村上天皇も、即位式において長い時間、冕冠を着していて気上せし、吐瀉に及んでいるが（『即位部類記』所引『九条殿御日記』〈『九暦』〉天慶九年四月二十八日条）、村上には聖帝説話が作られている。

（10）倉本一宏『敗者たちの平安王朝――皇位継承の闇――』（前掲註（9））。

（11）倉本一宏『藤原伊周・隆家――禍福は糾へる纏のごとし――』（ミネルヴァ書房、二〇一七年）。

（12）小峯和明「今昔物語集とその時代」（小峯和明編『〈歴史と古典〉今昔物語集を読む』吉川弘文館、二〇〇八年）。

（13）池上洵一「説話の生成――信西・頼長説話の場合――」（『池上洵一著作集　第二巻　説話と記録の研究』和泉書院、二〇〇一年、初出一九八六年）。また、伊周配流説話の『小右記』本文からの抄録に関して、益田勝実氏が具体的に考察されている（益田勝実「抄録の文芸（一）」〈浅見和彦編『『古事談』を読み解く』笠間書院、二〇〇八年、初出一九六五～六六年〉）。

（14）池上洵一「公家日記における説話の方法――「興定め」のことなど――」（『池上洵一著作集　第二巻　説話と記録の研究』和泉書院、二〇〇一年、初出一九八七年）。

第三章　平安貴族社会における「老い」

はじめに

先年、『御堂関白記』の自筆本を長徳四年（九九八）から寛仁四年（一〇二〇）まで十四本、続けて開く機会があった。これまでいっぺんに見たことがなかったので気付かなかったが、年を経る毎に、だんだんと字が大きくなっているのである。藤原道長は長徳四年には三十三歳、寛仁四年では五十五歳となると、きっと老眼が進行した結果に違いないと、陽明文庫長の名和修氏と二人で笑ったものである。

道長といえば、四十二歳の寛弘四年（一〇〇七）八月に金峯山に登って経を埋納したことで有名であるが、私も同じ四十二歳になった年の八月に金峯山に登ってみた。その日も寛弘四年に道長が登った日と同じ雨模様で、雨をおして急峻な山道や断崖を登った道長の執念を、すぐに実感することになったものである。ところが二〇一二年九月、わけあって久々に登ってみたところ、すでに道長が出家した年齢になってしまっていた。なお、道長は五十八歳の治安三年（一〇二三）に高野山の金剛峯寺奥の院を訪れている。

平安貴族にも、確実に老いは訪れる。しかも栄養が偏り、運動不足で、照明も暗かった当時、現代人よりも早く老化に見舞われたのではないかと思われるのだが。眼鏡や入れ歯がなかった当時、彼らはいったいどうしていたのであろう（森高千里さんに、「千年前はシャンプーどうしてたかしら―」とかいう歌があるが、まさに「平安貴族は老眼鏡や入れ歯をどうしてたのじゃろう」というわけである)。

ここでは、藤原行成・道長・実資の三人が記した古記録を通じて、摂関期貴族社会の「老い」について考えてみることとしたい。

一　平安貴族と「老い」

こんな例がある。尾張兼時は舞の名手であり、一条朝の「天下の一物」と称されていた。(1) はじめて史料に見えるのは寛和元年(九八五)二月の堀河院御遊のことである。(2) その後、寛弘四年の道長春日詣の際にも神楽を舞い、「甚だ神妙なる才男を舞ふ」と称されている。(3) しかし兼時も年齢には勝てず、寛弘六年(一〇〇九)十一月二十二日の賀茂臨時祭では、『御堂関白記』に次のように記されている。(4)

御神遊の間、伺候していた舞人の内、兼時を召して、立てて舞わせた。昔のようには舞えなかった。人々には、哀憐の様子が在った。以前は人長で名人であった。病が重く、年老いたことによって、舞を奉仕しなかったのである。

翌寛弘七年(一〇一〇)四月二十四日の賀茂祭でも、

舞の間に中座した。公卿が、舞人と陪従に盃を勧めた。兼時に衣を下賜した。兼時は年老いて、様子が以前のようではなかった。

と記されている。(5) 最初の登場から二十五年も経っていることを考えると、致し方ないところであろうか。この後、兼時の姿は史料に見えなくなる。

越智常世(経世)にも触れておこう。こちらは相撲の最手として、これも「天下の一物」であった。しかし、長和二年(一〇一三)七月二十五日に右大将実資の前に参上した常世は、「落馬して手を突き損じ、灸治を行なっており、また年齢が五十三歳に至っていて、取り組むことはできません」と申してきた。実資が身体を見たところでは、身体は痩せ衰えた様子があって、とても相撲の取れる状態ではなかった。[6]なお、周知のことではあろうが、当時の相撲は現在のように土俵から出たり手を付いたりすれば一瞬で勝負が決するようなものではなく、土俵もない時間無制限の、撲る、蹴る、締める、はては背骨を木に押しつけるという総合格闘技なのであった。

八月一日に行なわれた相撲抜出には、それでも出場させられたのであるが、常世の姿を見た道長は、次のような感慨を記している。[7]

> 左右の最手を召した。右方の最手の常世は、極めて見苦しかった。頭は白く、髪は無かった。度々、障りを申した。手を突いて入ってきた。

その一方では、多武文は七十歳を過ぎても競馬においては常に一番に出場するという栄誉を得、寛仁元年（一〇一七）九月二十三日の石清水競馬では、「武文は七十六歳に及んでいるとはいっても、騎馬の様子は、あたかも壮年のようであった」と賞嘆され、勝負に勝っている。[8]昔から色んな人がいたのである。

なお、現代の定年に相当する致仕は、令制では官人が七十歳以上になって官職を辞めることをいう。五位以上は上表し、六位以下は太政官に申請し、判任以下は太政官と式部省で処置された。

試みに『公卿補任』に見られる致仕年齢を数えてみたところ（若年時における致仕は除いた）、八世紀には七三、七三、七〇、七四、八〇、七一、七〇の七例で平均七三・〇歳、九世紀には七一、七〇、六八、六六、七〇、七〇、七一、八〇、七〇、七〇、七四の十一例で平均七〇・九歳と、ほぼ令制どおりの年齢で致仕している例が多かったが、十世紀には七〇、七五、七〇、八四、八〇、八四、七九の七例で平均七七・四歳と、やや高齢化している。

ところが十一世紀の摂関期になると、致仕の事例は長和五年（一〇一六）の平親信（七十二歳）、寛仁三年（一〇一九）の源俊賢（六十歳）、万寿元年（一〇二四）の藤原公任（五十九歳）の三例だけになる。致仕として扱われた官人が減少し（致仕を上表しても、ほとんど却下されるのである）、年齢も低年齢化している。俊賢の例では、実資は、

俊賢卿は大納言を辞退した。ところが官符には致仕であるという文言が有った。朝恩が有ったのである。年齢は未だ致仕の時に及んでいなかった。後々の人は先例とするであろうか。

と記している。(9)

なお、俊賢は、「（致仕した後も）御斎会の加供および荷前使の当日の欠役を奉仕することにします」と言っている。言わば定年後の非常勤の再雇用ということである。

ただ、先に述べたように、この後は致仕の例は減少していく。平安貴族社会において、高齢に伴う引退は、別のかたちで行なわれるようになっていく。

二　藤原行成と『権記』に記された「老い」

実は道長と行成の二人は、自身の日記に老いに関わる記述を行なうことは少ない。少なくとも日記の世界では、本章で取り上げる三人の中で老いということをしばしば記録していたのは実資だけであったということになる。まず、行成が『権記』の中に老いに関わる記述をしていたのは、現存する部分では、わずかに四例である。それぞれ、簡単に説明してみよう。

・長徳四年九月一日条（伏見宮本）

内裏造営に際して皇嘉門と弘徽殿を造営した前美濃守藤原共政が、道長に加階を懇望してきた。「私は奉公の後、特に過失はありません。受領を勤めたことは数国、年齢は六十歳を過ぎました。ただし、前任の間に身病を受け、留国や納官については、共にその勤めを果たしましたが、心神が安らかではなかったので、未だ公文を勘

済し終わっていません」という文言で始まる申文であるが、明らかな功績があるにもかかわらず公文を勘済していない（すでに勘済は行なっているとの由である）という点が、後に問題となる。

「もし持病が侵さず、余命が続くのでしたら、且つは勤公を致したく、且つは朝恩を期したいのです。ところが病は綿々と続き、命は時剋を待つ状態です。往昔の勤務は、空しく棄てるべきではありません。いやしくも加階の恩を戴き、もって墓所の飾りとしたいと思います」という訴えを見ると、別に位階くらい上げてあげてもよさそうにも思えてくる。

これを承けた道長は、「この朝臣は、村上天皇の御代に蔵人に補され、進士（文章生）となった。また、経歴は式部省と検非違使であった。朝家の顕要には共に選ばれている。大宰府の都督、数箇国の受領、その経歴するところは、功績が無いわけではない。朝廷に仕えて年老い、病に臨んで命は危い。その申請するところは、最も哀憐すべきである」と理解を示しながらも、「ただし、許容については、天皇の勅定に随うべきである」と、一条天皇の勅定に最終決定を委ねている。まあ、当然と言えば当然の処置である。

この命を承けた蔵人頭の行成は、すぐに内裏に参入して、一条天皇に奏聞した。道長も行成も、一条は許容するのではないかと思っていたはずである。ところが一条は、「この朝臣の申すところは懇切であって、最も許容すべきである。殿門を造営した功績は、また空しく棄てるわけにはいかない。ところが、任国の公文をすぐに勘済しない輩は叙用してはならないというのは、当今（一条天皇）が仰せ下したものである。旧績が有るとはいっても、それでは新制はどうなるというのか」と、これを拒絶した。

年老いて余命幾ばくもないという条件は、ここでは新制の張行に対する一条天皇の熱意の前では、完全に無視されたかたちとなったわけである。なお、共政は翌長保元年（九九九）九月三日条（伏見宮本）に「故共政朝臣の周忌法事の料」とあるように、長徳四年の日を隔てない時期に死去したようである。

・長保二年（一〇〇〇）十一月四日条（伏見宮本）

この年の十一月三日、蔵人所雑色の藤原頼明が右兵衛佐藤原重尹の従者に濫行されるという事件が起こった。重尹は頼明を車に押し乗せ、重尹の父である民部卿藤原懐忠の家に到った。ここで頼明は解放されたのであるが、上司である行成の許に赴いて、この事件を一条天皇に奏上するよう請うた。

行成は道長に報告したうえで、一条天皇に奏上した。一条は重尹を召問して弁明させるよう命じたが、重尹は懐忠の家に閉じこもって出て来ない。懐忠は、自分が弁明のために参内すると奏上してきた。こんな事件にも関わらなければならない当時の天皇も気の毒であるが、懐忠の親ばかちゃんりんぶりにも呆れてしまう。懐忠はこの年、六十六歳、懐忠五男の重尹は十七歳であった（子を持つ親の身としては、あまり笑えないのだが）。

翌四日、懐忠は、自分が下手人を進上させるということを一条天皇に奏上したが、一条は、「懐忠は理由を年老いて耄碌していることに寄せて、事情を知っているわけがないという事を弁明しようとしている。前後が倒錯しているようなものである。ただ重尹に、この間の事情を弁明させるべきである」と、その申し出を拒絶し、あくまで重尹を召問することを命じている。これも老いているという言い訳は、一条の前では何ら効果を示さなかったことになる。

なお、十一月七日、重尹は重病と称して召喚に応じなかったが、八日にも重尹召喚についての勅命が下り、十二月十日にも一条天皇は重尹の召喚を命じている。ただ、重尹がこの事件についてことさら咎め立てを受けた形跡はなく、長保三年（一〇〇一）三月十日、左近少将に任じられている。懐忠としてもひと安心といったところであろうか。

ちなみに、懐忠は寛仁四年まで生きて大納言に至り、八十六歳の長寿を得ている。重尹の方は永承六年（一〇五一）、六十八歳まで生きて要職を歴任し、権中納言に至っている。

・寛弘八年（一〇一一）四月二十七日条（伏見宮本）

僧綱召が行なわれ、大僧正雅慶以下が任じられた。その中で、権少僧都明肇は、甥の康延に職を譲ろうとしたが、一条天皇は許容しなかった。明肇の主張は、「天皇の夜居に伺候した功労が十余年。今、老年に及んでおり、傍例も多い」ということであったが、ここでも老年であることは、申請が容れられる根拠とはなっていない。しかたなく明肇は、ただ単に停任だけされている。この年、六十六歳であった。

・寛弘八年五月二十七日条（伏見宮本）

道長が自分の譲位を工作していることをようやく知らされた一条天皇は、行成を召し、藤原定子所生の敦康親王の立太子について最後の諮問を行なった。一条の心中としては、行成はおそらくは敦康の立太子を支持してくれるものと期待していたのであろうが、行成は一条に同情しながらも、いくつもの理由を挙げて藤原彰子所生の敦成親王立太子を進言し、一条にそれを認めさせた。

その理屈というのは、第一に、皇統を嗣ぐのは、皇子が正嫡であるか否かや天皇の寵愛に基づくのではなく、外戚が朝廷の重臣かどうかによるということ。第二に、皇位というものは神の思し召しによるものであって、人間の力の及ぶところではないということ。第三に、定子の外戚である高階氏は、「斎宮の事」（在原業平が伊勢斎宮恬子内親王に密通し、生まれた子が高階氏の養子となったという伝え。もちろん、事実かどうかは不明）の後胤であるから、その血を引く敦康親王が天皇となれば神の怖れがあり、伊勢太神宮に祈り謝らなければならないということ（伏見宮本のこの部分の『権記』は後世の追記の可能性もある）。そして第四に、敦康を憐れむ気持ちがあるのならば、年官・年爵や年給を賜い、家令でも置けばよろしかろうということである。

これらのうち、第二の、皇位は神の思し召しという根拠として挙げられているのが、仁和先帝（光孝天皇）は皇運が有ったので老年（五十五歳）に及んだけれども、遂に帝位に登ったということであった。

この根拠がどれだけ功を奏したのかはともかく、結局は敦康親王は立太子できずに敦成親王が立太子し、後に後一条天皇となる。敦康は寛仁二年（一〇一八）十二月、後一条が藤原威子を十月に中宮に立てた直後に、二十歳で薨去している。

以上のように、『権記』には、他の二つの古記録に比べると老いに関する記述がきわめて少なく、しかもいずれも老いているということを理由とした要求は、自己の要求の根拠としてはいながらも、結局はそれが通ることはなかった。もっと別の根拠がなければ、要求を実現することはできなかったのである。

なお、行成自身が、自己の老いについて言及している箇所がある。長保五年（一〇〇三）十月二十三日条（伏見宮本）で、表の具注暦と思われる箇所には、「外記庁に参った」とだけ、この日の勤務について記し、裏書に、次のように記しているのである。

もっぱら鬢の色が衰えてきた。再び故園（生まれ故郷）の情を動かした。

この年、行成はまだ三十二歳。長年の蔵人頭勤めで一条天皇や道長、東三条院詮子や彰子、定子の間を連絡し続け、やっとのことで参議に任じられて見任公卿の仲間入りを果たした二年後の記述である。この月の四日に世尊寺（元の桃園第）に赴いて額を書いており、生まれ育った地のことを思い出したのであろうか。なお、古記録で時おり見られる「二毛」という語は、四十歳を意味する。髪が白黒になるという義である。

三　藤原道長と『御堂関白記』に記された「老い」

次に道長の『御堂関白記』を見ていこう。まずは正月らしい目出度い話からである。

・寛弘四年正月十一日条（平松本〈古写本系〉）

この年の正月五日、道長の二歳年上の嫡妻である源倫子は、何と四十四歳で嬉子を出産した。当時としては大変な高齢出産である。ちなみに、いま一人の配偶者である源明子も、寛弘二年に四十一歳で最後の子である長家を産んでいる。道長が他の女性から子女を儲けたということがほとんどなかったことと併せ、これは道長という人物を理解するうえで、かなり重要な要素となるであろう。

この十一日の記事は、嬉子の七夜の産養のものである。長女である中宮彰子から、母親である倫子の出産祝いとして衣筥二合（一合に白い織物の衣と綾の襁褓、一合に綾の衣と絹の襁褓を入れてあった）が届いたことに対し、道長は照れながらも面目を感じている様が記されている。実資以下の欠席者を列挙しているのも、これもまた道長の心性であるが、この日の記事の最後を、道長は次のような記述で締めくくっている。

今夜の事は、老後の我が身としては、照れくさいことであった。また、中宮からこのような贈物が有るのは、希有な事である。かえってまた、面目を施した次第である。未だ家からお立ちになられた皇后が、母のためにこのようなことをなさった例はない。百年来、聞かないところである。以前の人々は、これは親が老いた後に立后していたのである。

自分の老いを恥じているというよりは、照れの裏返しのように見える。また、「老後の我が身」（とはいえ四十二歳）と言いながらも、若いうちに女を立后させることのできた自分を誇っているようでもある（もっとも誇るべきは倫子であろうが）。

・寛弘六年十一月二十二日条（自筆本）

・寛弘七年四月二十四日条（自筆本）

共に尾張兼時の老いに関する記事で、すでに第一節で述べた。なお、『紫式部日記』の寛弘五年（一〇〇八）十一月二十八日の賀茂臨時祭の記事でも、次のように記されていることを書き添えておく。

兼時が、去年までは舞人としていかにもふさわしい様子であったのに、今年はすっかり衰えてしまった動作は、私には関係のない人のことではあるけれども、しみじみと同情され、おのずとわが身の上に思いなぞらえられることが多いことでした。

『御堂関白記』としばしば価値観を共有しているのは、いつも気になるところである。なお、この記述は紫式部（藤式部）が彰子の許に出仕した年を推定するうえで重要な意味を持つものである。

・長和二年六月二十三日条（平松本〈自筆本系〉）

三条天皇の時代となり、道長はしばしば三条と意思の疎通を欠き、意見が衝突する事態も起こった。この年の六月二十三日の小除目では、三条は藤原懐平の権中納言昇任を道長に諮問した。三条としてみれば、道長五男の教通を権中納言に任じるということと引き替えに、自分に近い立場の懐平（実資の実兄）も昇進させようとしたのであろう。道長に語った理由というのは、「懐平は、長い間、（春宮権大夫や春宮大夫という）東宮司として私に仕え、年も老いてしまい、気の毒に（「いとほしく」）見える人である」というものであった。ところがこれに対し、道長は、中納言が七人にも上った例というのは未だ聞いたことがないという原則論から反対した。

この後のやりとりにおける三条天皇の執拗な言葉は、その性格の一端を語っているものと思われるが、一々挙げることはしない。三条の言葉をしばしば漢字仮名交じり文で記しているのは、これを正確に記録しておこうと道長が考えたためであろう。

渋る道長に対し、三条天皇は執拗に懐平の昇任を主張している。この件を諦めた道長は、嫡男頼通の権大納言昇任を求めて妥協をはかろうとした（中納言の席を一つ空けようとしたのである）。ところが三条は、こちらは取り合わない。

道長は、懐平が東宮司であったという理由で中納言に加えられることになったのならば、頼通も春宮権大夫として東宮司を勤めていたと、痛いところを衝いた。そこで三条は仕方なく、これに応じたのである。昇進した男二人を従えて彰子と妍子の許に慶賀に赴いた道長は、「今日は、私は面目が有った」などと喜んでいるが、あれだけの折衝を行なった後で喜ぶことができる道長というのは、やはり大した人物である。
　それはさておき、人事に関してしばしば情実を交え、しかも頑固な三条天皇との折衝には、道長も辟易したであろう。懐平昇任の根拠というのは、自分に長年、仕えてきたことと、老年に至って気の毒であるということなのである（ちなみに、懐平はこの年、六十一歳である）。
　前代の一条天皇が、老いを理由とした人事を拒否し続けたことと考え併せ、道長や宮廷社会は、三条天皇の政治姿勢に対する不満と、逆に一条への追慕を募らせたことであろう。

・長和四年（一〇一五）十月二十五日条（古写本〈藤原師実筆〉）

この年は、道長が五十歳、三条天皇が四十歳にあたる年であり、本来ならば算賀（長寿の祝い）が行なわれるはずであった。しかし道長は、前年十二月に、病悩している三条の算賀を行なえない以上、自分が算賀を行なえば誹難があるに違いないとの理由で、辞退するとの意向を示した（『小右記』）。自分が行なわない以上、三条も行なうわけにはいくまいといったところであろうか。
　実際には十月二十五日、彰子主催ということで道長五十の算賀の法会のみが盛大に行なわれた。法会が終わり、数献の宴飲の後、藤原公任が盃を取って進み、道長を祝う賀心の和歌を詠んだ。行成が筆を執って、これを書いた。

　　相生の松を糸とも祈るかな千歳の影に隠るべければ
　　（＝相生の松を糸のように祈るばかりです。私は千歳の影に隠れるに違いないので）

　道長の返歌は、次のようなものであった。

　　老いぬとも知る人無くばいたづらに谷の松とぞ年を積まゝし

（＝老いたとしても、それを知ってくれる人がいなかったならば、いたずらに谷の松のように年を積むだけであろう）

「人々は、この歌を褒誉してくれる様子が有った。度々、吟詠した」とあるが、道長が自分の詠んだ和歌を『御堂関白記』に記すのは、きわめて珍しいことである。五十歳になった道長が、一つの区切りとして、「老い」という語を和歌に詠み込んだのであろうか。

さて、道長は十二月二十七日、陰陽師を召して、翌年の三条天皇譲位の日時を勘申させ、「正月二十九日」という結果を得た（『御堂関白記』『小右記』）。

同じ十二月二十七日、興福寺から諸僧が上京してきて、三条天皇の四十歳の算賀の仏像・経・巻数・和歌を献上した（『御堂関白記』『小右記』）。三条は、仏像と経は返して、興福寺に安置するよう命じ、巻数と和歌は御在所に留めた。「厳寒の候、法師たちが参着したということであるが、悦んで尊く思われる」と語ったが（『御堂関白記』）、譲位の日が決まったこの日に、長寿の祝いの品を持ってこられて、三条はどのような心境で祝いの詞を聞いたのであろうか。

・長和五年三月二十六日条（古写本〈藤原師実筆〉）

この年の正月、何とか三条天皇が譲位して後一条天皇が即位し、道長は念願の外祖父摂政の座に就いた。道長は長徳元年（九九五）に右大臣、長徳二年（九九六）に左大臣に任じられて以来、一貫して太政官一上（首班）として政務を取り仕切ってきたのであるが、これまでの内覧ならいざ知らず、摂政ともなると、そのままいつも一上を勤めるというわけにはいかなくなっていた。

この段階における太政官上層部は、以下のとおりである。

左大臣　藤原道長　五十一歳
右大臣　藤原顕光　七十三歳

内大臣　　藤原公季　六十歳
大納言　　藤原道綱　六十二歳
大納言　　藤原実資　六十歳
権大納言　藤原斉信　五十歳
権大納言　藤原頼通　二十五歳
権大納言　藤原公任　五十一歳

政権獲得以来、ほとんど変わらぬ顔触れなのであるが、問題は顕光・公季という二人の大臣である。とかく政務や儀式の運用に疑問の残るこの両者に一上を勤めさせるというのは、政務の円滑な運用にとっては、支障を来たす事態ともなりかねない。

特に顕光は、ただ単に無能というわけではなく、自己流の式次第で押し通したがり、他人の忠告にも耳を貸さず、老齢ゆえに所作がままならないうえに、やる気と権勢欲だけはあるという、かなり困った人なのである（ついでに言うと、乱暴な武士を邸内に多数抱えているうえに、やたらと呪詛を行なうのである）。

困った道長は、次のような措置を執った。

私が左大弁（源道方）に命じて云ったことには、「太政官一上の決裁を必要とする文書は、大納言以上で参入している人々に申すようにせよ」と。先例では、一上は特定の人を指名するものである。ところが、私の次席の人々（顕光・公季）は、年老いてしまっていて、常に内裏に参るわけではない。そこで特定の人に決めないのである。

「大納言以上で参入している人々」というのは、これまた無能な筆頭大納言の道綱ではなく、実資・斉信・公任といった有能で実直な大納言や、これから政権担当の準備をしなければならない頼通を指すのであろう。ここでは、老いは問題の残る高位者を政務から排除する口実として使われているのである。

以上のように、『御堂関白記』にも老いに関する記述は、『権記』よりは多いものの、次に述べる『小右記』に比べるときわめて少なく、しかもこちらでも、老いているということが何か有利にはたらくという事例は見られなかったのである。道長自身も、饗宴の戯歌以外には、自身の老いを日記に記述することもなかった。

四　藤原実資と『小右記』に記された「老い」

そうなると、実資、および『小右記』の特異性が浮かび上がってくる。現存している量が『権記』や『御堂関白記』とは比べものにならないくらい多いということだけが理由ではあるまい。やはり実資という人の個性を考えるべきであろう。ちなみに、『小右記』には「老」という語が一二二回、出て来るが、『権記』には一〇回、『御堂関白記』には一三回、『左経記』には一七回、『春記』には四四回である。

「宿老」への眼差し

まず、「宿老」という語に注目してみよう。「経験が豊かで物事に詳しい老人。年功を積んだ老巧な人」という意味であるが（『日本国語大辞典』第二版）、これは中世の古記録にはしばしば見られるものの、国際日本文化研究センター「摂関期古記録データベース」では、『小右記』に五回出てくるのみである。

永祚元年（九八九）正月九日条（広本・A系、九条本）の「幼主（一条天皇）の御時は、宿老の人（源雅信、七十歳）は致仕の事は適切ではない」、正暦四年（九九三）六月十七日条（広本・A系、九条本）の「宿老の丞相は結ねたまま下給する」、長和四年八月二十七日条（広本・A系、前田本甲）の「中でも良円法師（三十三歳）は宿老ではない。また、器ではない」、治安三年閏九月二十八日条（広本・B系、伏見宮本）の「老少の僧五、六人が会集する中に、宿老の僧がいた」、万寿元年十二月十六日条（広本・A系、前田本甲）の「宿老の大臣が座を起たずに奏聞させた事は、故実が無いわけではない」といったところである。

特に万寿元年十二月十六日条は、「今日は風雪や寒気が特に甚しい。射場の辺りを徘徊することは、老骨には堪えられそうもない」ということで、「宿老の大臣が座を起たずに奏聞させた事は、故実が無いわけではない」と伝奏させたわけであるが、実はこの「宿老の大臣」というのは実資自身のことなのである。老いというものに向けた関心の高さ、経験が豊かで物事に詳しい老人に対する尊敬の眼差しというのは、実資自身の姿だったことになる。この傾向が若年時からのものであるとなると、それは実資の理想の未来だったということなのだろうか。

言い訳としての「老い」

それに関連するのであるが、実は『小右記』に見える一二二回の「老」という語のうち、かなりの割合、実に四六回は、記主である実資自身のことを指して記しているのである。

特に気の進まない行事に参入するのを断わる場合、また儀式の途中で退出する場合、本来の式次第とは異なる行動を取る場合の言い訳として、「自分は老いているので……」という言い方をするのである（先ほどの「宿老の大臣」も、同じような文脈であった）。

それは五十八歳の長和三年（一〇一四）に始まり、七十六歳の長元五年（一〇三二）、つまり『小右記』がまとまった写本で残っている最後の年まで続く。年代別に登場回数を並べると、五十代の時が二年で三回、六十代の時が十年で一七回、七十代の時が七年で二六回ということになる。年齢を重ねる毎に増えていくのは当然と言えば当然であるが、実資自身も、段々と口癖のようになっていたのではないだろうか。

また、寛仁年間から増えているのは、年齢に加えて、頼通政権となったことの影響が大きいのではなかろうか。

自分より九歳年少で、ほぼ同世代と言える道長が政権を担っていた時期はまだともかく、道長嫡男で自分よりも三十五歳も年少の頼通（この年、二十六歳）が寛仁元年に摂政を継いだということは、実資にとっては時代の変転を実感させられる事態だったのではないかと考えられる。

自分はもう若くはないので、このような行事には参列できませんという言い訳からは、実資の秘かな諦観と自負、そして誇りが見え隠れしてくるようである。

いくつか例を挙げてみよう。

・長和四年十月五日条（広本・A系、前田本甲）

長和三年十月二十五日に、道長は敦康親王や公卿・殿上人を引き連れて宇治別業で遊宴を行ない、衣を脱いで遊女に賜うなどの乱痴気騒ぎを起こした。一行の出立の様子を実資は密々に見物していたのであるが、それを知ってのことか、道長は翌長和四年の十月五日に実資を宇治遊覧に誘った。実資は、「遠処の逍遥には、老者（実資）は堪えられそうもない」と答えて、これを断わっている。

ただ、「桂のような所ならば、命に随うこととする」と、風聞させるために道長近習の卿相に談っている。それを承けた道長は、寛仁元年十月十一日に実資を桂に誘い、翌十二日、実資は、「希有の命に依って」桂に同行した。ただし、その遊宴の様子を「頗る軽々である」と批判しているのは、さすが実資である。

・寛仁元年八月三十日条（広本・A系、前田本甲）

頼通が摂政となってから最初の除目が行なわれた。実資は頬に腫物を患っていて、前日にも、「老人は、少しでも病悩が有る時は、無理に我慢して預かり参るわけにはいかない」と表明していたが、翌三十日も、「衰老の人は、必ずしも急いで参ることはないのではないか」と言って、不参した。

ただ、養子の資平に、摂政から下問があったら答えるように命じ、除目の様子についても逐一報告を受けているなど、強い関心は持っていたのである。九月一日には、「上達部の議定はまったく益が無い。散楽に異ならない」と、二日には、「受領功過定は泥のようである。公事ではない」と記すなど、まだまだ実資は健在であった。この年、六十一歳であった。

・**治安三年四月二十日条**（広本・B系、伏見宮本）

道長室の倫子が病悩していたので、実資はこれを見舞った。そこに「禅室」道長から、参入するようにとの書状が届いた（この頃、行成嫡男の但馬守実経が殺人事件に巻き込まれており、皆はその対策に右往左往していたのである）。そこで実資は、「本来ならば歩行して参入しなければならない。ところが、その距離はやはり遠く、老人には耐え難い」ということで、車に乗って参入したのである。その際、どこからどこまで移動したのか、明らかではない。実資本邸の小野宮から道長本邸の土御門第ならば直線距離で一キロメートルほどあるが、実資は倫子の見舞いに土御門第に赴いていたのであり、道長が法成寺にいたとすると、それは東隣までということになる。この年、六十七歳であった。

・**万寿三年（一〇二六）七月十日条**（略本・B系、伏見宮本）

七月九日、実資は老骨に堪えられないというので、はじめて輦車に乗って参内した。それを十日に「禅閤」道長と頼通に報告した。道長からの返報によると、「私（道長）は衰老・病患の身を我慢して内裏に参った。朔平門からは歩行して参入したが、そこからの距離は大変遠く、まったく堪えられそうになかった。父の兼家は朔平門から車を乗り入れて（内裏北門の）玄輝門に到り、そこで車から降りて歩行された。その前例を考え併せて、式乾門から車を乗り入れて（内裏西門の）陰明門で車から降りて参入しようと思う。それならば近いであろう」と、自身の参内について意向を述べた。

道長は、兼家は病は無かったが自分は重病である、ということで、このように求めた。実資は、内裏の西側の路は甚だ汚いので、掃除をするよう兵衛府に命じている。道長は八月十五日、出家後はじめて参内したが、結局は兼家の例に倣って、朔平門から車を乗り入れて玄輝門に到っている（『局中宝』所引『小右記』）。

なお、朔平門から清涼殿までは直線距離で一八〇メートル、宜陽殿までは二二〇メートルである。玄輝門からでも、清涼殿まで一二〇メートル、宜陽殿まで一五〇メートルである。これが陰明門からだと、清涼殿まで五〇メートル、宜陽殿まで一三〇メートルとなる。あまり変わらないようにも思えるし、どちらにしても「そのくらい歩けよ」と突っ込みたくなるのであるが、老齢で重病の道長にしてみれば、大変な辛苦だったのであろう。この年、実資は七十歳、道長は六十一歳であった。なお、道長は翌年の十二月に薨去している。

・**長元二年（一〇二九）四月一日条**（略本・B系、伏見宮本）

この日は未の初剋（現在の午後一時過ぎ）から孟夏旬の儀が行なわれていた。実資は最後まで参列し、最後の賜禄の儀を迎えた。禄を下賜された者は、拝舞を行なわねばならないのであるが、実資は、「老屈が格別に甚しく、拝舞には堪えられない」と言って退出した。時剋は亥四剋というから、現在の午後十一時前になる。そんな時間まで儀式に参列し、式次第を膨大な記事に残す実資は、やはり大したものである。この年、七十三歳であった。

さて、これらはおそらく、実際にも儀式の最中に口にしたり、参入を促す使者に語ったりした言葉を、そのまま日記に記録したものと思われる。つまり実資という人は、五十代の末から晩年に至るまで、「自分は老いているので……」という台詞を日常的に言い続けた人ということになる。

ただ、実際には実資が頗る元気であったことは、逸文を含めると八十四歳の長久元年（一〇四〇）まで残されている日記を見れば、明らかなところである。長元五年十二月十四日条（広本・A系、九条本）によると、関白頼通は七十六歳の実資に対し、「老いてなお強く、勤節の心は深い」と称揚している。

老者への非難と敬愛

次に目に付くのが、数は少ないながら、老者に対する非難である。顕光関係は後に述べるとして、ここで他の事例を考えてみることにしよう。

・長徳元年正月二日条（略本・B系、前田本甲）

例年のように土御門第の詮子の許に朝覲行幸が行なわれた。右大臣藤原道兼、内大臣伊周以下の諸卿が扈従したものの、大納言の藤原朝光・済時、権大納言の道長は不参であった。伊周に大臣を超越されたことに対する意趣を含んでのものであろう。それはまさに、この長徳元年という年に相応しい幕開けであったが、実資が非難しているのは、参入した参議藤原安親に対してである。

実資は、「老屈か」と記しているが、七十四歳というこの年齢になっても関白に追従する安親は、非難の対象だったのであろう。この年、実資は三十九歳。まだまだ血気の衰えていない壮年であった。

・寛仁三年三月二十九日条（広本・A系、前田本甲）

この年の三月二十一日に出家した道長の許を、二十九日に実資が訪れた。実資は、出家した道長を見て、「容顔は老僧のようであった」という感想を記している。ところが実資は道長に対し、「そもそも、山林に隠居してはなりません。また、一箇月に五、六度は、後一条天皇の竜顔を見られますように」と語った。

実資とすれば、頼通一人に任せるよりも道長が権力を行使し続けた方が、宮廷の安定につながると考えたのであろう。

それではいよいよ、顕光について述べよう。先にも述べたように困った人である顕光に対しては、実資はいつも手厳しい。ただ単に儀式に際して違例を演じるといった観点からだけではなく、老齢でありながら権勢欲が旺盛で、しかも場所柄をわきまえない老人という意味で、非難と嘲笑の対象となっているようである。なお、顕光は実資よりも十三歳も年長である。

・長和三年六月十六日条（広本・A系、前田本甲）

この日、三条天皇第一皇子の敦明親王（生母は藤原済時女の娍子）が、雑人たちを遣わして加賀守源政職を召し搦めさせ、車に乗せずに歩かせ、自ら歩いて率い、召し籠めて陵礫するという事件が起こった。この敦明というのは、しばしば暴力事件を起こしている者なのであるが、顕光二女の延子の婿として堀河院に顕光と同居していた。

実資は、次のように顕光を罵倒している。「丞相（顕光）は老宿の人であるのに、（敦明に）諷諫を加えない。如何であろう、如何であろう。丞相は元から賢くはないのだろう。特に言葉を加えて譴責させた。愚のまた、愚である」と。

本来は褒め言葉である「宿老」を逆さまにして使っているのは、意図的なものなのだろうか。なお、敦明親王をよく教導できない顕光に対しては、道長もしばしば批判している。

・長和三年十一月十七日条（広本・A系、前田本乙）

東宮敦成親王は、はじめて三条天皇への朝覲を行なった。七歳の敦成は、まったく作法を失することなく、見る者は感歎し、道長は涕泣した。かつて七歳で即位した一条天皇の幼少時を重ねて見ていたのであろう。もちろん、自分の姿は外祖父摂政であった父兼家と重ねていたはずである。

その儀では、教通が敦成を抱き、東宮傅を兼ねていた顕光が敦成の衣を持った。実資は、「大臣（顕光）は便宜が無い。老後に追従するのか」と批判している。たしかに、七十一歳にもなって道長に追従するのは、みっともない姿ではあろうが、顕光は東宮傅なのであるから、職務を遂行しただけの話である。いつも非難されている顕光は、普通のことをやっても非難されてしまうということであろうか。

・長和五年二月十九日条（広本・A系、九条本）

後一条天皇（敦成）の即位に伴って、斎王卜定の儀が執り行なわれた。この儀の上卿を勤めたのは、七十三歳の顕光であった。顕光としても、婿である敦明の立太子という晴れの時を迎えたわけであり、張り切っていたのであろう。

その卜定の儀においては、顕光は卜定の結果を神祇官にではなく、弁官である源経頼に伝えてしまった。これは道長の『御堂関白記』にも、「これは違例である」と記されているように、たしかに違例であった。なお、実資は『小右記』に、顕光の演じた失誤を、道長や経頼の指摘していた、右のことだけではなく、四箇条にもわたって指摘している。

そのうえで、道長の罵倒の言葉として、「老愚の者である。今になっては出仕されなくても、何事が有るであろうか」と記している。道長としてみれば、外孫の即位という晴れの時を迎えたのであり、その怒りもわからないではない。顕光は正月二十五日の固関・警固の儀の上卿を自ら買って出て執り行なった際にも数々の失態を演じてしまって、道長から、「今回は上卿辞退の意向を示したのに、それに気付かずに無理矢理に上卿を勤め、多くの失儀を演じて諸卿に笑われるとは、大馬鹿の中の大馬鹿である（原文は「至愚之又至愚也」）」と罵られたばかりだったのである。

・長和五年三月十六日条（広本・A系、九条本）

『御堂関白記』の項で述べた、顕光と公季を一上から外すという措置に関するものである。道長も正月の固関・警固の儀、二月の斎王卜定の儀で、散々懲りていたのであろう。道長が実資に述べた言葉として、次のように記されている。

一上に申す事は、今となっては右大臣（顕光）に申さなければならない。ところが老耄している上に、何事につけて便宜が無い。更に内大臣（公季）に申すのもそうであってはならない上に、右大臣に異ならない。

そこで大納言以上に申することとするということについて、近日中に宣旨を下すこととした。

道長が『御堂関白記』に記した理由は、老いているうえに不参が多いということであったが、実資に対しては、耄碌しているうえに無能であると、率直にその理由を語っているのである。これから一上を命じる実資に対するリップサービスかもしれないが。

・治安元年（一〇二一）三月二十九日条（略本・B系、前田本甲）

道長が無量寿院において百体絵仏を供養した。後一条天皇の病悩平癒の報賽であった。法会の後、舞楽が奏され、公卿たちは衣を脱いで舞人に下賜した。

実資は、世間に疫病が蔓延している時期に、こんなことを行なうべきではないと批判的であるが、特に道長に響応してまず衣を脱いだ顕光に対しては、「衰老の上﨟が追従した。二世（現世・来世）共に何の益が有るというのか。衆人は口を集めるばかりである」と手厳しい。

実資の顕光に対する批判は、これが最後となる。顕光がこの年の五月二十五日に七十八歳で薨去したからである。四、五、六月の『小右記』は残っておらず、その感想を知ることができないのは、まことに残念である。

顕光とは逆に、菅原輔正に対しては、実資は温かい眼差しを投げかけている。実資よりも三十二歳年長、文章道出身の学者でもある輔正は、実資や道長が活躍する時期には、ほとんど出仕もしてこなくなっていた。

長保元年（九九九）八月十七日条（広本・A系、前田本甲）は、信濃の駒牽の記事である。馬を分け取る際、輔正の冗子（腰掛け）が急に折れて、輔正は落ち臥し、見た者は哭いたとある。実資は、「李部（輔正）は年がすでに懸車（官職から退くこと）の齢を過ぎている（この年、七十五歳）。どうして更に馬を賜わる場に移ったのか」と同情している。

寛弘二年（一〇〇五）十一月二十三日条（略本・B系、前田本甲）では、輔正が実資の許を訪れた。実資が束帯を着している間に時間が経つので、「老人の気上せ」を補うため、魚子（魚卵か）を供したとある。その後、久しく談話し、一緒に参内したとある。実資にもこんな一面があるのかと、思わず安心してしまう記事である。輔正はこの年、八十一歳であった。

同じ寛弘二年の十一月二十七日条（略本・B系、前田本甲）は、内裏焼亡によって一条天皇と中宮彰子が東三条第に遷御した日の記事である。扈従した諸卿のうち、輔正だけが騎馬ではなく、密々に東三条第に参ったというので、実資は、「衰老によるか」と記している。

このように、優秀な学者としての輔正は、常に実資の敬愛を受けている。いつもは出仕せず、大事な行事の際にだけ参入する姿は、実資から見ると、理想的な老人の姿と映ったのであろう。もちろん、自分もそれに近付いているのかと思っているかのような、老者としての実資の自己認識も、そこに投影しているのであろう。

おわりに

以上、平安貴族社会における、主として藤原実資の老人像を眺めてきた。もちろん、これは実資が日記という世界に描いた像なのであって、現実の実資の姿とは微妙に異なることは、致し方ないところである。

実際、実資は老年に至っても、右大将の地位を手放さずにいた。大将には摂関と同様に随身が付くというのが、その理由だったとの考えもある。実資が右大将を辞したのは、長久四年（一〇四三）、何と八十七歳の年のことであった。

その間、孫の藤原資房からも、「右府は叙位に伺候されている間、老耄が特に甚しかった。今となっては退くべき者である。九十歳の人が公事に携わるなど、古今にこのような事はなかった。弾指すべきである」などと実資の耄碌を非難されたりするのであって、(10) まったく世の中はままならないものである（実資は、この年、実際には八十四歳）。実資が薨去したのは永承元年（一〇四六）、九十歳の年であった。

註

（1）『続本朝往生伝』第一話「一条天皇」。
（2）『小右記』（広本・A系、前田本甲）寛和元年二月二十一日条。
（3）『権記』（伏見宮本）寛弘四年二月二十九日条。
（4）『御堂関白記』（自筆本）寛弘六年十一月二十二日条。
（5）『御堂関白記』（自筆本）寛弘七年四月二十四日条。
（6）『小右記』（広本・A系、前田本甲）長和二年七月二十五日条。
（7）『御堂関白記』（自筆本）長和二年八月一日条。
（8）『左経記』（秘閣本）寛仁元年九月二十三日条。
（9）『小右記』（広本・A系、前田本甲）寛仁三年十二月四日条。
（10）『春記』（九条家本）長暦四（長久元）年正月六日条。

第四章　摂関期の君主号

はじめに

一九八〇年代後半というから、ちょうど私が大学院生の頃であった。昭和天皇の不予が明らかになるのと軌を一にして、いわゆる〝進歩的〟な知識人の間で天皇論が盛んになってきた。(1)私もその頃は、古代国家が天皇専制か貴族共和制かという、今から思えば牧歌的な論争に加わっていたので、それらの本も読むようにしていた。

その中で気になったのは、日本の歴史において、「天皇」という君主号が使われたのは、短い期間であったという言説であった。どういうことかというと、平安時代中期には、在位中の天皇にも「院」という君主号が使われるようになった。したがって、「後鳥羽天皇」とか「後醍醐天皇」という呼び方は適切ではないということであった。江戸時代も後期になり、国学が盛んになるようになって、「院」では町人の戒名と同じだということで、再び「天皇」という称号が使われるようになって、現在に至っているというのである。

その論者たちに、現代における天皇の権威を貶めたいという政治的な要求（希望）があることは、文脈から明らかであったが、それにしても、平安時代に「天皇」という君主号が使われなくなったというのは、本当のことなのであろうか。

日ごろ古記録を読んでいた身としては、「天皇」という呼称は、同時代史料としての古記録には頻繁に出てくるし、なんだか変だなあ、と思いながらも、当時はデータベースはもちろん、正確な索引もなかったので、この問題はほったらかしにしておいたのであった。

しかし、様々な古記録を解読するのが主たる仕事になり、自分でデータベースも作るようになった現在、いま一度この問題を考えてみる必要があるように思えてきた。なお、以下の論考は、現代における天皇云々といった政治的関心とはまったく無縁の、あくまで学問的な欲求に基づくものであることを、一言、申し添えておく。

一　古記録に見える君主号

平安時代中期、いわゆる摂関期に入ると、君主の称号は在位中の天皇であっても「天皇」から「院」に変化したと説かれることがある。『大鏡』などの「歴史物語」や『神皇正統記』などの「史書」、いわゆる「説話集」に見える記述を根拠としたものであろう。

たとえば、次に挙げるように、十二世紀に古本が成立した『大鏡』第一巻（天）で歴代を列挙している箇所では、村上以前は「村上天皇」というように表記されているのに対し、次の冷泉に至ると、「冷泉院」「冷泉院天皇」と併記される。円融も「円融院」「円融院天皇」、花山も「花山院」「花山院天皇」、一条も「一条院」「一条院天皇」と両様の表記となるが、三条は「三条院」、後一条は「後一条院」と、「院」号のみの表記となる。どうやら十世紀後半の冷泉と十一世紀初頭の三条が画期であるかの書きぶりである。

一　六十二代　村上天皇　成明　次の帝、村上天皇と申す。
一　六十三代　冷泉院　憲平　次の帝、冷泉院天皇と申しき。これ、村上天皇第二皇子なり。
一　六十四代　円融院　守平　次の帝、円融院天皇と申しき。これ、村上の帝の第五皇子なり。
一　六十五代　花山院　師貞　次の帝、花山院天皇と申しき。冷泉院第一皇子なり。

一　六十六代　一条院　懐仁　次の帝、一条院天皇と申しき。これ、円融院第一皇子なり。
一　六十七代　三条院　居貞　次の帝、三条院と申す。これ、冷泉院第二皇子なり。
一　六十八代　後一条院　敦成　次の帝、当代。一条院の第二皇子なり。

また、さらに後世、十四世紀に執筆された『神皇正統記』「第六十三代　冷泉院」には、「此御門ヨリ天皇ノ号ヲ申サズ」とあり、冷泉を天皇号の画期と認識している。

しかしながら、これらは十二世紀、あるいは十四世紀から見た認識であり、必ずしも当時の変化を正確に反映したものとは言えない。ここでは、『大鏡』で画期とされている三条天皇の時代を中心とした古記録に見える君主呼称を見てみたい。言うまでもなく、古記録というのは男性貴族によって出来事の起こった時間と日を隔てずに記録された一次史料である。

『小右記』『権記』『御堂関白記』については、私が上梓したそれぞれの現代語訳[2]と、国際日本文化研究センターの「摂関期古記録データベース」[3]、『左経記』『春記』については、「摂関期古記録データベース」を使って数えてみた。どの天皇をどう呼称したのかとか、場面による違いはあるのかとかは、ここでは問わないでおく。

その結果、藤原実資の『小右記』（円融天皇の貞元二年〈九七七〉三月～後朱雀天皇の長久元年〈一〇四〇〉）に見える君主呼称と使用回数は、以下のとおりである。

主上・三四七例　内・一四二例　公家・五九例　故院・五一例　天皇・四四例　当時・三二例　宸儀・二九例
帝王・一七例　今上・一二例　内裏・一二例　旧主・一〇例　聖上・九例　当帝・七例　新帝・七例
帝・七例　聖主・六例　聖体・六例　至尊・四例　新主・四例　当今・四例　乗輿・四例　天子・四例
法帝・三例　皇帝・三例　童帝・三例　先帝・三例　先主・三例　国家・二例　公・二例　陛下・二例
人主・二例　上・二例　大内・一例　御門・一例　御・一例　主・一例　国王・一例　天・一例

新君・一例　後主・一例　前主・一例

全体で八五一例のうち、在位中の天皇を「院」と記録した例はなく（死去した天皇を表わす「故院」は除く）、約四〇・八％にあたる三四七例が「主上」、同じく一六・七％にあたる一四二例が「内」、六・九％にあたる五九例が「公家」であり、この三種の呼称で六四・四％を占めている。その他、三十八種の呼称が見られる。

この時期には「見られなくなった」はずの「天皇」という呼称も、四四例（五・二％）記録されている。律令には規定されているものの、日常的には使用されていなかったであろう「乗輿」「皇帝」「陛下」などの呼称や、「聖主」「国家」「御門」「天」など興味深い呼称も見られる。

藤原行成の『権記』（一条天皇の正暦二年〈九九一〉九月～後一条天皇の万寿三年〈一〇二六〉三月）では、以下のようになる。

主上・六八例　内・四五例　上・三七例　天皇・三〇例　今上・一二例　内裏・九例　公家・七例
皇帝・七例　当今・六例　故院・六例　旧主・五例　宸儀・四例　天子・四例　先帝・四例　大内・三例
当時・三例　新帝・三例　御・三例　帝王・二例　国家・二例　聖上・二例　聖主・二例　御所・一例
明王・一例　帝皇・一例　乗輿・一例　帝・一例　法帝・一例　先院・一例

全体で二七一例のうち、在位中の天皇を「院」と記録した例はなく（これも「故院」「先院」は除く）、約二五・一％にあたる六八例が「主上」、同じく一六・六％にあたる四五例が「内」、一三・七％にあたる三七例が「上」であり、この三種の呼称で五五・四％を占めている。その他、二十七種の呼称が見られる。

そして一一・一％にあたる三〇例が、「見られなくなった」はずの「天皇」と呼称しているのである。『小右記』の倍の割合であり、これは記主である行成の認識なのであろう。

藤原道長の『御堂関白記』（一条天皇の長徳元年〈九九五〉五月～後一条天皇の治安元年〈一〇二一〉九月）では、以下のとおりである。

内・五七例　主上・二九例　上・二〇例　大内・一二例　内裏・一一例　太内・一〇例　公家・五例

皇帝・五例　新帝・四例　公・三例　久主・三例　今上・二例　御所・一例　当時・一例　御門・一例

一人・一例　御・一例　法帝・一例　前帝・一例　先帝・一例　故院・一例

全体で一七〇例のうち、在位中の天皇を「院」と記録した例はなく（「故院」は除く）、約三三・五％にあたる五七例が「内」、同じく一七・一％にあたる二九例が「主上」、一一・八％にあたる二〇例が「内」であり、この三種の呼称で六二・四％を占めている。その他、十七種の呼称が見られる。『小右記』や『権記』と順位が異なるのは、道長の個性もさることながら、天皇とミウチ（特に後一条天皇は外孫）であったという道長の天皇との距離の差異によるものなのであろう。

そして興味深いのは、『御堂関白記』には天皇を「天皇」と呼称した例がないことである。これも道長と天皇との意識面での距離によるものなのであろうか。

なお、源経頼の『左経記』（一条天皇の寛弘六年〈一〇〇九〉十一月〜後朱雀天皇の長暦三年〈一〇三九〉二月）と藤原資房の『春記』（後一条天皇の万寿三年〈一〇二六〉六月〜後冷泉天皇の天喜二年〈一〇五四〉六月）は現代語訳を行なっていないので、同様の検索を行なうことはできないが、試みに『小右記』『権記』『御堂関白記』で天皇を表わしていた用字を、『左経記』『春記』でも検索してみた。

ただし、漢字一文字の呼称については、あまりに膨大な数の例がヒットしたため、その中から天皇を表わす例を選ぶことは、時間の関係でできなかった。たとえば『春記』で「公」という語を含む記事は一四七条、「上」という語を含む記事は四〇二条、「御」という語を含む記事は五六六条、「主」という語を含む記事は一九五条、「天」という語を含む記事は五四一条もある。ただ、「内」「帝」「院」のみは検索を行なった。

主な呼称	『小右記』	『権記』	『御堂関白記』	『左経記』	『春記』	(仮)合計
主上	三四七	六八	二九	五三	一四五	六四二
内	一四二	四五	五七	七〇	四六	三六〇
公家	五九	七	五	一八	三三	一二二
天皇	四四	三〇	〇	五	八	八七
上	二	三七	二〇	〇	〇	五九
当時	三二	三	一	四	五	四五
宸儀	二九	四	〇	一	五	三九
内裏	一二	九	一一	四	二	三八
今上	一二	一二	二	八	〇	三四
新帝	七	三	四	一二	〇	二六
大内	一	三	一二	六	一	二三
帝王	一七	二	〇	〇	三	二二
皇帝	三	七	五	〇	〇	一五
聖上	九	二	〇	〇	〇	一一
帝	七	一	〇	一	二	一一
天子	四	四	〇	〇	三	一一
当今	四	六	〇	〇	〇	一〇
太内	〇	〇	一〇	〇	〇	一〇
聖主	六	二	〇	〇	〇	八
当帝	七	〇	〇	〇	〇	七
聖体	六	〇	〇	〇	〇	六
乗輿	四	一	〇	一	〇	六
公	二	〇	三	〇	〇	五
御	一	三	一	〇	〇	五

まず『左経記』では、以下のとおりである。

内・七〇例　主上・五三例　公家・一八例　新帝・一二例　故院・九例　今上・八例　大内・六例　天皇・五例　当時・四例　内裏・四例　法帝・三例　当代・二例　先帝・二例　宸儀・一例　人主・一例　乗輿・一例　御所・一例　帝・一例

全部で何例あるのかは集計できなかったが、少なくとも在位中の天皇を「院」と記録した例はないこと(「故院」は除く)、「天皇」という呼称も五例、存在したことは確かである。「内」「主上」「公家」といった呼称が上位を占めているのも、『小右記』『権記』『御堂関白記』などとほぼ同様の傾向である。「公家」が多いのは、実務官人としての経頼の、天皇との距離によるものなのであろうか。

至尊	四	〇	〇	〇	〇	四
新主	四	〇	〇	〇	〇	四
国家	二	二	〇	〇	〇	四
人主	二	〇	〇	一	一	四
童帝	三	〇	〇	〇	〇	三
御所	〇	一	一	一	〇	三
一人	〇	〇	一	〇	二	三
陛下	二	〇	〇	〇	〇	二
御門	一	〇	一	〇	〇	二
当代	〇	〇	〇	二	〇	二
主	一	〇	〇	〇	〇	一
国王	一	〇	〇	〇	〇	一
天	一	〇	〇	〇	〇	一
新君	一	〇	〇	〇	〇	一
明王	〇	一	〇	〇	〇	一
帝皇	〇	一	〇	〇	〇	一

次に『春記』では、以下のとおりである。

主上・一四五例　内・四六例　公家・三三例　天皇・八例　先帝・五例　宸儀・五例　当時・五例　帝王・三例　天子・三例　内裏・二例　一人・二例　帝・二例　故院・二例　人主・一例　大内・一例　前帝・一例

これも上位三例は、『左経記』と同じ「主上」「内」「公家」であった。在位中の天皇を「院」と記録した例はなく（「故院」は除く）、「天皇」という呼称も八例、存在している。

ここでこれらの集計結果を踏まえて、各古記録で天皇をどのように呼称していたかを表示してみた。譲位したり死去したりした天皇に対する呼称は除外した。『左経記』と『春記』はすべての呼称を集計した結果ではないため、合計値は仮のものであるが、全体的な傾向に変化はないものと思われる。

大きな目で見れば、それぞれの古記録ともに、「主上」「内」「公家」「天皇」という呼称が一般的で、在位中の天皇を「院」と呼称した例がないことは認められる。「見られなくなった」はずの「天皇」という呼称は、暫定値で四番目に多く使用されている。

そして細かく見てみると、記録毎の特徴が現われていることが読み取れよう。それはそれぞれの古記録を記した記主の個性や立場、特に天皇との政治的距離に起因するものなのであろう。

二　『御堂関白記』の天皇呼称

　ここで『御堂関白記』だけは、一条天皇（長徳元年〈九九五〉五月十一日～寛弘八年〈一〇一一〉六月二十二日）、三条天皇（寛弘八年六月二十二日～長和五年〈一〇一六〉正月二十九日）、後一条天皇（長和五年正月二十九日～治安元年〈一〇二一〉九月五日）の代毎の数を集計してみることとする。

主な呼称	一条天皇	三条天皇	後一条天皇	合計
内	二四	二一	一二	五七
主上	一六	七	六	二九
上	二	○	一八	二〇
大内	一	九	二	一二
内裏	二	七	二	一一
太内	一	九	○	一〇
公家	二	三	○	五
皇帝	○	○	五	五
新帝	○	四	○	四
公	一	二	○	三
今上	○	二	○	二
御門	一	○	○	一
一人	一	○	○	一
御所	○	一	○	一
当時	○	○	一	一
御	○	○	一	一

　それぞれミウチ関係の濃さが異なり、その結果、政治への関与の度合いも異なっていた各代において、道長は時の天皇のことをどのように呼称していたのであろうか。

　年によって記事の分量や字数も異なるので、単純に比較することはできないものの、それでも道長が三人の天皇に対して用いていた呼称には、それぞれ特色があったことが読み取れよう。

　「上」「御」という呼称を、ほとんど後一条天皇にのみ使用していたことは、外孫である後一条に対する親しみの表現であったのかもしれない。逆に三条天皇にのみ、「今上」「御所」といった改まった物言いをしたりしているのも、ミウチ意識の欠如によるものかもしれない。なお、三条にのみ、「新帝」という呼称を用いているのは、長い一条天皇の治世の後、践祚した三条なればこそ、「新」という感慨が脳裡をよぎったのであろう。

逆に硬い表現である「皇帝」は、後一条天皇にのみ使用している。これは寛仁二年（一〇一八）正月三日の後一条元服の儀式の中で用いている呼称で、やっとのことで即位にこぎつけた後一条が元服し、元服の儀を迎えて成人となり、三女の威子の入内も視野に入ってきた道長の感慨によるものであろう。

最後に、一条天皇にのみ使用している「一人」と「御門」について説明しよう。どちらも寛弘三年（一〇〇六）正月のことであるのは、偶然ではない。道長長女の彰子が一条の後宮に入内し、藤原定子を押し退けて中宮に立ててもなお、懐妊の兆しどころか、その「可能性」も生じておらず、道長の苛立ちが最高潮に達していたであろう時期だったのである。[4]

まず寛弘三年正月十六日の踏歌節会に際して、

> 此れより内に参る。大夫、来らる。申時以後、晴気有り。晴儀を用ゐる。余、労く事有りて、内弁を奉らず。内府、之を奉る。「帥、参入し、外弁に着すに、諸卿、座を立つ」と云々。春宮大夫、労く事有りて退出す。示して云はく、「又、大納言、候ぜずは、必ず一人に後難有るか。今日、定めに随ひて、後日、左右すべし」と云ふ。

とある。[5] 宮廷社会に復帰した藤原伊周（定子の同母兄）が参入したところ、諸卿が座を立って礼をしたまではよかったのだが、実は大納言が一人も参入していなかったのである。筆頭大納言で春宮大夫を兼任している藤原道綱（道長の異母兄）は、伊周の参入を聞くや、病を称して退出してしまった。

道長が宥めても、やはり戻っては来なかったようである。ここで道長が道綱を宥めた言葉が、「大納言が一人も伺候しなかったならば、必ず一人（一条天皇）が後で非難なさるのではないでしょうか」というものだったのである。

かつて内大臣であった伊周が復帰すると、その席次は「大臣の下、大納言の上」ということになり（後に「儀同三司」と自称することになる)、筆頭大納言の道綱としては、面白くなかったのであろうが、伊周がからんでいるとなると、道長としても複雑な心境だったことであろう。

次いで同じ年の正月二十八日に行なわれた除目において、右大臣藤原顕光が推挙した平維衡を一条天皇が伊勢守に任じようとしたところから、道長との意見の相違が表面化した(6)。

儀の間、伊勢の避状有り。守為度、申して云はく、「件の替はりに其の人を申さず。只、維衡には賜はざれ」てへり。此の由を奏し、避書を進る。儀の間、案のごとく、右府、維衡を以て挙げ申す。仰せらる、「如何」と。我、奏して云はく、「宜しからざる事なり。彼の国に事有る者なり。用ゐられざれ。之を任じらるるは、甚だ奇しき事なり」と。御門の御意、未だ知らず。奇しく思ふこと極まり無し。諸卿・衆人、奇しみ申すこと希有なり。丑時、事了んぬ。此の事有る後、欠官と雖も、任じ申さず、大間の清書を奉る。立ちて他の仰せ有るも、左右を申さず。是れ心神、相違するなり。

この維衡は、長徳四年(九九八)に伊勢国で合戦を起こし、一条天皇の恩情によって淡路移郷に処せられていた人物であった。また、顕光の家人でもあり、顕光女の元子の里邸である堀河殿を修造していた(7)。道長が維衡の任官に反対したのは、一条が維衡を伊勢守に任じるということが、それだけ一条女御の元子を重く見ている証左であったからである。道長は、「御門の御意は、未だわからない」と烈しい憤りを露わにし、機嫌が悪くなったので除目を途中で打ち切るという挙に出た。ここで一条のことを「御門」と称しているのも、何らかの感情の表われであろう。この直後にも元子は一条に呼ばれて内裏に参入していたのであった(8)。

個々の記主の天皇呼称も、その時々の人間関係や政治的立場、もちろん記主の気分や感情に左右されていたであろうことの一端を、ここに示してみた。

おわりに

以上、特に摂関期の古記録に見える君主の呼称について、信頼できる史料に基づいて集計してきた。繰り返しになるが、平安貴族は、様々な呼称で君主を記録していたことが確認された。

そして、在位中の天皇を「院」と呼称した例は、管見の限りでは見あたらなかった。世間に流布している、平安中期から江戸時代後期までは「天皇」ではなく「院」と呼称していたという言説が、どのような学問的、または政治的な背景（あるいは要請）によって提出され、世の中に広まっていったかは、気になるところである。ここでそれを追究（追及）する余裕はないが、事実関係はしっかりとおさえておきたい。

また、この集計を通じて特に印象に残ったのは、とりわけ道長のような最上級貴族にとって、天皇を表わす語と朝廷（国家）そのものを表わす語が同化してしまっているという事実である。「大内」「内裏」「公」「国家」などの語を、本来の意味を越えて天皇にも使用しているという事実は、「公」そのものが天皇と一体のものとして認識されている、そして天皇とミウチ関係を構築した最上級貴族が天皇家と一体化しているという、古代的（特に摂関政治的）な政治体制を如実に表わしているものである。

註

（1）猪瀬直樹『ミカドの肖像』（小学館、一九八六年）、網野善彦・上野千鶴子・宮田登『日本王権論』（春秋社、一九八八年）、古橋信孝編『天皇制の原像　天皇をめぐるQ and A』（至文堂、一九八八年）、赤坂憲雄他『天皇制・入門もっと知りたいあなたのための』（宝島社、一九八九年）、赤松俊輔・稲葉暁・西島建男『天皇論を読む』（朝日新聞社、一九八九年）など。現在でも、このような言説は見られる（近藤和彦「特集　天皇像の歴史を考える　コメント」『史学雑誌』一二九―一〇、二〇二〇年）。

（2）倉本一宏『藤原道長「御堂関白記」全現代語訳（全三冊）』（講談社、二〇〇九年）、同『藤原行成「権記」全現代語訳（全三冊）』（講談社、二〇一一～一二年）、同『現代語訳　小右記（全一六冊）』（吉川弘文館、二〇一五～二三年）。

（3）国際日本文化研究センター「摂関期古記録データベース」（https://rakusai.nichibun.ac.jp/kokiroku/）。

（4）倉本一宏『一条天皇』（吉川弘文館、二〇〇三年）。

（5）『御堂関白記』寛弘三年正月十六日条（平松本〈古写本系〉）。

（6）『御堂関白記』寛弘三年正月二十八日条（平松本〈古写本系〉）。

（7）髙橋昌明『清盛以前――伊勢平氏の興隆――』（平凡社、一九八四年）。

（8）倉本一宏『一条天皇』（前掲註（4））。

終章　古記録研究の展望

私が摂関期について最初に上梓した論文集『摂関政治と王朝貴族』（吉川弘文館）は一九八五年（実は一九七八年に提出した教養ゼミのレポート）から一九九九年の間に執筆した論文を収めて二〇〇〇年に、次いで『御堂関白記』に特化して上梓した論文集『『御堂関白記』の研究』（思文閣出版）は二〇〇一年から二〇一七年の間に執筆した論文を収めて二〇一八年に、それぞれ出版していただいた。現在は、それからさらに六年の年月を経ている。この間の四十数年間で、我々を取り巻く研究環境は、大きく変貌した。

言うまでもなく、パソコンやインターネットの普及・強化と、それに伴うデータベースの拡充である。私がかつて編集部に求められて、パソコンが古代史研究に使えるかどうかという小文を書いた時（倉本一宏「私と古代史とコンピュータと」『日本歴史』五九七、一九九八年）、研究に使えるデータベースの少なさを嘆き、その十二年後、日ごろ使っているデータベースに関する小文を書いた時（倉本一宏「日本古代史関係のデータベース」『日本歴史』七四〇、二〇一〇年）も、古代史に有用なデータベースの少なさを指摘して、とりあえず、自分としては、『御堂関白記』『権記』『小右記』をはじめとした摂関期古記録の訓読文のデータベースを公開することを目指すと宣言していた。あれから十余年、データベースの現状はご承知のとおりである。昨今では生成ＡＩなるものが話題となっている。これが古記録研究に導入されたらと想像すると、今から恐ろしい。

どうも年を取ったせいか、また毎日『小右記』を朝から晩まで読む年月を重ねたせいで性格が実資に似てきたと言われているせいか、自分のことは棚に上げて、近年は「小言幸兵衛」のようになってしまっているが、訓読文データベース（と現代語訳）は、アマチュアの方のレベルを上げて古記録研究の裾野を広げることに多少は寄与したものの、「プロ」のレベルを下げて山頂が崩落する結果になってしまっているのではないかと、僭越ながらひそかに危惧している（山頂を形成しておられた先生方が、ほとんど鬼籍に入られたせいでもあるが）。

論文のテーマに沿ったキーワードをデータベースで検索し、その結果を表計算ソフトに貼り付けて、それを分析することで「論文」でございとする「研究」がいかに多いことか。「せめてデータベースソフトに貼り付けろよ」というのは冗談だが、こういった「論文」の盛行は、一つには業績主義と成果主義のもたらしたものであろう。しかし、そろそろこういった伝統的な人文科学の基盤も崩壊しつつあるのは、周知のとおりである。

たしかに、近年のネット環境とコンテンツの発展は、単にテキスト・データベースのみならず、写本の写真版、はては雑誌論文や国立国会図書館所蔵図書を見られるようになってきている。まだまだ見ることのできる写本や雑誌・図書の数は限られてはいるものの、近い将来には多くの写本の写真版や雑誌・図書がネット上で見られるようになるであろうことは確実である。

しかしながら、史料そのものの多角的な研究と、史料の内容や背景の徹底的な読み込みこそが、歴史学の根幹であることは、言うまでもない。現代社会に生きる（生きさせていただいている）研究者としては、それを社会にわかりやすく還元するというのも、大きな仕事である。

私が莫大な研究費と所属機関の人件費を投入して作成した古記録訓読文のデータベースを登録不要・無料で公開し、現代語訳を手に入りやすい判型と価格で提供しているのは、ひとえに古記録とは縁のなかったアマチュアの方や日本文学など専門外の研究者や海外の研究者を、古記録の世界に引き入れたいという目的があったからである。また、『源氏物語』『今昔物語集』などの文学作品によって語られてきた平安時代のイメージを、古記録によってリアルな姿として理解していただきたいという願望によるものでもある。現状では訓読文データベースや現代語訳を多くの「プロ」の研究者や大学の先生方、専門課程の学生や大学院生も利用していると知って、思わず苦笑いしているのであるが、まあ古記録の普及に少しは寄与しているものと自負している。

その一方で私は、「プロ」を自任する以上は、当たり前の話だが、活字に翻刻した本のみに頼るべきではないと考えている。大日本古記録や史料纂集など、いったん活字本が出版されると、その文字はもちろんのこと、句読点、傍注、はては表出が、あたかもその古記録の確固たる唯一の本文や解釈であると考えてしまいがちである。

しかし、活字本というのは、あくまで編纂者の解釈の結果なのであって、それがすべて正しいとは限らない。人間である以上、判断を誤ることもあるし、どうしても判断できないことも多かろう。時の流れによって判断が変わることもあるはずである。

かつて史料纂集『権記』の販売を引き継いだ出版社の編集の方から、初刷と二刷で百箇所以上の訂正があると聞いて驚いたものである。当然、初刷は持っていたのだが、発行部数の少ない二刷を入手するのは、なかなかに難儀であった。しかも私が宮内庁書陵部で伏見宮本『行成卿記』の原本調査をして発見した数行の抜けは、二刷でも追加されないままである。ちなみに、新訂増補史料大成『権記』でも、その部分は抜けており、史料纂集『権記』がはたして写本を見て活字化されたものなのか、疑念を抱いたものである。

また、以前に参加していた『御堂関白記』の「註釈」を作る研究会では、参加者の世代によって持っている大日本古記録『御堂関白記』の本文や句読点や傍注などが異なっており、皆で見せ合って楽しんだことがある。私はこれも、日本古典全集と大日本古記録の全刷を購入して手元に置いている。大日本古記録『御堂関白記』の各刷における句読点や傍注、表出の「変化」（進化？）を比較するのは、それぞれを担当された史料編纂所の先生の顔も浮かんできて、なかなか楽しいものである。

ついでに、『小右記』も全刷を購入し、史料通覧と新訂増補史料大成も合わせ、置き場所に困っている。これはさすがに『御堂関白記』と違って初刷から安心して見られるが、それでも刷によって変化している箇所もある。なお、これら古記録の活字本と大日本史料を比較するのも有益である。大日本古記録と大日本史料とで本文や句読点や傍注や表出が異なっているのは、古記録部と第二編との部局の違いもさることながら、史料編纂所の解釈が進化したものと考えることもできる。特に『左経記』や『春記』など、（失礼ながら）新訂増補史料大成しか活字本が存在しない古記録は、大日本史料を主に利用する方が、本文に信頼が置ける。

私はこれらの古記録の活字本の全刷をｐｄｆ化し、モバイルパソコンに入れて持ち歩いている。電車の中や駐車場や空港でも、気になる箇所はいつでも見られるようにするためである。

また、古記録研究における写本（『御堂関白記』は自筆本も）の重要性は、あらためて強調するまでもない。写本というのは、それぞれが独立した清書本であるとは、よく言われることであるが、その写真版を見ていると、同じ写本でも、巻によって、また年によって、異なる筆で書写されていることがよくある。古典文学とは違って、古記録の場合は元の写本を書き替えることは比較的少ないとは思うが、それでも書写者によって異なる書写が行なわれた可能性は高い。

私は時間の許す限り、写本や自筆本を所蔵している機関に出向いて、現物を熟覧することにしている。そのたび、活字や写真版で見るのとはまた違った発見がある。現物の古記録は、墨の香りも漂ってきて、見ているだけでも楽しいものである。また、宮内庁書陵部にすべての古写本の写真版を作成してもらって購入し、それらを尊経閣善本影印集成（前田本）『小右記』の写真版や陽明叢書の『御堂関白記』も含めてｐｄｆ化し、これもモバイルパソコンに入れて持ち歩いている。『御堂関白記』については、陽明文庫で高精度の写真を撮影したものも入れている。また、主だった新写本は国立公文書館で自分で写真を撮影して、これも入れている。余談であるが、これらのｐｄｆファイルや一枚四〇メガくらいある写真のファイルや古記録関係の巨大「一太郎」ファイル（国際日本文化研究センター「摂関期古記録データベース」を全部くっつけたもので一三メガ、『現代語訳 小右記』を全部くっつけたもので二六メガ、全著作をくっつけたもので四四メガ）をサクサクと動かせるＣＰＵ（ノートパソコン用ではない強力なもの）高性能ＧＰＵ（グラフィックボード）と高速大容量メモリと高速ＳＳＤを搭載して、しかも持ち歩ける重さのモバイルパソコンというのも、なかなか購入し続けるのが大変なのである。

それはさておき、自分の「論文」に都合のいい箇所だけを検索して抜き出すのではなく、それぞれの古記録の文章や文字が、どのような状況で、どのような背景をもって記録されたのか、一日一日の記事、いや一字一句を徹底的に掘り下げることが、古記録を研究に使用する際には必要不可欠である。活字本のその記事がどの写本を底本としているか、他の写本ではどのように書写されているか、常に確認したうえで使用するべきであろう。また、大日本史料ではどのように活字化されているか、また関連する他の史料、特に他の古記録ではどのように記録されているかを参照する必要がある。

戦後の歴史学は、『日本紀略』のような私撰国史よりも古記録を重視する方向で、研究が進んできた。もちろん、古記録は出来事が起こったその日か翌日、少なくともあまり日を措かずに記録されたもので、しかも編纂物や古文書のように特定の目的で事実を曲げられる恐れもほとんどない、第一級の史料であることは、間違いない。

しかし、統一した編纂方針を持つ（持とうとした）六国史などとは異なり、古記録というのは、あくまで個人の日記であり、しかも多くの場合、日次記は部類記や儀式書の原史料としての性格を持った、ＲＡＷな史料である。古記録に使われる語も、記主により、日により、内容により、写本により、意味が異なるのは当然である。

特に『小右記』は特殊な古記録で、周知のとおり、広本・略本、Ａ系・Ｂ系、さらには何種類もの古写本・新写本が存在する。さらに同じ写本でも年によって書写方針が異なる可能性もある（書写者の個性によるものかもしれないが)。さらに、「云はく付きの日記」と称されるように、藤原実資が記録した記事以外の文章も多い。藤原資平や公任・懐平などからの書状、儀式の次第(懐紙や笏紙、書冊、草子、短紙など)、独立した文書(宣命・詔書・太政官符・解文・定文・除目や叙位の結果・他の古記録・占文・勘文・例文など)の写しを具注暦の暦の行(日付+暦注)の左に貼り継いで、記事としたりもしているのである。

さらには、古記録の残り方も、年によってバラバラである。たとえばあれだけ膨大な量に見える『小右記』でも、一年分が揃って残っているのは永祚元年(九八九)、長徳二年(九九六)、長徳三年(九九七)、寛弘二年(一〇〇五)、寛仁三年(一〇一九)、万寿元年(一〇二四)、万寿四年(一〇二七)、長元五年(一〇三二)の八年しかないし、広本で一年分が残っているのは永祚元年と寛仁三年のわずか二年のみである。かように残り方に偏差のある『小右記』を通して検索して、何らかの「変遷」を「研究」するという手法が、あまり意味をなさないことは、言うまでもなかろう。

ましてや複数の古記録の記事を年代順に検索して表示し、「……の変遷」と言われても、読む気が失せるばかりである。古記録の記主はそれぞれ異なる立場で、異なる視点から記録しているのであり、しかも異なる残り方、異なる写され方をしているとなると、それを平準化できると考える発想が不思議でならない。

と、うるさいことばかり言って煙たがられるのも嫌なので、このあたりで止めておこう。とにかく、多くの方にもっと古記録を読んでいただきたい。写本の写真版を眺めているだけでも楽しいし、ちょっと読み込めば、そこには未開拓の研究テーマが満ちあふれている。他の史料からは窺い知ることのできない記主の台詞や心情、また様々な人間関係や事件や制度を読み取ることができる。

とっかかりはテキストデータベースや訓読文や現代語訳でもいいから、まずは古記録に触れていただきたい。必ず面白いネタが見つかるはずである。

初出一覧

第一部　古記録の研究

第一章　日記が語る日本古代史

新稿〈「日記が語る古代史」倉本一宏編『日本人にとって日記とは何か』〈臨川書店、二〇一六年七月〉を改稿〉

第二章　『延喜式』と頒暦・具注暦

『国立歴史民俗博物館研究報告』二一八、二〇一九年十二月〈原題「『延喜式』と頒暦」〉

第三章　『小右記』の記録状況

倉本一宏・加藤友康・小倉慈司編『『小右記』と王朝時代』吉川弘文館、二〇二三年四月

第二部　古記録の分析

第一章　『小右記』の仮名

『古代文化』七一―一、二〇一九年六月〈原題「『小右記』の仮名について」〉

第二章　『御堂関白記』の仮名再考

新稿〈総研大文化フォーラム〈国文学研究資料館・二〇一九年十二月一日〉発表原稿に基づく〉

第三章　『御堂関白記』古写本を書写した「某」

『日本歴史』八九六、二〇二三年一月

第四章　三条朝の公卿議定

新稿
第五章　『権記』に見える配偶者の表記
『日本歴史』七六三、二〇一一年十二月（原題「藤原行成『権記』に見える配偶者表記について」）
第六章　『小右記』に見える藤原実資の配偶者と表記
『本郷』一六六、二〇二三年七月（原題「藤原実資の配偶者と『小右記』の表記」）

第三部　古記録と貴族社会
第一章　藤原兼通の政権獲得過程
笹山晴生編『日本律令制の展開』吉川弘文館、二〇〇三年五月
第二章　「コノ話ハ蓋シ小右記ニ出シナラン」考——『小右記』と説話との間に——
倉本一宏編『説話研究を拓く——説話文学と歴史史料の間に——』思文閣出版、二〇一九年二月
第三章　平安貴族社会における「老い」
『日本歴史』七七六、二〇一三年一月（原題「平安貴族社会における老い」）
第四章　摂関期の君主号
伊東貴之編『東アジアの王権と秩序——思想・宗教・儀礼を中心として——』汲古書院、二〇二一年十月
（原題「日本古代の君主号をめぐって——特に摂関期について——」）
終章　古記録研究の展望
新稿

おわりに

私が古代史研究の道に踏み込んだきっかけは、「郷土の偉人」に谷川士清や本居宣長などの国学者がいたこと（中学生の時、「谷川士清顕彰保存会」に入っていた）、京都・奈良・飛鳥に気軽に日帰りで行けたことに加えて、子供の頃に手塚治虫の『火の鳥』を読んだことであったと思う。三世紀の邪馬台国から十二世紀の平家滅亡まで、これまで広いスパンで執筆してきたのも、少なからず『火の鳥』の影響であるのかもしれない。『火の鳥』でいうと、時代順に黎明編、ヤマト編、太陽編、鳳凰編、羽衣編、乱世編ということになる（道長を描いた望月編が書かれなかったのが残念でならない）。

それぞれ魅力的な『火の鳥』の登場人物の中で、格別な魅力を覚えたのが、未来編に登場する山之辺マサトであった。地球上の生物が滅亡した後、マサトは生命の復活を追究し、自分の力で復活させることが不可能であると悟ると、海に合成生物の基である有機物を流し、将来の復活を期すのである。

どうも二〇〇九年に最初の現代語訳を刊行し、二〇一二年に最初のデータベースを公開して以来、思ったように古記録研究の人口が増えず、レベルも上がらない現状を実感するにつけ、自分がやっている作業が、なんだか空しいものと感じるようになってきた。ましてや古記録そのものの研究や、古記録を読み込んだ研究を発表しても、読んでくれる人がほとんどいないという状況は、自分の能力不足によるものとはいえ、これまでの半世紀近い歩みはいったい何だったんだろうと、茫洋たる気分になってくる。

まあそれでも現代語訳を執筆し続け、データベースを公開し続けていれば、私の生きている間には無理としても、いつかはこれらを基にして、古記録に親しむ方が増えてくれるだろうという儚い希望によって、苛酷な作業を続けてきた。

本書を刊行したのも、古記録の研究に興味を持ってくれる方の礎になればと思えばこそである。この本をたたき台に、いつか古記録の研究が発展してくれることを願ってやまない。

二〇二四年三月末で、私は勤務先を定年退職し、研究者としてもほぼ引退状態となった。予後の時間がどれだけ残っているのかもわからない。土田直鎮先生ではないが、まったく「何はともあれ、この辺で打止めにしよう」といった気分である。

最後になるが、専門書の出版情勢が厳しいなか、今回も思文閣出版には大いに助けられた。特に編集の田中峰人さんと大地亜希子さんには、いくら感謝してもしきれない。

また、出版にあたっては、独立行政法人日本学術振興会令和六（二〇二四）年度科学研究費助成事業の研究成果公開促進費補助を受けた（課題番号：JP24HP5055）。

二〇二四年三月二十六日　京都西京・御陵大枝山にて

著者識す

索　　引

【人　名】

※男子は訓読み、女子は音読みで掲出した。

あ行

か行

さ行

た行

ま行

や行

ら行

わ行

【研究者名】

あ行

か行

さ行

た行

な行

◎著者略歴◎

倉本一宏（くらもと・かずひろ）

1958年、三重県津市生まれ。1983年、東京大学文学部国史学専修課程卒業。

1989年、同大学院人文科学研究科国史学専門課程博士課程単位修得退学。

1997年、博士（文学、東京大学）。

現在、国際日本文化研究センター名誉教授。

主な著書等に、『摂関政治と王朝貴族』（吉川弘文館、2000年）、『『御堂関白記』の研究』（思文閣出版、2018年）、『一条天皇』（人物叢書、吉川弘文館、2003年）、『三条天皇』（ミネルヴァ日本評伝選、ミネルヴァ書房、2010年）、『藤原道長「御堂関白記」全現代語訳』（全３冊、講談社学術文庫、講談社、2009年）、『藤原行成「権記」全現代語訳』（全３冊、講談社学術文庫、講談社、2011～12年）、『現代語訳 小右記』（全16冊、吉川弘文館、2015～23年）、『藤原道長「御堂関白記」を読む』（講談社学術文庫、講談社、2023年）、『権記』（編著、ビギナーズ・クラシックス 日本の古典、KADOKAWA、2021年）、『小右記』（編著、ビギナーズ・クラシックス 日本の古典、KADOKAWA、2023年）など。

摂関期古記録《せっかんきこきろく》の研究《けんきゅう》

2024（令和６）年10月15日発行

著　者　倉本一宏
発行者　田中　大
発行所　株式会社　思文閣出版
〒605-0089 京都市東山区元町355
電話 075-533-6860（代表）

装　幀　上野かおる装幀室
印　刷
製　本　株式会社 思文閣出版 印刷事業部

ISBN978-4-7842-2107-3　C3021